大国教育

青少年积极教育
基于家庭和学校情境

张珊明◎著

光明日报出版社

图书在版编目（CIP）数据

青少年积极教育：基于家庭和学校情境 / 张珊明著.
北京：光明日报出版社，2024.8. -- ISBN 978-7-5194-8223-7

Ⅰ.G444

中国国家版本馆 CIP 数据核字第 20243X1E96 号

青少年积极教育：基于家庭和学校情境
QINGSHAONIAN JIJI JIAOYU：JIYU JIATING HE XUEXIAO QINGJING

著　　者：张珊明	
责任编辑：王　娟	责任校对：许　怡　乔宇佳
封面设计：中联华文	责任印制：曹　净

出版发行：光明日报出版社
地　　址：北京市西城区永安路 106 号，100050
电　　话：010-63169890（咨询），010-63131930（邮购）
传　　真：010-63131930
网　　址：http://book.gmw.cn
E - mail：gmrbcbs@gmw.cn
法律顾问：北京市兰台律师事务所龚柳方律师
印　　刷：三河市华东印刷有限公司
装　　订：三河市华东印刷有限公司
本书如有破损、缺页、装订错误，请与本社联系调换，电话：010-63131930
开　　本：170mm×240mm
字　　数：270 千字　　　　　　　印　　张：16.5
版　　次：2025 年 1 月第 1 版　　　印　　次：2025 年 1 月第 1 次印刷
书　　号：ISBN 978-7-5194-8223-7
定　　价：95.00 元

版权所有　　翻印必究

前　言

真实的生活中，顺境与逆境总会交错存在。在心理健康教育过程中，我常常发现有很多青少年正处于相对困难或不利于自我发展的处境中，如家庭经济困难、负性教养环境及亲子关系、学校适应困难、人际关系挫败等。这些处境不利或逆境对青少年的成长有着重要的影响。处境不利或逆境的影响是否都是负性的呢？在具体个案中，一些处境不利的青少年个体的认知、情绪和行为可能受到了短期或长期的消极影响；然而，即便处于相同的逆境，有些青少年似乎并没有长期陷入糟糕的状态并一蹶不振，甚至有些个体在历经逆境后反而呈现出更为积极的发展趋势。

在心理健康教育实践中，引导青少年寻找处境不利中的积极资源，寻求积极的应对策略，并从处境不利的负面效应中走出来非常重要；同时，为家长及教育者提供相关的心理健康知识并提升其心理健康教育素养和能力具有同等的重要性。在逆境中积极成长是青少年自我的责任；引导处境不利中的青少年从逆境中恢复并积极发展，是家长、教育工作者的责任。

本书以青少年为研究对象，包括中学生和大学生群体。基于积极青少年发展观，本书结合个案分析与问卷调查深入探究了家庭或学校处境不利对青少年的影响，并在此基础上从个体、家庭、学校和社会层面探索其积极成长的对策，寻找积极教育的模式。衷心希望本书能够促进人们对处境不利青少年及其积极成长的理解，同时也希望更多的人能够理解"积极教育"的育人构想。

张珊明
于湖南科技大学
2024 年 5 月

目 录
CONTENTS

绪　论 ·· 1

第一章　青少年积极成长的理论 ·· 8
　　第一节　青少年积极成长的概念 ·································· 9
　　第二节　青少年积极成长的理论 ································ 20
　　第三节　青少年积极成长的研究 ································ 25

第二章　青少年积极成长的因素 ······································ 32
　　第一节　积极成长与心理弹性 ···································· 32
　　第二节　积极成长与意向性自我调节 ························ 39
　　第三节　积极成长与社会支持 ···································· 47

第三章　家庭情境下青少年成长的个案研究 ·················· 53
　　第一节　情感忽视与青少年成长 ································ 54
　　第二节　躯体虐待与青少年成长 ································ 65
　　第三节　资源缺乏与青少年成长 ································ 73

第四章　学校情境下青少年成长的个案研究 ·················· 83
　　第一节　学业挫败与青少年成长 ································ 84
　　第二节　校园欺凌与青少年成长 ································ 92
　　第三节　师生冲突与青少年成长 ······························ 102

第五章　家庭情境因素与青少年成长关系的调查研究 ········· 111
第一节　童年虐待经历与青少年抑郁情绪 ················ 112
第二节　家庭情感忽视与青少年社交焦虑 ················ 122
第三节　父母心理控制与青少年消极冒险 ················ 132
第四节　累积家庭风险与青少年自残行为 ················ 144

第六章　学校情境因素与青少年成长关系的调查研究 ········· 156
第一节　校园被欺凌与青少年抑郁情绪 ·················· 157
第二节　同伴疏离与青少年社交焦虑 ···················· 165
第三节　校园被欺凌与青少年焦虑情绪 ·················· 173
第四节　学校联结与青少年越轨同伴交往 ················ 183

第七章　青少年积极成长的个体对策 ···················· 191
第一节　积极归因 ···································· 192
第二节　情绪调节 ···································· 197
第三节　自悯的力量 ·································· 204
第四节　积极的行为 ·································· 210

第八章　青少年积极成长的家庭对策 ···················· 218
第一节　父母教养意识的觉醒 ·························· 218
第二节　看见孩子内在的需求 ·························· 225
第三节　父母教养行为的调整 ·························· 231

第九章　青少年积极成长的学校与社会对策 ·············· 234
第一节　深入开展学校心理健康教育 ···················· 234
第二节　建立全范围覆盖的青少年积极成长服务体系 ······ 246

参考文献 ·· 254
后记 ·· 256

绪　论

　　根据生态系统理论的观点，家庭和学校是影响个体发展最重要的两大微观系统。[1] 良好的家庭和学校环境有益于促进个体身心的健康发展。然而，环境因素往往具有不可控性，这使得顺境与逆境犹如孪生姊妹共同存在。与顺境一样，处境不利或逆境也具有普遍性。本书中的处境不利或逆境是指在家庭和学校情境下处于相对困难或不利于自我发展的处境，如家庭经济困难、负性教养环境及亲子关系，学校适应困难，学业困难及人际关系挫败等。如果将个体成长过程中所遇到的大大小小的糟糕事都视为处境不利的话，那么可以确定，人一出生便在各种逆境中生活与成长。在心理健康教育过程中，我们可以笃定，在大量青少年学生的心理与行为问题背后，都有着与生活环境千丝万缕的关系。

　　在学术领域，家庭和学校环境对青少年成长影响的研究有着非常丰富的历史，虽然不同时代的研究重点和研究风潮有所不同，但诸多研究的进行并没有因此而式微。生活逆境对青少年心理成长的影响，亦是近年来社会学、教育学、心理学等领域聚焦的问题之一。已有大量研究发现个体的自我认知、情绪情感、行为方式与其在环境中的经历相关。在日常生活中，虽然很多个体会因为长期或反复经历不利情境而体验到无法言表的痛苦，但并非所有人都能够觉察自己的感受可能源于所经历的不利处境。当不利处境的负面影响持续很长一段时间，且让处于其中的个体的社会功能受到损害，并出现典型的创伤后应激的症状或表现时，那么个体则可能需要去专业的医疗机构接受相应的心理治疗，以便更快速、更有效地从逆境中恢复。

---

[1] BRONFENBRENNER U. Making Human Beings Human: Bioecological Perspectives on Human development [J]. British Journal of Developmental Psychology, 2005, 23 (1): 143-151.

处境不利或逆境究竟是如何影响人们的呢？这首先得理解个体的应激反应。面对伤害性事件或即将面临威胁时，个体一般会有四种相关的自然反应，即防御—定向反应，过度警觉反应，战斗—逃跑—冻结反应，以及探索—定向反应。① 个体面临应激事件时的第一反应便是防御—定向，如肌肉收缩、情绪唤起。一开始，个体很难确定应激事件的性质，但当确定了威胁性质之后，个体会立刻对所评估的威胁情境做出反应，包括与威胁情境做斗争（战斗），逃离现场（逃跑），或者通过静止或隐藏不让自己被发现（冻结）。在战斗—逃跑—冻结反应中，前两者都是主动性的防御方式，不管是战斗还是逃跑，都会出现个体心率加快、痛觉减弱、视听觉增强，这会增强个体的适应能力并为未来采取行动做好生理上的准备。冻结的反应，是主动性防御的暂停，其目的是保护自己，保存实力，为下一步反应做好准备。

然而，当个体一直处于持续性、无法应对或难于解决的威胁情境中时，便会停留在过度警觉的反应中，即使威胁并没有真实存在。过度警觉是一个观察、寻找并确定危险的过程，但个体常常会无法清晰地识别或区分危险究竟来自外界还是来自自己内心，这也是导致处境不利者负性认知和负性情绪的重要原因。对那些年龄较小并处境糟糕的儿童而言，他们由于缺乏"战斗—逃跑"的能力，所以更容易遭受来自家庭的情感忽视、来自校园的被欺凌等负性事件的负面影响。负性经历越早，儿童的安全感越低，并可能形成世界不够安全的固着意识。当持续、反复处于这种生活情境中，儿童将一直处于防御—定向反应中，其神经系统持续高度兴奋，持续警觉，唤起水平持续过高，神经系统整体处于超负荷状态。若高唤起的警觉状态持续时间过长，痛苦无法对抗，也无法选择逃跑，那些"手无寸铁"的儿童只能选择冻结的反应方式。倘若危险过去，个体会通过身体颤抖来摆脱交感神经的高强度刺激并恢复到常态之中。可是，那些长期处于不利处境的儿童青少年，会持续处于冻结状态，而此时他们也正深陷于由副交感神经掌控的崩溃状态中。② 但即使崩溃，威胁却还是存在的，那么个体该如何应对呢？此时，解离的反应便让个体的意识抽离当前的痛苦经历，即中断自己与身体体验及威胁情境的

---

① 海勒，拉皮埃尔. 创伤疗愈：早期创伤是如何影响了我们 [M]. 王昊飞，钱丽菊，等译. 北京：机械工业出版社，2022：103-106.
② 海勒，拉皮埃尔. 创伤疗愈：早期创伤是如何影响了我们 [M]. 王昊飞，钱丽菊，等译. 北京：机械工业出版社，2022：108-109.

联系，以获得暂时的安慰。最后，持续性的高唤起、冻结反应、解离中断反应，会让那些长期处于不利或威胁情境下的儿童在其成长过程中，无法去接近其内在生命力，也无法促进其生命强大，最终造成心理弹性阈限的缩小。①

个体对威胁的反应首先体现在生物生理机制层面。但是，个体本身对这些内在的机制过程并不能灵敏觉察。大部分个体能够觉察或自知的是在心理层面的认知及归因、情绪调节和行为应对。如前所述，反复暴露于不利处境且无法采用主动性防御反应的儿童青少年，由于心理弹性的阈限会被削弱，故其社会应对能力也会受到影响，未来生活中的挑战更加难以应对，这会使个体在心理层面产生自我怀疑和低水平自我接纳，形成较低的自我价值感或低自尊。人生经历会对我们的信念系统（对自我、对他人、对世界的认知）产生各种影响，其中负性经历也会对信念系统产生影响，继而影响情绪、关系与行为。② 任何一个受伤害的个体，一开始并不会彻底自我放弃，他们会尝试并调整应对威胁和困境的策略，寻求家庭、同伴、教师等的社会支持，采用更为积极的情绪调节策略，如认知重评；提升自我关怀的程度，如自悯；这些积极应对方法的使用，会在一定程度上帮助处境不利青少年缓解或恢复负性经历带来的消极结果。

虽然较多研究显示，个体的心理问题与其处境不利存在相关，但较少有研究能够确定某种心理问题是由某种负性经历直接导致的。更严谨地说，成长过程中的负性经历增加了儿童青少年在当下和未来陷入心理困惑、心理危机的风险。③ 但是，即便处于相同的逆境，有些个体似乎并没有长期陷入糟糕的状态并一蹶不振，甚至有些个体在经历逆境后反而呈现出更为积极的发展趋势。随着积极心理学的兴起，在探究不利环境因素对个体影响的研究过程中，越来越多的研究者开始探讨处境不利青少年的积极发展与成长。Tedeschi 和 Calhoun 认为，生活逆境或重大生活事件是个体积极心理变化的核心驱动器，个体在与那些具有挑战性的逆境、危机与负性事件进行抗争后还可能产生积极变化，并从中获得能力或经验，如更强的自我力量，更有质量的生活

---

① 海勒，拉皮埃尔. 创伤疗愈：早期创伤是如何影响了我们 [M]. 王昊飞，钱丽菊，等译. 北京：机械工业出版社，2022：108-109.
② 肯纳利. 治愈童年创伤 [M]. 张鱿元，译. 北京：生活书店出版有限公司，2019：55-56.
③ 肯纳利. 治愈童年创伤 [M]. 张鱿元，译. 北京：生活书店出版有限公司，2019：13.

体验、人际关系，等等。① 在处境不利或逆境中积极发展，犹如茶坊日常谈笑间人们所经常感叹的那样——今天不太容易，明天可能依然不太容易；停留于过去的生活之痛，似乎让痛苦一望无际；转念一想，积极乐观并行动才是生活的"良药"。

综上，我们通过呈现应激反应的过程分析了威胁及处境不利是如何作用于生理，继而作用于心理并对个体产生影响。同时，通过文献综述发现，国内外有关处境不利对个体影响的研究更多聚焦于其带来的消极效应。国内有关青少年处境不利的研究，亦集中于对其消极后效及其机制的探索。相关研究丰富、深入，但也存在一些不足之处。

第一，已有研究较多采用问卷调查、测验等量化的研究方法探索家庭和学校处境不利与负性结果之间的关系。通过数据统计的显著性来验证相关性，这符合当前实证主义的主要研究趋势或潮流，确保了研究的客观性、科学性、可重复性。由于每一个处境不利青少年的故事都是错综复杂的，各个因素之间的关系是重叠交互的，实证研究难以呈现家庭和学校处境不利影响的个别性、情境性及曲折性，因此，本书第三章和第四章通过叙事讲述和理论分析的方式呈现包括家庭情感忽视、躯体虐待、资源缺乏等家庭不利处境下青少年成长的个案，以及学业挫败、校园欺凌、师生冲突等学校不利处境下青少年成长的个案，旨在揭示处境不利对个体发展影响的丰富性和复杂性，并归纳和总结其中起关键作用的变量，以为第五章和第六章调查研究的变量选择提供依据。

第二，为揭示处境不利对青少年影响的心理机制，已有实证研究纳入大量可能性的因素，以验证内在机制。作为青少年生活最主要的场所，家庭和学校是影响个体发展最重要的两大微观系统。基于第三章和第四章的个案研究，第五章和第六章调查研究考察的自变量包括家庭情感忽视、累积家庭风险、父母心理控制、校园被欺凌、同伴疏离以及学校联结等，因变量包括焦虑情绪、抑郁情绪、社交焦虑、消极冒险行为、不良同伴交往以及自残行为。对于处境不利影响机制的研究，不仅要立足于生理、心理的实证研究，还要立足于工作实践中的个案研究。对于前者，在学术界已经获得了较为一致的

---

① TEDESCHI R G, CALHOUN L G. Posttraumatic Growth: Conceptual Foundations and Empirical Evidence [J]. Psychological Inquiry, 2004, 15 (1): 1-2.

结论，即个体面对重大压力或威胁情境后一般会有四种自然反应。威胁情境及程度、个体能力等多个因素及其交互作用决定了个体的反应，不同的反应会导致不一样的结果。本书提出，处境不利对青少年负性影响的心理机制应该具有普遍性，并存在一些共性的因素，这些因素也应该回归到个案中去重新确定，如自尊、自我接纳、心理弹性、社会支持、自悯等。

第三，虽然越来越多的研究关注青少年积极成长，但更多关注的是经历诸如地震、海啸、犯罪侵害等巨大创伤事件后个体的积极成长，对于那些承受长期、反复、隐匿的处境不利青少年的积极发展研究有待于进一步深入，对于如何促进这些处境不利青少年的积极成长仍然缺乏较为全面、系统的讨论。基于实证结论提出的积极发展对策，可能会缺乏与实际情况的匹配性，从而显得无力无效；从单一视角提出的积极发展策略，因心理问题形成的复杂性即影响因素的复杂性也往往难以落实及出成效。据此，通过质性研究和量化研究，结合理论和实际，本书第七章至第九章从多维度视角总结和梳理促进处境不利青少年积极发展的对策。

综上，本书以积极青少年发展观为理论基石，主要采用个案分析与问卷调查相结合的方法，探讨了家庭或学校处境不利对青少年的影响及积极成长的对策。为深入探讨该问题，本书分为四个主题内容予以呈现。

第一章和第二章为理论分析。第一章主要探讨青少年积极成长的起源、发展及概念内涵，并阐述了青少年积极成长的主要理论及相关研究。第二章介绍了青少积极成长的核心因素，包括心理弹性、意向性自我调节以及社会支持。第三章和第四章为个案分析。第三章主要呈现了不利家庭情境下的青少年成长个案，第四章则呈现了不利学校情境下的青少年成长个案。这些个案讲述了个体在儿童青少年期普遍存在却常常被"看不见"或重视不够的负性生活处境，并从质性层面描述了处境不利对个体发展影响的长期性、隐匿性和反复性。通过个案，本书发现处境不利对个体的影响表现在认知、情绪、行为及人际等多个方面，并可能受其他因素的影响，这其中包括青少年积极成长的相关因素。个案分析为接下来的实证研究提供了变量选择的精确方向。第五章和第六章为调查研究，主要探索了各种不利处境对青少年的影响，并进一步分析逆境下青少年积极成长的重要变量。第五章聚焦于家庭相关的不利处境，如家庭情感忽视、父母心理控制、累积家庭风险等。第六章聚焦于学校相关的不利处境，如校园被欺凌、同伴疏离、学校联结等。在通过相关分析、回归分析、结构方程模型等统计方法推测创伤经历对青少年成长的过程中，纳入了个案研究中所提出的可能性中介变量，如自尊、自我接纳、心理弹性等，并纳入了可能性的调节变量，如情绪调节策略、自悯等，在分析处境不利影响青少年心理和行为内在机制的基础上，分析积极发展的核心变量，为探索积极发展对策奠定实证基础。第七章至第九章为对策研究，主要基于个案研究和问卷调查研究的结论，分别从个体、家庭、学校和社会层面提出了可行且有效的青少年积极发展与成长的促进方法和策略。

本书研究的主要框架与内容如表1所示。

表1　本书的主要框架与内容

	研究主题	研究内容	研究方法
绪论	研究背景及主要内容	（一）研究背景及问题提出 （二）主要研究内容及框架	基于文献综述，采用理论分析法展开
理论研究	第一章　青少年积极成长的理论	（一）青少年积极成长的概念 （二）青少年积极成长的理论 （三）青少年积极成长的研究	基于文献综述，采用理论分析法探讨青少年积极发展的内涵及其相关理论
理论研究	第二章　青少年积极成长的因素	（一）积极成长与心理弹性 （二）积极成长与意向性自我调节 （三）积极成长与社会支持	基于文献综述，采用理论分析法探讨青少年积极发展的内涵及其相关理论
个案研究	第三章　家庭情境下青少年成长的个案研究	（一）情感忽视与青少年成长 （二）躯体虐待与青少年成长 （三）资源缺乏与青少年成长	通过个案分析法呈现6个青少年成长个案，从质性层面分析家庭和学校处境不利对青少年的影响，并初步探索积极成长的相关变量
个案研究	第四章　学校情境下青少年成长的个案研究	（一）学业挫败与青少年成长 （二）校园欺凌与青少年成长 （三）师生冲突与青少年成长	通过个案分析法呈现6个青少年成长个案，从质性层面分析家庭和学校处境不利对青少年的影响，并初步探索积极成长的相关变量
调查研究	第五章　家庭因素与青少年成长关系的调查研究	（一）童年虐待经历与青少年抑郁情绪 （二）家庭情感忽视与青少年社交焦虑 （三）父母心理控制与青少年消极冒险 （四）累积家庭风险与青少年自残行为	通过8个基于问卷调查法的相关研究，探索家庭及学校处境不利对青少年心理与行为的影响及其作用机制，并深入分析青少年逆境下积极成长的重要因素
调查研究	第六章　学校因素与青少年成长关系的调查研究	（一）校园被欺凌与青少年抑郁情绪 （二）同伴疏离与青少年社交焦虑 （三）校园被欺凌与青少年焦虑情绪 （四）学校联结与青少年越轨同伴交往	通过8个基于问卷调查法的相关研究，探索家庭及学校处境不利对青少年心理与行为的影响及其作用机制，并深入分析青少年逆境下积极成长的重要因素

续表

	研究主题	研究内容	研究方法
对策研究	第七章 青少年积极成长的个体对策	（一）积极归因 （二）情绪调节 （三）自悯的力量 （四）积极的行动	基于文献综述、理论分析和实证研究，探索青少年积极成长的个体、家庭、学校与社会对策
	第八章 青少年积极成长的家庭对策	（一）父母教养意识的觉醒 （二）看见孩子内在的需求 （三）父母教养行为的调整	
	第九章 青少年积极成长的学校与社会对策	（一）深入开展学校心理健康教育 （二）建立全范围覆盖的青少年积极成长服务体系	

第一章

青少年积极成长的理论

青少年作为当前及未来人类社会赖以发展的人力资本,其身心的健康发展一直受到心理学尤其是发展心理学的紧密关注。青少年正迈入社会角色转变的关键时期,由于其在认知、情感、行为等方面表现出不稳定、较复杂的特征,容易导致各类问题的产生。20世纪90年代,积极心理学的兴起让青少年自身的成长优势开始进入研究者们的视野。[①] 在此背景下,积极青少年发展的概念被提出,特指青少年力争达到一种健康、充分且成功的发展。[②] 积极青少年发展观强调要关注青少年的发展,并且研究的重心应逐渐由关注其成长过程中的缺陷和问题,转向关注他们在各种逆境下的优势和力量,以此帮助并促进他们的积极发展。在有关青少年教育与发展的研究中,既有聚焦于个性问题的关注,又有对共性问题的探讨。而借鉴国外较成熟的研究成果来探讨共性问题,将有助于研究我国青少年的教育与发展。鉴于此,在扼要阐述积极心理学与积极青少年发展理论的历史起源及其演变过程后,本章节将对当前国外主要的积极青少年发展理论及其模型进行综述,并简要介绍青少年积极成长的相关研究。青少年积极成长与青少年积极发展具有相同的内涵,并在一些章节中互通使用。

[①] 凌宇,曾一方,屈晓兰,等."缺陷"预防与积极青少年发展整合视野下的留守儿童行为研究[J]. 兰州大学学报(社会科学版),2016,44(4):171-176.
[②] LERNER R M, LERNER J V, BOWERS P E, et al. Positive Youth Development and Relational-Developmental-Systems [M] // Handbook of Child Psychology and Developmental Science. New York: Wiley, 2015: 607-651.

第一节 青少年积极成长的概念

逆境或处境不利影响着青少年的方方面面，但其给青少年发展带来的结果却因人而异。有一部分青少年在逆境或处境不利中表现出消极的衰退，一蹶不振，而有一部分青少年则没有变化，甚至许多人在逆境后依旧能够表现出积极成长。譬如，有关自我认知的积极改变——你比你想象的更加强大；人际关系的改变——你可能会与他人建立亲密感，增加同情心，或者知道在危急时刻可以依靠他人；精神洞察力的改变——你可以更好地欣赏生活，觉察生命的价值，焕发出新的可能。

"我认为我的前景更加乐观。"

"我觉得自己是一个更好、更有表现力的人。"

"我现在有了更健康的态度。"

"我已经走了很长一段路，作为一个人，我变得更好了……更具有同情心。"

"我的价值观改变了，对我来说什么是真实和重要的更清楚了，自己也变得更聪明。"

"我喜欢那次事故后的自己，我现在无法想象没有它的生活。"

……

以上回答来自澳大利亚一项对身处不利处境中的13名康复者的访谈研究。[①] 接受采访和发生事故的间隔时间为18个月到4年不等，探讨了参与者在逆境后初始和后续恢复的体验，从患者角度了解他们在经历逆境后是如何寻求积极发展的，从逆境中恢复又有着怎样的体验与感受。几乎所有的参与者在讲述自身故事时都表示，他们相信自己能够在所遭遇的不幸中变得强大，依旧能够获得积极成长。由此可见，绝大多数人在逆境中，会迸发出想要寻求复原的动力，进而使他们能脱离处境不利的泥潭，达到积极成长的目的。在复原的意志过程中，他们逐渐改变了对生活的看法，对逆境有了新的认知，

---

① TURNER D S, COX H. Facilitating Post Traumatic Growth [J]. Health and Quality Life Outcomes, 2004, 2 (34): 1-9.

对生活产生了新的希望。因此，从以上 13 名康复者的复原经历，我们可以推断身处逆境或处境不利的青少年也具有积极成长的可能，我们应对他们的成长与发展抱有积极的态度。

一、"青少年积极成长"的起源

（一）积极心理学的兴起

积极心理学，作为一个兴起于 20 世纪 90 年代的新的心理学研究领域，与传统心理学有着明显的区别。传统心理学主要关注消极和病态的心理现象，而积极心理学则聚焦于个体的积极方面，强调探索人类内在的、潜在的、具有建设性的力量，而这些力量、美德、积极情绪等往往对个体的发展有着重大的意义。积极心理学的研究内容主要包括三个方面：积极的情感体验、积极的人格品质与特征、积极的社会制度系统。它以积极的态度来理解人们的情感和行为，并激发积极力量，培养优秀品质，发掘个人潜力，从而实现人生的幸福感。[①] 美国心理学家马丁·塞利格曼（Martin E. P. Seligman）是积极心理学的创始人之一，他认为"传统的、关注个体消极方面的心理学确实在一定程度上对社会的发展做出了贡献，但实践也证明，心理学必须关注人类的积极品质，仅靠对问题的修补始终无法为人类谋求真正的幸福（患心理疾病的人数依旧成倍增长），所以要大力提倡积极心理学来为人类谋取幸福"[②]。因此，积极心理学认为，研究不仅应关注人类的缺陷和问题，还应深入探究人类所拥有的潜能和卓越品质。[③] 重要的是，要关注人性的积极面，致力于帮助人们过上更健康、更美好的生活，增进人类的福祉，以及推动社会的繁荣。积极心理学不仅对心理学的许多分支学科都产生了重大而深远的影响，还奠定了积极青少年发展理论的心理学基础。

（二）认识青少年的两种取向

以何种视角认识青少年将会影响我们对青少年的培养方式？彼得·贝森

[①] 孙晓杰，李柯莉. 积极心理学促进大学生主观幸福感的实验研究[J]. 辽宁教育行政学院学报，2016，33（5）：56-59.

[②] SELIGMAN M E P. Building Human Strength: Psychology's Forgotten Mission[J]. APA Monitor, 1998, 29 (1): 12-19.

[③] 任俊，叶浩生. 当代积极心理学运动存在的几个问题[J]. 心理科学进展，2006（5）：787-794.

（Peter Bersen，1997）认为针对青少年的发展主要有两种观点取向。一种观点是对青少年的发展通常秉持消极态度，认为青少年是"不完善的"，致力于对"无问题"青少年的塑造。该观点与预防科学的发展联系紧密，重点关注青少年的情感紊乱、学习困难以及破坏性行为等"问题"，并力争寻求解决"问题"的方法，因此受到了许多医学专家、心理咨询师与社会工作者的认可。[1]而另一种观点即积极青少年发展理论（Positive Youth Development，PYD），强调对青少年的发展持以积极态度，重点关注青少年的能力、优势和潜质以及如何发展潜质的方法。该观点将重心从研究如何矫正与治疗青少年的消极方面转向致力于了解、教育并鼓励青少年参加有价值和意义的活动。近年来，专家和学者们逐渐认同 PYD 的观点。

积极青少年发展观起源于积极心理学和发展系统理论，这一理论的提出标志着心理学领域对青少年发展研究的一次重要转变。随着积极心理学的兴起，青少年发展优势观应运而生，并逐渐取代以往被"缺陷模式"所主导的青少年发展观，强调青少年自身积极的发展潜能，当把外部支持资源与积极发展的潜能相整合时，便能促使个体积极发展。[2] 实证研究也紧紧把握住青少年积极发展的风向标，纷纷将研究重心由青少年可能存在的风险转向积极发展方面。20 世纪七八十年代以来，发展系统理论便逐渐主导着青少年研究与实践服务领域。基于该理论框架，发展心理学家们纷纷开始关注青少年发展的生态性与可塑性，主张以系统、可持续的发展视角来研究青少年的发展。在这种背景下，美国心理学家里克·利特（Rick Little）于 1993 年提出"积极青少年发展"这一概念，并受到相关领域研究者们的关注。该概念指出，积极青少年发展是青少年力争达到一种充分、健康和成功的发展，此类积极的发展还能够通过提升个体对环境的适应能力及幸福感来降低问题行为发生的概率。[3]

因此，对于身处逆境或处境不利的青少年，我们不能仅仅将逆境当作横

---

[1] 刘香东. 美国积极青少年发展理论刍议 [J]. 教育探索，2009（1）：138-139.

[2] LERNER R M. Developing Civil Society Through the Promotion of Positive Youth Development [J]. Journal of Developmental & Behavioral Pediatrics，2000，21（1）：48-49.

[3] LERNER R M, LERNER J V, ALMERIGI J B, et al. Positive Youth Development, Participation in Community Youth Development Programs, and Community Contributions of Fifth-Grade Adolescents: Findings from the First Wave of the 4-H Study of Positive Youth Development [J]. The Journal of Early Adolescence，2005，25（1）：17-71.

亘在积极成长面前的阻碍，而应秉持积极发展观，从积极的视角去发现逆境给他们带来的正向变化，专注发展其个人优势，激发他们的发展潜能。比如在逆境或不利处境中，人们会更坚强，更不服输，斗志昂扬；对于成长和实现自身目标的愿望更为强烈；在自我认知方面也更为清晰，发现自身有更大的潜力；同时会对生活抱有新的看法，有更深刻的价值观和哲学观；还会唤醒对生命的感悟，会更容易发现与珍惜身边的美好，更好地建立人际关系等。所以，基于这些处境不利个体所发生的积极变化，我们更要相信即便身处逆境，也有成长的可能，用积极发展的视角来解释当前的不利处境，逆境也将转变为个体成长的机遇。我们应该牢牢把握住在逆境中成长的机会，进而促进自身的积极成长与发展。

二、"青少年积极成长"的发展

根据《青少年百科全书》的概述，积极青少年发展理论的形成与发展历经 100 余年，大致可分为三个阶段[①]：第一阶段是从 20 世纪初开始至 20 世纪六七十年代结束，时间跨度大约 70 年的"缺陷模式"（deficit model）时期[②]；第二阶段是从第一阶段结束至 20 世纪八九十年代，时间跨度约 30 年的转型时期；第三阶段则是从第二阶段结束一直持续至今的积极青少年发展理论时期[③]。

（一）"缺陷模式"时期

该时期对青少年成长与发展的探讨主要是从病理学的角度进行切入，处于这一时期的青少年被认为携带一种与生俱来的"假设性缺陷"（assumed deficiencies）。斯坦利·霍尔（Granville Stanley Hall）认为青春期的本质便是经历"风暴与压力"，即所有的青春期个体经历一些情感与行为上的"混乱"都是无可避免的。所以青春期是风险交织的时期，例如，易与他人发生矛盾或

[①] 袁磊. 从"缺陷模式"到"积极发展观"：国外积极青少年发展理论及其模型综述[J]. 昆明学院学报，2022，44（2）：77-86.
[②] 国内有学者将其译为"赤字模型"或"不足模式"等名称，此处采用"缺陷模式"的译法。
[③] 《青少年百科全书》首次出版于 2011 年，当时的"至今"为 2010 年。在此之后关于青少年的研究到 2023 年 12 月并未发生第四次转折，故此处的"至今"仍然适用。

冲突，易做出某种风险行为等。① 安娜·弗洛伊德（Anna Freud）也认可霍尔对这一时期的论述，她认为青春期是一个普遍的发展障碍期，青少年在生理和心理上的急剧变化将会诱发其产生问题行为，进而危及个人与社会。②

因此，在青春期被定义为"风暴与压力"的背景下，"缺陷模式"强调青春期的固有特征是"问题"或"不足"，青少年因自身生理与心理变化会难以躲避情绪与行为的"混乱"风暴。于是，支持"缺陷模式"的研究者们便给青少年贴上天生具有某种诱发"缺陷"行为因素的标签，进而设法将管理青少年的"问题"与"不足"进行合理化。在该时期青少年的正向发展便意味着无心理问题或问题行为，研究重心也一直聚焦于青少年变"坏"的原因以及预防变"坏"的方法等方面，注重对"问题"的预防与修复。研究者们则致力于探索引发青少年产生心理混乱和危险行为的原因，并呼吁对青少年所暴露出的问题进行强有力的干预，进而能够达到预防、管教甚至矫治的目的，以期能帮助青少年渡过这一特殊的困难时期。然而，"缺陷模式"不仅没有关注到青少年的积极方面，还假定其天生就是某种"缺陷"的携带者，而这往往可能会导致更多的问题产生。③

（二）转型时期

直到20世纪60年代，关于青春期的"风暴与压力"学说开始遭到学者们的质疑。其中阿尔伯特·班杜拉（Albert Bandura）便表示，青春期可能会出现"风暴与压力"，但这并不是普遍存在且不可避免的。④ 玛格丽特·米德（Margaret Mead）在对不同的文化群体进行调研后，也对该学说进行了驳斥⑤，并且之后还得到了赫伯特·巴里（Herbert Barry Ⅲ）与爱丽丝·施莱格尔（Alice Schlegel）实证研究的支持。即在不同的文化群体中，青春期的

---

① THORNDIKE E L. Adolescence：Its Psychology and Its Relations to Physiology, Anthropology, Sociology, Sex, Crime, Religion and Education. By G. Stanley Hall [J]. Science, 1904, 20 (500)：142-145.

② FREUD A. Adolescence as a Developmental Disturbance [J]. Adolescence, 1969, 20 (2)：5.

③ LERNER R M, STEINBERG L. The Scientific Study of Adolescent Development：Past, Present, and Future [J]. Handbook of Adolescent Psychology, 2004：1-12.

④ BANDURA A. The Stormy Decade：Fact or Fiction? [J]. Psychology in the Schools, 1964, 1 (3)：224-231.

⑤ SCHLEGEL A, BARRY Ⅲ H. Adolescence：An Anthropological Inquiry [M]. New York：Free Press, 1991：1.

"风暴与压力"是各不相同的,也有部分青少年根本没有这种特殊的困难经历。① 再者,还有学者发现,处于青春期的个体几乎与父母没有冲突,即便存在较小的冲突也不等同于要和父母决裂,他们可用一致的价值观来达到妥协。而且青春期生理和心理的变化并不应该承担全部"罪责",多变的环境也会致使青少年产生情绪问题与风险行为。但是,随着个体抽象思维的发展,青春期的孩子对待风险时也能够冷静处之,所以仅靠对其进行"缺陷"的纠正远不足以消除可能产生的青春期风险。②

"缺陷模式"的弊端在此时期已得到学者们的相关验证,他们开始将关注的焦点转移到青少年自身的"可塑性"与"多样性"上。在多样性方面,一些研究已经开始注意到个体差异是青少年成长与发展中的关键部分,并非所有个体在青春期的转变都会以同样的方式和速度去呈现,而是会受到生物、心理、文化、社会等多方因素的影响。即在生物遗传因素的基础上,青少年的成长环境(如家庭、学校、社会等)以及在社会互动中所遇到的其他个体(如家人、教师、同学等)都将会影响青少年成长与发展的多样性,生物、人际、环境等因素交织在一起,共同描绘出了青春期的差异。对多样性的研究也为青少年发展的可塑性提供了理论支持。在可塑性方面,20世纪70年代初,发展系统理论便逐渐成为研究青少年成长与发展的主导性理论,该理论强调人类发展具有可塑性,并且可塑性是青少年发展的一类重要特质。③ 相关研究也表示,要想使青少年朝着积极的方向发展,便要在其成长成才的过程中,适当地对其自身和其所处的环境进行干预,使其获得相应的成长资源与条件,进而产生正向的发展变化。④

总之,处于转型时期的学者们开始以可塑且动态的视角切入研究青少年的发展与教育,并且也开始从整体方面来探讨青少年与其所在情境的关联,强

---

① SCHLEGEL A, BARRY Ⅲ H. Adolescence: An Anthropological Inquiry [M]. New York: Free Press, 1991: 41-43.
② ARNETT J J. Adolescent Storm and Stress, Reconsidered [J]. American Psychologist, 1999, 54 (5): 317.
③ LERNER R M. Theories of Human Development: Contemporary Perspectives [M] //DAMON W, LERNER R M. Handbook of Child Psychology: Theoretical Models of Human Development. Hoboken: John Wiley&Sons Inc, 1998: 1-24.
④ 范丽娟. 发展型社会工作干预促进低保家庭青少年正向发展的影响研究 [D]. 北京:中国青年政治学院, 2018: 23-24.

调研究与应用的结合，这为积极青少年发展理论进入第三阶段奠定了基础。但需要强调的是，积极青少年发展观的基本思想虽然在这一阶段已经初见雏形，但仍难以完全摆脱前一阶段"缺陷模式"的深刻影响，研究者们在理解青春期时依旧会或多或少地裹挟着"缺陷"的影子。①

（三）积极青少年理论发展时期

这一时期由于受到人本主义的影响，一些学者迫切地想要从"缺陷模式"中完全抽离出来，开始意识到对青少年成长与发展所秉持的消极观正在侵蚀其成长的积极资源，威胁青少年的发展。20世纪末，积极心理学兴起，传统心理学这种主张研究人类心理"负面"而忽视其自身积极方面的片面观点便受到了批判。研究者们强调对人类的探索应集中于自身的积极因素，以积极的视角去解读人类的心理现象和行为问题，而这也包括心理问题与问题行为。他们也强调要从善端、美德等优质潜能出发，去探索人类与生俱来的积极内在力量与优秀品质，进而能最大限度发掘出人类自身的潜能，使个体由此感到生活良好并将其回馈于社会的发展②。该观念的积极转变为积极青少年发展理论的成形与发展奠定了坚实的心理学基础，积极青少年发展观也因此应运而生，即从青少年负面发展观（关注其"缺陷"与"不足"）转变为积极发展观（关注其潜能与优势）。

美国心理学家里克·利特于1993年正式以"积极青少年发展"来定义上述发展观，此后该理论又先后经埃克勒（Eccles，2002）、罗斯（Roth，2003）、勒纳（Lerner，2004）等人对其进一步地充实与完善。③ 积极青少年发展观始终相信青少年是待开发的资源，其具有自身的优势与潜能，而不是某种"缺陷"或"不足"。该理论还强调关注青少年的优势而非缺陷是预防和矫正问题行为的最佳方法，青少年的成长与发展过程也绝非一个改正不足、克服困难或矫治缺陷的过程，而是一个机遇与挑战并存，富有生命活力的积极转变过程。该观点同时也期待青少年能够在积极引导下塑造优良品质，挖

---

① LERNER R M. The Positive Youth Development Perspective: Theoretical and Empirical Bases of Strengths-Based Approach to Adolescent Development [M]//LOPEI S J, SNYDER C R. Oxford Handbook of Positive Psychology. Oxford: Oxford University Press, 2009: 149.

② 袁榕蔓. 积极心理学对开展小学生涯教育的启发 [J]. 校园心理, 2015, 13 (5): 346-347.

③ 凌宇, 曾一方, 屈晓兰, 等. "缺陷"预防与积极青少年发展整合视野下的留守儿童行为研究 [J]. 兰州大学学报（社会科学版）, 2016, 44 (4): 171-176.

掘积极优势，并激励青少年勇敢、主动地探索世界，实现各方面能力的发展和对社会的良好适应，进而能为家庭乃至社会做出相应贡献。

三、"积极青少年发展"的内涵

纵观对青少年成长与发展的研究可知，以往大多数学者都以"问题"视角切入研究，而已有相关研究证实青少年可能会因这种"污名化"的标签而加剧对自身的负面评价，进而使阻碍自身成长的消极后果愈演愈烈。[1] 因此，随着积极心理学思潮的兴起，也为了让青少年能得到更加积极有益的成长，有研究者基于积极心理学与发展系统理论提出了积极青少年发展观，并逐渐形成了完整的理论，以期能扭转对青少年成长与发展的不利局面，并探索更多青少年发展的优势资源与潜能。[2] 积极青少年发展观的提出给我们提供了崭新的视角来看待逆境与处境不利，给身陷其中的个体带来了新的希望，也预示着新的胜利。该理论相信青少年是具有内在力量的个体，在不利处境中也能获得积极成长，强调要挖掘并发展青少年的积极品质，以帮助其得到良好的发展，从而起到对消极发展结果的预防和干预作用。[3] 所以，促进青少年的积极发展，即促进青少年在逆境与不利处境中谋求成长与发展的生机，进而能够重获新生。下文将介绍积极青少年发展的内涵，以期能为促进青少年积极成长提供有效的理论支持。

与传统的基于"缺陷"观念的青少年发展观不同，积极青少年发展观从"优势"角度探索了青少年发展的本质、过程和影响因素。首先，Damon指出"积极青少年发展"强调个体身上所表现出来的潜能，关注天赋、兴趣、优势和未来潜能等方面，而非能力缺陷。[4] Hamilton等人提出，积极青少年发展是指个体理解并作用于环境的能力不断提高的过程，也指一套个体和组织促进

---

[1] 王七巧. 从误解到理解："问题学生"的意义阐释 [J]. 教学与管理，2020 (9)：62-65.

[2] SHEK D T, DOU D, ZHU X, et al. Positive Youth Development: Current Perspectives [J]. Adolesc Health Med Ther, 2019 (10): 131-141.

[3] GELDHOF G J, BOWERS E P, GESTSDÓTTIR S, et al. Self-Regulation Across Adolescence: Exploring the Structure of Selection, Optimization, and Compensation [J]. J Res Adolesc, 2014, 25 (2): 214-228.

[4] DAMON W. What is Positive Youth Development? [J]. Annals of the American Academy of Political and Social Science, 2004, 591 (1): 13-24.

青少年能力提高的原理和方法，还包括推动青少年发展的实践活动。[1] 为了进一步明确积极青少年发展的内涵，形成更加操作化的定义，Catalano 等人梳理了大量已有研究，提出了"发展目标或结果取向"的定义，包括15个方面的目标：即联结、心理弹性、社会能力、情绪能力、认知能力、行为能力、道德能力、自我决定、精神灵性、自我效能、积极同一性、未来信念、积极行为识别、亲社会活动参与机会和亲社会规范。[2]《美国百科全书》则将积极青少年发展定义为一个新的概念，旨在描述成年人、社区、政府组织和学校共同努力去推动青少年健康成长的过程。该理论致力于去创造支持性的社区环境，为所有青少年提供机会，发展他们的兴趣和能力。通过参与公益组织与社区活动，并给其提供实践锻炼的机会，鼓励青少年去为他人、社区乃至社会做出力所能及的贡献。

所以，积极青少年发展观的核心思想可以概括如下[3]：

1. 每个青少年都天生具备积极成长和发展的潜能。他们拥有独特的才能、兴趣和动力，有能力克服挑战并追求自己的目标。

2. 一个良好的生活环境能够促使青少年进行积极发展。这包括积极的家庭环境、支持性的学校氛围和有益的社区资源，这些因素能为青少年提供成长和学习的机会。

3. 多元化的、能够提供滋养的关系、背景和生态都对青少年的积极发展至关重要。良好的人际关系、具有启发性的文化环境和鼓励创新的社会结构都能为青少年提供成长的支持。同时，所有青少年都可以从良好的环境中受益，无论他们的起点如何，他们都有机会实现自己的潜力。

4. 支持、授权和承诺对于青少年的发展同样是重要的资源。他们需要得到他人的支持和鼓励，同时也需要能对自身的发展做出相应的承诺与努力。

5. 社区是促进青少年积极发展的关键承载系统。社区能给青少年提供参

---

[1] HAMILTON S F, HAMILTON M A, PITTMAN K J. Principles for Youth Development [M] // HAMILTON S F, HAMILTON M A. The Youth Development Handbook. Thousand Oasks: Sage Publishing, 2004: 1-17.

[2] CATALANO R F, BERGLUND M L, RYAN J A M, et al. Positive Youth Development in the United States, Research Findings on Evaluations of Positive Youth Development Programs [J]. Annals of the American Academy of Political and Social Science, 2004, 591 (1): 98-124.

[3] 戴蒙，勒纳. 儿童心理学手册：第四卷：应用儿童发展心理学 [M]. 上海：华东师范大学出版社，2009：128-156.

与和贡献的机会，让青少年能够与他人建立联系，并为社区的发展做出贡献。

6. 青少年不仅是自身发展的主导者，同时也是促进积极发展的关系、背景、生态和社区的重要资源。

以上六个方面的观点不仅注重青少年个体的发展，也强调资源与环境对青少年的影响。由此，便将有关青少年积极发展的主体性与环境的互动作用有效结合起来，从而为我们深入理解青少年的积极发展提供了辩证且全面的视角。

再者，勒纳等学者提出了青少年积极发展的五个 C 发展目标。第一，关注能力（competence），包括社交、认知、学术和职业能力。我们希望每个青少年都能以积极的态度迎接社会、认知、学业和职业等各方面的挑战。第二，注重培养品格（character），即具备尊重社会和文化规范的能力，以及辨别善恶和美丑的能力。第三，重视联结（connection），强调青少年与伙伴、家庭、学校和社会之间的交流和沟通。建立良好的人际关系有助于促进青少年身心健康的发展。第四，培养自信（confidence），即相信自己的价值，并相信通过努力能够实现目标。第五，注重关爱与同情（caring and compassion），强调展现同情和关心他人的品质。① 这五个 C 的发展目标对于青少年积极发展至关重要。当青少年达到这五个目标时，便趋近实现第六个目标即贡献（contribution），而积极青少年发展的最终目的在于通过树立前五个目标，引导青少年树立积极乐观的人生态度，从而能够积极应对个人、家庭、社区和人类社会的诸多困难与挑战，最终实现奉献社会的目标。

此外，Catalano 等人在美国儿童及青少年群体中开展了一项研究青少年积极发展的项目，此项目于 2002 年从北美符合研究标准的 77 个项目中筛选出 25 个成功的有效项目。根据研究资料及数据分析，对儿童及青少年积极发展进行了以下定义，定义共包括 15 项目标和概念：（1）构建并维持亲密关系；（2）认知能力；（3）情感能力；（4）行为能力；（5）社交能力；（6）抵抗能力；（7）精神寄托；（8）道德能力；（9）自我效能；（10）自觉性；（11）个性清晰且积极；（12）对未来充满希望；（13）提供社交活动的机会；（14）提供

---

① LERNER R M, LERNER J V, ALMERIGI J B, et al. Positive Youth Development, Participation in Community Youth Development Programs, and Community Contributions of Fifth-Grade Adolescents: Findings from the First Wave of the 4-H Study of Positive Youth Development [J]. The Journal of Early Adolescence, 2005, 25 (1): 17-71.

积极行为的识别与支持机会；(15) 社交的行为标准。① 例如，构建并维持亲密关系，便可以由社会控制理论、社会发展理论、依附理论以及社会生态观点这四种理论来支持和强调此概念与目标的重要性。②

由此看来，积极青少年发展观是基于多种教育理论整合而建立的，其理论结构表现出了开放性的特征。这些理论主要包括：积极心理学、预防科学、应用发展科学、社交与情感学习、品格教育等。虽然积极青少年发展观的相关教育理论都有其各自的语言和侧重点，但在促进青少年积极发展层面具有较大的一致性。其中，积极心理学对青少年需要加以发展的心理力量进行分类；预防科学重视青少年的倾向与能力，尤其是对健康生活方式和行为的选择；应用发展科学则在发展心理学的基础上将有利于青少年积极发展的理论观点进行了整合；社交与情感学习对青少年社交与情感能力的发展尤为关注；品格教育则从多维度角度来关注青少年的道德人格与行为。所以，积极青少年发展观并不是简单地组合或堆积各种教育理论，而是对以上这些教育理论中有关青少年发展的内容进行了有机整合。

根据不同研究者们对积极青少年发展的理解，可以总结出以下结论：首先，青少年积极发展观强调青少年具有积极成长和发展的潜能，应该关注他们发展轨迹中的积极方面和个体在发展过程中所展现出来的可塑性。这意味着我们不仅要关注青少年的优势和积极品质，还要能给其提供支持和引导，以帮助他们充分发挥潜能。其次，要关注在不同情境下，生态环境和资源对个体发展的作用以及个体与情境的相互作用。我们应该认识到个体的发展不仅仅是内在的，还可能会受到外部环境和资源的影响。因此，我们有必要去为青少年创造积极的生态环境，并提供适当的资源和支持，同时，也要善于利用资源环境，促进个体与资源环境的相互作用。当个体将内在潜能与外部环境资源进行有效融合，并建立良好的支持性互动关系时，就有助于促进个体的积极发展。

---

① CATALANO R F, BERGLUND M L, RYAN J A M, et al. Positive Youth Development in the United States: Research Findings on Evaluations of Positive Youth Development Programs [J]. The Annals of the American Academy of Political and Social Science, 2004, 591 (1): 98-124.
② 石丹理, 马庆强. 共创成长路: 青少年培育计划概念架构及课程设计手册 [M]. 上海: 学林出版社, 2007: 3.

第二节 青少年积极成长的理论

在20世纪90年代中期，青少年积极发展理论开始逐渐形成，并随着对理论探讨的不断深入，该理论的核心主要聚焦于三个关键问题。首先，如何看待青少年的发展。这一理论强调每个青少年个体，包括那些身处逆境或不利处境中的青少年，都具备积极成长的潜能。其次，如何促进青少年的积极发展，包括寻找影响积极青少年发展的关键因素。学者们深入研究青少年在不同情境下的发展，并关注个体特征、家庭环境、学校支持、社区资源等因素对青少年积极发展的影响。最后，研究青少年积极发展的作用机制，即探索个体与环境之间的高效互动，以揭示实现青少年最佳发展的原理和内在机制。这些问题成为青少年积极发展理论探索的核心内容。由此，研究者们提出了心理弹性理论、发展资源理论、发展情境理论、关系发展系统理论以及积极青少年发展生态理论。

一、心理弹性理论

"心理弹性"（resilience）这一概念源自对处境不利儿童心理适应性与发展的研究。该概念最早由美国心理学家安东尼（Anthony）在1974年提出，以描绘那些在逆境或处境不利中能够获得良好适应或实现良好发展的个体。这种弹性现象正好验证了个体所拥有的积极发展潜能，即个体在面临困境和挑战时，仍然有能力适应和应对，从而实现积极的成长和发展。这一概念的重要性在于强调个体的适应力和自我调节能力，以及他们在困境中展现出的弹性和发展潜能。同时，还有研究者将心理弹性视为青少年积极发展在处境不利群体中的特例，是一种拓展与延伸。[1] 两者在理论基础、研究范式等诸多方面都存有相似或一致之处，例如，两者都关注个体的积极适应，并旨在促

---

[1] LERNER R M, AGANS J P, DESOUZA L M, et al. Describing, Explaining, and Optimizing Within in Dividual Change Across the Life Span: A Relational Develop Mental Systems Perspective [J]. Review of General Psychology, 2013, 17 (2): 179-183.

进青少年的积极发展。① 因此，心理弹性理论可以被视为青少年积极发展理论的一部分。具体而言，心理弹性的挑战机制模型（不同水平的危险因素将对个体的发展起不同的作用）、补偿机制模型（保护性因素和危险性因素在个体的发展中呈现出不同的作用），以及条件机制模型（调节模型或保护模型）均阐述了环境因素在促进逆境或处境不利的青少年积极发展中有着不同的内在机制与作用路径。② 心理弹性的研究为我们提供了深入理解青少年积极发展与逆境中成长过程的独特视角。

二、发展资源理论

发展资源（developmental assets）最早由 Benson 于1990年提出，主要指一系列能有效促进所有青少年获得健康发展结果的经验、关系、技能以及价值观，能"增强青少年健康发展的社会和心理优势"③。该理论将发展资源划分为内部资源和外部资源两种，内部资源指引导青少年行为的技能、能力、价值观和自我知觉等，④ 外部资源则是指有助于青少年积极发展的环境特征。发展资源理论旨在探讨个体在何种条件下能获得积极发展的问题，并假设促进青少年发展的内外部资源越多越好，且都普遍相关，这些资源的积累和组合也都遵循"水平堆积"（个体在某个时间节点上，多种情境同时具备多种发展资源）和"垂直堆积"（个体在时间节点上的累积效应）的原则。同时，该理论还强调青少年自身以及所处情境中的各种内外部资源，并对积极青少年发展观的理论深度与广度进行了拓展。然而，该理论对内外部资源促进青少年积极发展的相互作用并未进行深度剖析，因此，也为该理论的后续研究留下了充足的空间，其中最有代表性的便是发展情境理论在这一问题上的探讨。

---

① MASTEN A S. Invited Commentary: Resilience and Positive Youth Development Frameworks in Developmental Science [J]. Journal of Youth & Adolescence, 2014, 43 (6): 1018-1024.
② LEIPOLD B, GREVE W. Resilience: A Conceptual Bridge between Coping and Development [J]. European Psychologist, 2019, 14 (1): 40-50.
③ SESMA A, MANNES M, SCALES P C. Positive Adaptation, Resilience, and the Developmental Asset Framework [M] //GOLDSTEIN S, BROOKS R B. Handbook of Resilience in Children. New York: Springer, 2005: 281-296.
④ BENSON P L. Developmental Assets: An Overview of Theory, Research, and Practice [J]. Approaches to Positive Youth Development, 2007, 33: 58.

三、发展情境理论

"发展情境"（development contextualism）这一概念最早于1987年由理查德·勒纳（Richard Lerner）提出。[1] 发展情境理论强调青少年的发展状况取决于个体与情境的双向互动，青少年的积极发展则是个体与多元情境不断进行动态交互的结果，并且认为个体的积极发展会随时间推移而发生变化。[2] 首先，该理论强调了个体与情境的双向互动，其中情境包括物理环境、社会成员、发展中的个体、随时间推移的情境变量这四个层面，旨在通过促进个体与情境的双向互动，使个体与情境达到良好匹配，实现互动最优化，进而实现个体的积极发展。其次，还强调时间因素的重要性，即个体所处的情境会随着时间的推移发生变化，而与之所产生的积极成长与发展也会发生相应的变动。[3] 此外，该理论还强调青少年积极发展的动态性、情境的可变性也使得发展情境理论更加关注青少年成长的可塑性，即在青少年和自身所处情境这两者间，既能同时相互塑造，又能同时制约彼此。[4] 同时，在纳入时间因素考量时，该理论不仅考察某个时间节点对个体产生的单一影响，还发现情境性因素可能会与个体的发展在时间的变化浪潮中形成循环作用模式。[5] 因此，促进青少年实现积极发展的有效途径之一便是帮助个体去与所处情境进行良好互动，从而达到最优匹配。总体而言，发展情境理论相较之前的理论能够对个体的发展过程有更加全面的解释，也为深入研究个体发展特点与规律并进行预防和干预奠定了理论基础。然而，它也存在一些不足与偏颇之处，主要体现在过分强调个体与情境之间的即时性与动态性，而忽视了个体发展中的阶段性与一般性特征。

---

[1] 李曼玉. 积极青少年发展理论的实践化研究 [D]. 新乡：河南师范大学，2013：15-16.

[2] 张文新，陈光辉. 发展情境论：一种新的发展系统理论 [J]. 心理科学进展，2009，17（4）：736-744.

[3] 郭海英，刘方，刘文，等. 积极青少年发展：理论、应用与未来展望 [J]. 北京师范大学学报（社会科学版），2017（6）：7.

[4] 袁磊. 从"缺陷模式"到"积极发展观"：国外积极青少年发展理论及其模型综述 [J]. 昆明学院学报，2022，44（2）：79.

[5] 郭海英，陈丽华，叶枝，等. 流动儿童同伴侵害的特点及与内化问题的循环作用关系：一项追踪研究 [J]. 心理学报，2017，49（3）：336-348.

四、关系发展系统理论

积极青少年发展研究领域的最新理论即关系发展系统理论。与发展情境理论相比,该理论更加强调个体与情境的双向互动关系,认为个体可以通过自我调节与其所处情境达到最佳匹配,从而促进自身的积极发展。① 其中意向性自我调节是自我调节的高级形式,是实现个体积极发展的关键所在,即个体通过增强自身功能或优化自我发展,积极协调情境中资源与个人之间的关系,达到最佳匹配,获得积极发展的一系列选择、优化和补偿等过程。② 关系发展系统理论最突出的三个特点主要体现在:(1)将青少年自身的优势发展与生态资源的积极促进作用相互整合;(2)既强调要促进个体的积极发展,也重视问题或危险行为的减少,二者并重,充分体现出促进人积极且全面发展的理念;(3)其中贡献被重点提出,作为第六个C的发展目标③,贡献囊括了个体对自身、家庭、社区乃至社会四个方面的内容④,而这恰巧与中国文化典籍《礼记·大学》中提出的核心观点"正心、修身、齐家、治国、平天下"有异曲同工之妙。

目前,关系发展系统理论已显现其理论优势,并在多个学科领域中得到广泛运用。例如,有些学者基于该理论的核心观点,探讨了个体在基因、智力、大脑以及人格等多个方面的具体发展变化过程⑤,并详细地阐述了个体与其自身所处情境的互动特征。其中,在大型追踪项目4-H(head, heart,

---

① LERNER R M. Structure and Process in Relational, Developmental Systems Theories: A Commentary on Contemporary Changes in the Understanding of Developmental Change Across the Life Span [J]. Human Development, 2011, 54 (1): 34-43.

② GESTSDOTTIR S, LERNER R M. Positive Development in Adolescence: The Development and Role of Intentional Self-Regulation [J]. Human Development, 2008, 51 (3): 202-224.

③ LERNER R M, LERNER J V, ALMERIGI J B, et al. Positive Youth Development, Participation in Community Youth Development Programs, and Community Contributions of Fifth-Grade Adolescents: Findings from the First Wave of the 4-H Study of Positive Youth Development [J]. The Journal of Early Adolescence, 2005, 25 (1): 17-71.

④ LERNER R M, LERNER J V, P BOWERS E, et al. Positive Youth Development and Relational-Developmental-Systems [M] //LERNER R M, LAMB M E. Handbook of Child Psychology and Developmental Science. New York: Wiley, 2015: 1-45.

⑤ BATESON P, GLUCKMAN P. Plasticity and Robustness in Development and Evolution [J]. International Journal of Epidemiology, 2012, 41 (1): 219-223.

hands, health) 的研究中，勒纳等人提出并验证的关系发展系统理论，是该理论在实证研究方面最具影响力的指导成果之一。

五、积极青少年发展生态理论

积极青少年发展生态理论主要对旨在促进青少年积极发展的社区干预项目进行指导，是在关系发展系统理论基础上的延伸与拓展。该理论最早被用于指导一个名为 Adelante 的社区干预项目，该项目兼具协作性与综合性，旨在对美国拉丁裔移民青少年的人际暴力、物质滥用以及不安全性行为等方面进行干预指导，此项目的成效已达预期。该理论的侧重点在于个体与社区资源的互动作用能够作为发挥干预作用的内在机制，即青少年通过参与社区活动，可促进人与环境构建和谐关系、加强与社区的联结并促进社区环境的建设，进而通过积极发展水平的提高来减少青少年的问题或危险行为[1]。同时，该理论也强调个体与自身所处情境的交互作用，认为青少年在所处社区的参与度以及社区的能力建设和环境建设对青少年物质滥用、人际暴力行为以及不安全性行为能起到不同程度的干预作用。该理论也可进行更广泛的推广，例如，应用到身处逆境或处境不利群体所处社区的干预指导中。

综上，我们可以看出积极青少年发展的相关理论不仅以诸多交叉学科内容为理论源泉，而且还是理论、研究、应用这三者的有机整合。积极青少年发展观对青少年的成长与发展始终秉持着积极的观点，彻底摒弃了过去"缺陷模式"所持有的负面、消极观点，不再对青少年的发展抱有歧视与偏见，而是将每一位青少年都看成是待开发的优势资源，强调其本身所具备的可塑性与优质资源以及与所在情境的交互作用。所以，积极发展有助于个体在成长过程中抵御各种发展风险的威胁，促进青少年积极发展，使处境不利的青少年实现积极成长。而积极青少年发展的相关理论恰巧为青少年的成长与发展明确了目标和应当发展的内容与方向，并给青少年的发展与教育提供了系统化的理论与实践指导。

---

[1] EDBERG M C, CLEARY S D, ANDRADE E L, et al. Applying Ecological Positive Youth Development Theory To Address Co-Occurring Health Disparities among Immigrant Latino Youth [J]. Health Promotion Practice, 2017, 18 (4): 488-496.

第三节 青少年积极成长的研究

作为研究青少年发展领域的理论与实践新取向,积极青少年发展反映出了西方青少年成长与发展研究角度的转变。从对"缺陷与问题"的关注转向对"积极发展"的关注,这是一种积极而有前景的转变。基于积极心理学与发展系统理论,许多学者在有关积极青少年发展领域进行了大量的探索,为积极青少年发展的理论与实践发展奠定了坚实的基础。积极青少年发展的相关研究可以大致分类为以下三个方面:积极青少年发展的影响因素研究,积极青少年发展与其他心理变量之间的研究,积极青少年发展项目开发及其评估研究。

一、积极青少年发展的影响因素研究

通过对相关文献的梳理,发现影响积极青少年发展的因素有社会支持、支持关系、自我调节、家庭功能、生态资源、发展资源等。[1] 其中不仅有个体因素,还有环境因素,均能影响青少年的积极发展。Benson 等人于 1990 年提出发展资源这一概念,并概括出 40 种内外部发展资源。发展资源是指一系列能够有效促进青少年积极且健康发展的经验、关系、技能与价值观。[2] 其中内部资源包括积极价值观、自我肯定、社会能力、投身于学习等个体特征;外部资源则包括期望、支持、授权和有效利用时间等环境特征。[3] 相关研究表明,青少年能否实现积极发展取决于个体与环境的复杂互动关系[4],当青少年

---

[1] 韦宏霞,叶一舵,谢晶星.国际积极青少年发展研究的主题、趋势及启示[J].高教论坛,2021(10):106-111.

[2] BENSON P L, LEFFERT N, SCALES P C, et al. Beyond the Village Rhetoric: Creating Healthy Communities for Children and Adolescents [J]. Applied Developmental Science, 1998, 2 (3): 138-159.

[3] BENSON P L, SCALES P C, SYVERTSEN A K. The Contribution of The Developmental Assets Framework to Positive Youth Development Theory and Practice [J]. Advances in Child Development and Behavior, 2011, 41: 197-230.

[4] GESTSDÓTTIR S, LERNER R M. Intentional Self-Regulation and Positive Youth Development in Early Adolescence: Findings from the 4-H Study of Positive Youth Development [J]. Developmental Psychology, 2007, 43 (2): 508-521.

所具备的家庭、学校等发展资源与自身优势相匹配时，青少年便会获得积极发展[1]。肖嘉林等人以1301名七年级学生为被试进行了间隔两年的追踪研究，考察积极发展资源对青少年抑郁的具体关系模式，发现积极发展资源对青少年当前和两年后抑郁水平的降低分别具有即时和延时的累积效应。[2] 即个体的发展资源不仅能有效降低当前的抑郁水平，还能对两年后的抑郁水平产生积极影响，而这也展现出了发展资源作用的连续性。再者，还有研究者以家庭教养方式对青少年积极发展的整体性构念进行了一系列的元分析，结果表明家庭教养方式具有重要的发展资源价值，尤其是积极的家庭教养方式，对促进青少年的积极发展能起到重要作用。[3] 此外，研究还发现家庭支持、学校关系以及自我控制能力等发展资源能成为个体成年早期发生危险性行为的保护因素。[4] 总而言之，发展资源对于青少年积极发展的重要性已得到相关理论与实证研究的支持，其强调个体与环境的互动对青少年的发展具有重要作用，并且还重视青少年发展的潜在优势与发展轨迹的可塑性。

二、积极青少年发展与其他心理变量之间的研究

大量的实证研究表明，积极青少年发展能够显著影响个体的身心健康。首先，作为心理健康强有力的保护因素，积极青少年发展可以提升生活幸福感与满意度。一项有关马来西亚15~25岁青年的调查数据表明，积极青少年发展可以通过提高个体的自我决定能力与社会能力来显著提高生活的满意度。[5] 该结果也得到了国内一项对4523名中国香港中学生的纵向调查研究的

---

[1] LERNER R M, VON EYE A, LERNER J V, et al. Exploring the Foundations and Functions of Adolescent Thriving Within the 4-H Study of Positive Youth Development: A View of the Issues [J]. Journal of Applied Developmental Psychology, 2009, 30 (5): 567-570.

[2] 肖嘉林, 梁凯欣, 黄柳玥, 等. 积极发展资源在减少青少年抑郁水平中的累积效应、关系模式及特定资源的作用 [J]. 心理发展与教育, 2024, 40 (2): 257-269.

[3] 唐甜, 王雨, 陈宁. 家庭教养方式与积极青少年发展的关系: 系列元分析 [C] //中国心理学会. 第二十五届全国心理学学术会议摘要集——分组展贴报告. 北京: 中国心理学会, 2023: 2.

[4] GREENE K M, ELTLEI D, ELTLE T M. Developmental Assets and Risky Sexual Behaviors among American Indian Youth [J]. The Journal of Early Adolescence, 2018, 38 (1): 50-73.

[5] MOHAMAD M, MOHAMMAD M, ALI N A. Positive Youth Development and Life Satisfaction Among Youths [J]. Journal of Applied Sciences, 2014, 14 (21): 2782-2792.

支持。① 还有研究者采用以变量为中心和以个体为中心相结合的分析方法，发现青少年的积极发展水平能够正向显著预测幸福感，并且在积极发展水平的不同分组中，高积极发展组个体的幸福感高于低积极发展组个体。②

其次，积极青少年发展还能减少青少年的抑郁症状。Canning 以新西兰 91 所中学的 8500 名学生为研究对象，发现青少年积极参与社区活动能够增加其积极发展的优势资源，从而有效降低抑郁症状发生的风险。③ Jelicic 等人则通过追踪调查研究发现了一致的预测结果，并且此预测效应在性别上具有稳定性。④ 这是由于积极青少年发展能够有效促进青少年充分发挥个体功能并积极进行自我实现，积极发展水平高的个体通常具有良好的希望感与自我调节能力。⑤ 当其深陷困境与挫折时，往往能积极疏解负性情绪，努力恢复身心的平衡，所以较少受抑郁等心理问题困扰。⑥

再次，积极青少年发展也能预测青少年的健康行为。当青春期个体能实现更好的积极发展时，他们将更愿意为家庭、社区乃至社会做出贡献，很少会出现逃学、药物滥用、犯罪等问题。⑦ 例如，Shek 和 Leung 对 2667 名香港

---

① SUN R C F, SHEK D T L. Longitudinal Influences of Positive Youth Development and Life Satisfaction on Problem behavior among Adolescents in Hong Kong [J]. Soc Indic Res, 2013, 114 (3): 1171-1197.

② 叶枝, 赵国祥, 务凯, 等. 积极青少年发展类型特点及其与学校适应的关系: 基于潜在剖面分析的实证研究 [J]. 北京师范大学学报（社会科学版）, 2017 (6): 23-31.

③ CANNING J, DENNY S, BULLEN P, et al. Influence of Positive Development Opportunities on Student Well-Being, Depression and Suicide risk: The New Zealand Youth Health and Well-Being Survey 2012 [J]. Kotuitui, 2017, 12 (2): 1-5.

④ JELICIC H, BOBEK D L, PHELPS E, et al. Using Positive Youth Development to Predict Contribution and Risk Behaviors in Early Adolescence: Findings from the First Two Waves of the 4-H Study Of Positive Youth Development [J]. Int J Behav Dev, 2007, 31 (3): 263-273.

⑤ GELDHOF G J, BOWERS E P, GESTSDÓTTIR S, et al. Self-Regulation Across Adolescence: Exploring the Structure of Selection, Optimization, and Compensation [J]. J Res Adolesc, 2014, 25 (2): 214-228.

⑥ CHI X, LIU X, HUANG Q, et al. The Relationship between Positive Youth Development and Depressive Symptoms among Chinese Early Adolescents: a Three-Year Cross-Lagged Analysis [J]. Int J Environ Res Public Health, 2020, 17 (17): 6404.

⑦ JELICIC H, BOBEK D L, PHELPS E, et al. Using Positive Youth Development to Predict Contribution and Risk Behaviors in Early Adolescence: Findings from the First Two Waves of the 4-H Study of Positive Youth Development [J]. Int J Behav Dev, 2007, 31 (3): 263-273.

中学生进行了长达 3 年的追踪研究，发现高积极发展水平的青少年个体较少出现吸烟、喝酒等物质滥用行为，① 并且该情况同样适用于大学生群体②。同时，大量实证研究表明，积极青少年发展还与性行为密切相关。在一项为期 5 年的追踪研究中，5305 名美国青少年报告了自己的积极发展水平及性行为情况，结果表明青少年的积极发展水平可以对女生的初次性行为起到一定的延迟作用，③ 即便对青少年的种族、性别以及父母的社会地位等变量进行了控制，研究结果依旧一致④。

最后，积极青少年发展还会对青少年的问题行为产生影响。勒纳等人在开展积极青少年发展 4-H 项目中发现，积极青少年发展能够预测青少年的危险行为与社区贡献程度。⑤ 王恩娜等人则以 1301 名初中生为被试开展纵向追踪，也得到了一致的研究结果，积极青少年发展能够负向预测青少年的外化问题行为，而且两者之间还呈循环作用模式。即青少年在初一时的积极发展水平可以显著负向预测初二时的外化问题行为，初二时的外化问题行为又能显著负向预测初三时的积极青少年发展。⑥ 一些香港学者还探讨了中国青少年积极发展与其他行为的关系，例如，违纪行为与自杀行为等。⑦

---

① SHEK D T L, LEUNG J T Y. Substance Abuse in Junior Secondary School Students in Hong Kong［M］//SHEK D T L, SUN R C F, MAC M S. Chinese Adolescents in Hong Kong：Family Life, Psychological Well-Being and Risk Behavior. Singapore：Springer, 2014：133-153.

② SCARBROUGH S. Positive Youth Development and Substance use in E-Merging Adults［J］. Mcnair Scholars Research Journal, 2013, 9（1）：12.

③ SCHWARTZ S J, PHELPS E, LERNER J V, et al. Promotion as Prevention：Positive Youth Development as Protective Against Tobacco, Alcohol, Illicit Drug, and Sex Initiation［J］. Appl Dev Sci, 2010, 14（4）：197-211.

④ ASPY C B, VESELY S K, TOLMA E L, et al. Youth Assets and Delayed Coitarche Across Developmental Age Groups［J］. J Early Adolesc, 2010, 30（2）：277-304.

⑤ LERNER R M, LERNER J V, ALMERIGI J B, et al. Positive Youth Development , Participation in Community Youth Development Programs, and Community Contributions of Fifth-Grade Adolescents：Findings from the First Wave of the 4-H Study of Positive Youth Development［J］. The Journal of Early Adolescence, 2005, 25（1）：17-71.

⑥ 王恩娜, 张俊杰, 慕文龙, 等. 积极青少年发展与外化问题行为的动态相互影响：一项三年追踪研究［J］. 应用心理学, 2022, 28（5）：424-432.

⑦ SUN R C F. Student Misbehavior in Hong Kong：the Predictive Role of Positive Youth Development and School Satisfaction［J］. Appl Res Qual Life, 2015, 11（3）：1-17.

三、积极青少年发展项目开发及其评估研究

开发积极青少年发展项目旨在对青少年的积极发展进行科学干预，重视对个体及其所处环境资源的提升，如家庭、学校、社区等，还强调个体要与环境进行积极互动。近年来，研究者们与政府、相关组织及机构开展了一系列影响广泛且时间跨度较大的积极青少年发展促进项目。如 2002 年在美国开展的 4-H 项目，该项目是以美国 13 个州的 1700 多名五年级学生为研究对象进行的一项纵向研究，旨在探讨青少年积极发展的动态变化过程，进而提升其责任感、领导力、公民意识以及生活技能。[①] 参与该项目的青少年均自我报告有更高的积极发展水平，还产生了更多的社区联结，而且不同文化与种族的相关研究也都能在一定程度上支持 4-H 项目的有效性。该项目对于不同国家和不同文化的个体均能适用，这也深刻地阐释了积极青少年发展项目的有效性与可推广性。再者，还有 Eichas 等人于 2010 年开展的中学生"改变生活"（Changing Lives Program，CLP）项目。该项目不仅聚焦于对当前问题的解决，还格外重视青少年自身优势与技能的培养，旨在帮助青少年形成完善的自我同一性、处理情绪及行为问题、设立短期的学业及职业选择目标等，进而促进其积极且充分的发展。[②]

在中国文化背景下最具影响力及代表性的积极青少年发展项目则是 2005 年在香港开展的"共创成长路"（PATHS）积极青少年发展计划。该项目通过整合各种内部资源，从强调 5"P"因素入手来保证项目的质量与实施：（1）项目（program），强调设计项目内容应全面合理并满足学生的发展需要；（2）人（people），强调学生的积极参与和校长的大力支持，应对项目的直接实施者（学校教师）进行有关项目理念的培训与选择；（3）过程（process），强调在教学过程中，教师能够使用不同的教学技巧；（4）地点（place），强调学校应有良好的硬件支持及校园文化；（5）政策（policy），强调学校要制定

---

① LERNER R M, VON EYE A, LERNER J V, et al. Exploring the Foundations and Functions of Adolescent Thriving Within the 4-H Study of Positive Youth Development：A View of the Issues [J]. Journal of Applied Developmental Psychology, 2009, 30 (5): 567-570.
② EICHAS K, ALBRECHT R E, GARCIA A J, et al. Mediators of Positive Youth Development Intervention Change：Promoting Change in Positive and Problem Outcomes？ [J]. Child & Youth Care Forum, 2010, 39 (4): 211-237.

人员和时间安排等相关政策以保证项目的实施，并定期对项目效果进行评估。① 该项目对在我国文化背景下开发和推广积极青少年发展促进项目提供了参考蓝本，是将相关理论、干预措施以及教育实践进行整合的有效尝试与典范。此外，还有研究者揭示了社会情感学习项目（Social Emotional Learning, SEL）和体育项目对青少年积极发展的影响，研究结果表明青少年在参与项目后，其社交情感技能、生活技能、态度及行为表现都得到了显著提高。②

积极青少年发展为指导和干预青少年的成长与发展提供了新的研究视角，然而现有的关于积极青少年发展理论、内涵、测量工具等研究主要来自西方，国内对这部分的研究还有待深入。由于积极青少年发展的理论及内涵等都具有鲜明的文化情境性特点，而东西方文化差异巨大，因此有必要对积极青少年发展在不同的文化情境中进行探讨。再者，在中国文化背景中，亚文化差异及地域差异（如城乡差异等）让积极青少年发展的理论和内涵研究也具有了文化特异性。③ 因此，需要基于我国文化背景对积极青少年发展进行系统而深入的探讨。

国际上有关积极青少年发展的系统研究起步较早，理论与实践成果也较为丰富；国内对这一研究领域起步较晚，尽管目前已有较多学者关注到了这一研究主题，④ 可是专门以"积极青少年发展"这一核心概念进行探讨的研究还有待补充与完善⑤。并且目前在研究该领域的进程中还面临诸多问题，例如，有关积极青少年发展的内涵、理论等方面缺乏系统的研究，难以整体展现出其在中国文化背景下的独特发展路径；研究内容不够深入；系统的实证

---

① SHEK D T, SUN R C. The Project P. A. T. H. S. in Hong Kong: Development, Training, Implementation, and Evaluation [J]. Journal of Pediatric & Adolescent Gynecology, 2013, 26 (3): S2-S9.

② GESTSDO' TTIR S, LERNER R M. Intentional Self-Regulation and Positive Youth Development in Early Adolescence: Findings from the 4-H Study of Positive Youth Development [J]. Developmental Psychology, 2007, 43 (2): 508-521.

③ 郭海英, 刘方, 刘文, 等. 积极青少年发展: 理论、应用与未来展望 [J]. 北京师范大学学报（社会科学版）, 2017 (6): 5-13.

④ 金婷婷, 马文琳, 林元杰, 等. 积极青少年发展素质与网络成瘾的交叉滞后分析 [J]. 现代预防医学, 2023, 50 (12): 2191-2194; 黄柳玥, 梁凯欣, 陈诗韵, 等. 极简版积极青少年发展量表中文版的效度和信度检验 [J]. 中国心理卫生杂志, 2022, 36 (5): 445-450.

⑤ 叶枝, 赵国祥, 务凯, 等. 积极青少年发展类型特点及其与学校适应的关系: 基于潜在剖面分析的实证研究 [J]. 北京师范大学学报（社会科学版）, 2017 (6): 23-31.

研究还较为欠缺①，尤其针对处境不利儿童及青少年群体的积极发展研究还较少。我国积极青少年发展的理论建构与内涵该与哪些中国文化特色有机结合？我国处境不利儿童（如留守儿童等）的积极发展具有何种变化轨迹与特征？影响我国该类群体积极发展的作用机制又是什么？② 这些问题都亟待研究者们深入探讨。

此外，积极青少年发展在实际运用方面也面临着一些难题：（1）大多相关研究使用自我报告量表，其主观报告的偏差会难以避免；（2）较多研究还停留在对变量关系的统计检验上，较少深入考察变量之间的内部机制；（3）对于特定成长体验的研究，其结果的普遍实用性还有待考量。今后可加强对理论模型的建立，并结合行为观察、质性研究等方式获得更加客观全面的证据，进而让研究成果能更好地指导实践。

---

① 吴九君，廖清林，韩力光. 积极心理学背景下高校心理健康教育有效模式探究 [J]. 黑龙江高教研究，2019，37（3）：113-117；林丹华，柴晓运，李晓燕，等. 中国文化背景下积极青少年发展的结构与内涵：基于访谈的质性研究 [J]. 北京师范大学学报（社会科学版），2017（6）：14-22.

② 林丹华. 中国儿童青少年积极发展研究：基于中国文化的视角 [C] //中国心理学会. 第二十三届全国心理学学术会议摘要集：上. 北京：中国心理学会，2021：1.

第二章

青少年积极成长的因素

在大多数时候，我们所经历的逆境似乎已经发生，而未来的逆境有时候又难以避免，这反映出一个真实的生存环境，似乎并不存在一帆风顺的人生，逆境或处境不利的经历几乎伴随着所有人的成长。而在逆境中实现积极成长，对青少年而言意义重大。首先，实现积极成长与发展的青少年将会有良好的学业成绩与学校适应、较高的幸福感以及心理健康水平。其次，青少年积极发展还能为其抵御在成长过程中可能面临的各种威胁与挑战。最后，青少年积极发展还将促进青少年对自我、家庭、社区乃至社会做出力所能及的贡献。[①] 既然积极发展对青少年而言如此重要，青少年又是待开发的优势资源库，那么发掘有效促进青少年积极成长与发展的途径与方法就成了亟待解决的实践问题。

所以，在探索其影响的同时，基于理论和相关研究进一步分析哪些因素能使个体在逆境下依然能够向前积极发展，反而显得更具有现实意义。本章聚焦于青少年积极成长与发展相关的核心因素，包括心理弹性、意向性自我调节以及社会支持，并对其进行深入理解，为寻找促进青少年积极成长与发展的对策提供理论与实践依据。

第一节 积极成长与心理弹性

青少年时期是人的一生发展中特殊而又重要的时期，也被称为"暴风骤雨"期。由于生理和心理的急剧变化所导致的身心发展的不平衡，情绪与认

---

① 盖笑松. 青少年积极品质的发展规律与培养途径［J］. 人民教育，2013（2）：9-12.

知发展的不同步，周围环境的变化，青少年不得不面临着各种各样的风险与危机。在这种特殊的困难时期，有些青少年很可能就此陷入逆境，一蹶不振。但青少年时期的发展对人的发展起决定性作用，因此我们必须要重视青少年的积极发展。此外，古人也强调"天行健，君子以自强不息"，这就要求我们持有生命不息、奋斗不止的强大力量，勇于克服逆境，获得积极的成长与发展，而心理弹性在其中起着关键作用。

一、心理弹性内涵

如前所述，心理弹性或心理弹性理论是青少年积极成长的重要理论之一。"心理弹性"这一概念起源于对处境不利儿童的研究，最初可以追溯到20世纪70年代前。心理学家安东尼以多名精神病患者子女为研究对象进行了跟踪研究，其研究结果显示，虽然这些孩子都面临了诸多的挑战和困难，但他们也能够逐渐克服困境，并建立起积极的心理成长模式。他们不仅实现了身心健康的发展，还展现出了健全的人格特质。这意味着他们具备了克服逆境的韧性和适应性，能够在艰难的环境中找到积极的生长机会。此后的研究也证实了这种现象并非个例，而是在儿童和青少年中普遍存在。这些一致的研究结果都揭示了个体在面对逆境时所展现出的适应能力和恢复能力，以及他们所具备的发展潜力。因此，心理弹性也就用来描述这样一种现象，即身处逆境的个体，依旧能够进行良好的适应与发展。

对于心理弹性的深度理解，心理学家从不同角度提出了不同的看法，主要有结果论、特质论和过程论。结果论认为，心理弹性是指个体在面对逆境和经历一系列挫折后，仍能积极地应对挫折并展现出良好的发展结果。它使个体具备适应环境和克服困难的能力，从而能够应对挑战、恢复平衡，并取得积极的成果。Masten认为"心理弹性是个体在遭遇逆境和重大压力后，所表现出的良好、积极的结果"[1]。特质论则认为心理弹性是一种与个体内在特征相关并相对稳定的人格特质，表现在个体面对逆境和压力时的持久性、弹性和坚韧性，也被视为个体所具备的一种能力。这种特质使个体具备了应对挑战和逆境的能力，使他们更有可能从困境中恢复并逐渐取得成功。过程论

---

[1] MASTEN A S. Resilience in Developing Systems: Progress and Promise as the Fourth Wave Rises [J]. Development and Psychopathology, 2007, 19 (3): 921-930.

则强调个体在经历创伤性事件时的心理变化和发展过程,认为心理弹性是一个良好的适应过程,使个体从困难的经历中恢复,并成功应对困难的动态过程。① 总之,无论是将心理弹性看作一种结果,还是良好适应的能力和过程,它们都指向一个共同之处,即身处逆境的个体,依旧具有良好适应和积极成长的可能。

二、心理弹性对促进处境不利青少年积极发展的影响

心理弹性在促进处境不利青少年积极发展时表现出良好结果,是促进处境不利青少年在面对逆境时积极成长的"保护因子",也能为处境不利青少年的积极发展提供力量,并且普遍存在于个体之中,当个体面临困难时便能发挥积极作用。具有高度心理弹性的人通常能够更好地适应生活中的挑战和变化,更有可能从逆境中恢复,并以积极乐观的态度面对新的挑战。它的魔力已在许多相关研究中得到证实。发展心理学家发现,许多身处逆境(父母虐待、家庭冲突、长期贫困等)的儿童没有像人们所预想的那样被逆境击垮,反而最终成长为"有信心、有能力、有爱心"的人。② 这一奇迹的发生可能是个体的心理弹性在起作用。同时,心理咨询的案例分析也显示:大多数个体在经历虐待、丧失、暴力等威胁事件后,并没有表现出强烈的消极反应,也没有产生过度的消极情绪来影响之后的正常生活。相反,多数人都从逆境中走了出来,适应了新的生活。③

此外,心理弹性干预也对青少年的发展表现出了良好的结果。研究表明,心理弹性干预被广泛运用到贫困儿童、被虐待儿童、艾滋孤儿、离异家庭儿童、经历地震或战争等不利处境的儿童或青少年中,并且都取得了不错的成效。诸多干预研究还发现,心理弹性的提高,能有效降低儿童与青少年的抑

---

① KATHLEEN T, JANYC D. Resilience: A Historical Review of the Construct [J]. Holistic Nursing Practice, 2004, 18 (1): 3-10.
② WERNER E E. Children of the Garden Island [J]. Scientific American, 1989, 260 (4): 106-111.
③ BONANNO G A. Loss, trauma, and human resilience: Have We Underestimated the Human Capacity to Thrive After Extremely Aversive Events? [J]. American Psychologists, 2004, 59 (1): 20-28.

郁、焦虑、强迫症状、问题行为等内外化心理问题。① 也就是说，心理弹性使个体在应对消极的生活和压力时，能够保持积极乐观的态度，主动地应对发展过程中的风险，突破逆境，获得积极的情绪体验和品质，同时减少问题行为，实现积极发展。

那心理弹性是如何作用于处境不利青少年积极成长与发展的呢？

（一）心理弹性的作用机制

通常认为，在心理弹性的形成和发挥作用的过程中，保护性因素起着关键的中介作用。具体而言，当个体面临困境时，保护性因素能帮助他们应对潜在的风险因素，促进个体的弹性发展，以成功应对逆境并实现内心的和谐状态。保护性因素在心理弹性的培养和发展中起到了重要的桥梁作用，它们可以缓冲逆境的负面影响，提供支持和资源，以增强个体的适应能力。保护性因素又分为内部保护因素和外部保护因素，内部保护因素指个体的性格、特质和能力，比如 Werner 在夏威夷考爱岛研究中提到，心理弹性高的儿童有较强的交往和处理问题的能力，有更好的性格，会更为主动地寻求帮助；② 外部因素是指环境，比如家庭、学校、社区等环境中促进个体良好适应的因素。而与保护性因素相对的就是危险性因素，是指阻碍个体发展，使个体处于风险之中，导致发展不良的各方面因素。

综合各类研究和归纳，研究者们发现促进个体心理弹性发展的保护性因素主要来自三个方面：个体、家庭、家庭外的因素。一是个体方面的因素，包括认知方面的，如学习技能、内省能力、谋划和创造能力；社会方面的，如人际吸引、社交能力、问题解决和沟通能力；精神方面的，如自我效能感、自信、高度自尊、才干和信念；情感方面的，如情绪管理能力、幸福感、幽默感；身体方面的，如良好的身体状况、发展运动技能和维护良好健康状态的能力。二是来自家庭方面的因素，包括与父母形成亲密关系并在意维护父母的形象、父母的权威教育（温暖、有结构和高期望）、优越的社会经济条件、较低的家庭压力、有序的家庭环境、广大和支持性的家庭网络，亲社会

---

① DRAY J, BOWMAN J, CAMPBELL E, et al. Effectiveness of a Pragmatic School-Based Universal Intervention Targeting Student Resilience Protective Factors in Reducing Mental Health Problems in Adolescents [J]. Journal of Adolescence, 2017, 57: 74-89.
② WERNER E E. Children of the Garden Island [J]. Scientific American, 1989, 260 (4): 106-111.

家庭价值观以及积极的角色模型。三是家庭外的因素，包括与家庭外的亲社会成人建立联系、参与亲社会组织以及进行有效学习。[1] 这些保护性因素在全世界范围内的众多情境中都能发挥积极作用。

以幸福感为例，心理弹性通过提高处境不利青少年的幸福感，使之积极发展。具体而言，心理弹性正向预测幸福感[2]。高心理弹性个体在逆境中能够保持幸福，继续追求、实现目标，使生活快乐并有意义。[3] 而体验更多幸福感的青少年则会有更高水平的学校投入，对他们当前的适应和未来发展有积极且重要的影响。[4] 在这个过程中，幸福感高的青少年则倾向于以积极的方式去应对外界的各种变化，乐观地面对逆境与压力，更积极主动地与他人去建立联系，发展自己的能力，使自己变得更加自信，从而实现积极发展的目标，获得积极成长；而不是受风险环境的影响，采取消极、逃避的应对方式。因此，相对而言，高心理弹性有助于减少消极后果，减缓危险性因素，比如，越高幸福感的青少年表现出问题行为的概率会越小。[5] 所以幸福感作为心理弹性的保护性因素，在促进处境不利青少年实现积极发展的同时，也发挥降低危险因素的作用。

此外，心理弹性不仅依赖多种保护性因素来促进青少年心理弹性的发展，而且其本身也是心理健康的重要保护性因素。心理弹性在促进处境不利青少年的积极成长与发展方面起着积极作用。心理弹性高的青少年拥有更为丰富的心理资源，在面对挫折和压力时，能根据环境来调动和支配所拥有的心理资源，进而从消极状态中恢复，减少负性情绪。根据发展资源理论，青少年自身所拥有的丰富的心理资源，可以作为个体的发展资源，将保护个体更好

---

[1] 曾守锤，李其维. 儿童心理弹性发展的研究综述 [J]. 心理科学，2003（6）：1091-1094.

[2] ZAUTRA A J, AREWASIKPORN A, DAVIS M C. Resilience：Promoting Well-Being through Recovery, Sustainability, and Growth [J]. Research in Human Development, 2010, 7（3）：221-238.

[3] RYAN R M, DECI E L. On Happiness and Human Potentials：A Review of Research on Hedonic and Eudaimonic Well-Being [J]. Annual Review of Psychology, 2001, 52（1）：141-166.

[4] LEWIS A D, HUEBNER E S, MALONE P S, et al. Life Satisfaction and Student Engagement in Adolescents [J]. Journal of Youth and Adolescence, 2011, 40：249-262.

[5] 陈茹，陈欣，赵国祥. 积极青少年发展与问题行为的关系：幸福感的中介作用 [J]. 中国健康心理学杂志，2020，28（12）：1847-1853.

地应对来自环境的压力,从而促进青少年的积极成长与发展。

(二) 心理弹性作用机制的理论模型

为了进一步说明心理弹性的作用机制,也就是保护性因素在个体面临逆境时通过何种途径激发心理弹性,促使其成功应对逆境并达到良好的适应状态,研究者们提出了多种理论模型来解释不同的路径,为心理弹性在促进处境不利青少年积极成长和发展方面提供了理论支持。

首先,心理弹性的补偿机制模型、挑战机制模型和调节机制模型都提供了不同的视角来解释环境因素在促进处境不利青少年积极发展中的作用路径和内在机制。其中补偿模型认为保护性因素和危险性因素在预测个体发展方面是相互独立的。它们以不同的方式影响个体,即危险性因素起到负向作用的同时,保护性因素对个体的发展具有正向作用。这种情况就像是父母对你冷漠给你造成心理创伤时,你的好朋友会陪伴并安慰你,给你一些温暖。而挑战模型则将危险性因素加以区分,分为低、中、高三种水平,强调危险性因素的水平不同,对青少年发展结果的影响就不同,而且该影响也不一定完全呈现出消极影响。因为适当的危险性因素刺激能够增强个体的适应水平,其临界点就在于个人的极限承受能力,也就是指一些孩子克服较小的压力或逆境将有助于他们在以后的成长中更好地应对挑战。比如,对于自信心强、乐于挑战的孩子,父母的攻击性的语言可能无法打击他们的自信心,反而使他们更想通过努力来证明自己;而对于比较敏感脆弱的孩子,父母稍有指责便会使他们感到伤心,导致此类个体在困难面前会轻易言弃。调节模型则认为危险性因素和保护性因素是相互作用的,保护性因素会在不利情境与消极结果之间起到调节作用,危险性因素会随着保护性因素而发生变化。

在这一基础上,Rutter 提出了发展模型,强调心理弹性的四种作用机制:(1) 危机因素冲突的减缓:通过降低危险因素的影响来减轻危机因素的冲突。这包括改变对危险因素的认知,提高对潜在风险的意识,并采取相应的预防措施。此外,还可以减少与危险因素的接触,如避免不良环境、减少负面影响等。(2) 负向连锁反应的减缓,即减少由于危险性因素长期影响而产生的消极连锁反应。(3) 促进个体自尊和自我效能感的获得。研究发现,可以通过与他人建立安全与爱的和谐关系和获得解决问题的成功经验来增强个体的自尊和自我效能感,这样当个体再次面临困难时,便有足够的信心来解决问题。(4) 机会的开发。创造使个体获取资源，成功抓住生命中重要转折的机会。①

其次，还有研究者提出整合模型。整合的心理弹性模型从发展系统的角度出发，强调心理弹性发生机制的动态性与过程性，Kumpfer 提出的"个人—过程—环境"模型不仅关注危险因素，内、外保护因素，还关注个人适应结果以及个人、环境和适应结果三者之间相互作用的动态过程。② Richardson 等人从生态学、系统学的角度研究心理弹性的发生机制，提出了动态平衡模型。③ 该模型认为，个体在日常生活中通常处于一种平衡的状态，但当其面临压力和刺激时，个体便会调动内外部的保护性因素来应对危险情境，以维持身心的平衡。整合模型较早期的模型，增加了环境的影响因素，与积极发展理论中的发展情境理论和关系发展系统理论所强调的个人与情境的相互作用一致，也说明心理弹性对处境不利青少年成长的作用机制与积极青少年成长的作用机制是趋于一致的。

以上模型都强调保护性因素的重要性，保护性因素能促进个体积极发展，适当的危险刺激也能促进个体的适应水平，保护性因素还能缓解危险因素的影响。总的来说，都表明心理弹性是通过这些因素来影响处境不利的个体积极发展的，因此，探究心理弹性对处境不利的青少年积极发展的影响也就是探究个体在压力和逆境中，可能获得的保护性因素及其作用机制。

综上，通过了解心理弹性对青少年的积极成长与发展有何影响，以及影响的作用机制，促使我们以一种更积极的态度去看待处境不利青少年的发展。在促进青少年积极发展时可从提高其心理弹性入手，并且青少年积极发展与心理弹性之间还存在正向的循环关系，当个人经历挫折和逆境时，如果能够成功应对并从中学习经验，便会增强个体的心理弹性，进而推动自己的积极发展。反之，积极发展也能增强一个人的心理弹性，从而使其更好地应对生活中的挑战和变化。

---

① RUTTER M. Psychosocial Resilience and Protective Factors in the Development of Psychopathology [M]. London: Cambridge University Press, 1990: 325-328.
② KUMPHFER K L. Factors and Processes Contributing to Resilience: The Resilience Framework [M] // GLANTZ M D, JOHNSON J L. Resiliency and Development: Positive Life Adaptations. New York: Kluw er Academic, 1999: 179-224.
③ RICHARDSON G E, NEIGER B, JENSEN S, et al. The Resiliency Model [J]. Health Education, 1990, 21: 33-39.

第二节 积极成长与意向性自我调节

处境不利的青少年面临着风险重重的环境，虽然这一充满压力和危险的环境会对青少年的发展造成一定的影响，但从人的发展历程来看，个体并不会被动、消极地接受环境的影响，人具有主观能动性，能够认识外部世界，并通过适应、选择和改变环境来塑造自身发展。在这一过程中，个体的自我调节起着非常重要的作用。同时，发展系统理论也强调青少年积极发展的关键在于个体与多层次发展环境的相互作用。[①] 该理论强调青少年是具有主观能动性和可塑性的个体，通过积极参与和与环境进行互动，个体能够促进自身的积极发展。在这个过程中，意向性自我调节被认为是自身的一种力量，它在个体的适应性发展和调节中起着极为重要的作用。所以意向性自我调节就作为个体力量促进青少年的积极发展，在个体一生的适应性发展调节中扮演着重要角色。因此，本节内容将详细介绍意向性自我调节的概念，探讨意向性自我调节作用于青少年积极发展的理论观点，以及意向性自我调节对青少年发展的影响。

一、意向性自我调节的含义

意向性自我调节是指个体以增强个体功能或优化自我发展为目标，积极协调情境中的要求、资源与个人目标之间关系的一系列行动过程。[②] 比如在学业或职业等领域中，个体有目的地进行规划，设定目标，选择和运用策略，并监测目标的进展等。当一个青少年面临学业挑战时，他可以使用意向性自我调节来帮助自己实现积极的发展。他会设定明确的学习目标，并制定一套学习策略，例如，制定学习计划、拆分任务、设定截止日期等。他也会监控

[①] LERNER R M. Developmental Science, Developmental Systems, and Contemporary Theories [M] // DAMON W, LERNER R M. Handbook of Child Psychology: Vol. 1: Theoretical models of Human Development. New York: Wiley, 2006: 1-7.

[②] GESTSDOTTIR S, LERNER R M. Positive Development in Adolescence: The Development and Role of Intentional Self-Regulation [J]. Human Development, 2008, 51 (3): 202-224.

自己的学习进展，定期检查学习成果并进行反馈。如果他发现自己落后于计划，他会调整策略或增加学习时间，以确保能够达到预期的学习目标。通过意向性自我调节，他能够自我激励、管理自己的学习过程，并最终取得积极的学业成果。简单地说，意向性自我调节描述了人们如何做选择、做计划和调节目标行为的执行过程。① 意向性自我调节也可以通过选择、优化、补偿这三个过程来进行理解。② 选择指向于目标的方向和结果，因为个体的精力和资源有限，将选择集中于有限的目标更有利于发展，比如，个体认真思考什么对自己更重要的过程；优化是指达到想要的结果的策略；补偿是指对想要达成目标，但方法缺失而做出的反应。这三个过程代表了个体意向性自我调节的行为策略，主要用于调节个体与环境之间的关系。换而言之，意向性自我调节是青少年在行动过程中协调个人目标与环境资源之间匹配关系的能力，以促进自身的发展。

二、意向性自我调节作用于处境不利青少年积极发展的理论观点

在青少年的成长过程中，意向性自我调节被认为是一种塑造自我发展的手段。它能够有效地推动青少年的积极成长，提升他们的自我教育能力，并使他们成为自身发展的主导者。多个理论支持了这一观点，包括积极青少年发展理论、发展的行动理论、毕生发展理论的选择、优化与补偿（Selection, Optimization and Compensatioon，SOC）模型以及同化与顺应的双过程模型。这些理论共同强调了意向性自我调节在青少年积极发展中的重要作用。

（一）从积极青少年发展理论理解意向性自我调节

积极青少年发展观认为，每个青少年都拥有积极成长和发展的潜能，无论他们是否身处逆境，该观点强调个体与情境之间的双向互动，两者间只有建立健康的支持性联系，才能有效促进个体的积极发展。而这个联系就是个体通过意向性自我调节完成的，个体在面对情境时，能够主动调整自己的认

---

① GESTSDOTTIR S, BOWERS E, VON EYE A, et al. Intentional Self-Regulation in Middle Adolescence: The Emerging Role of Loss-Based Selection in Positive Youth Development [J]. Journal of Youth and Adolescence, 2010, 39 (7): 764-782.
② URBAN J B, LEWIN-BIZAN S, LERNER R M. The Role of Intentional Self-Regulation, lower Neighborhood Ecological Assets, and Activity Involvement in youth Developmental Outcomes [J]. Journal of Youth and Adolescence, 2010, 39 (7): 783-800.

知、情感和行为,以更好地适应和回应环境的需求。通过积极的意向性自我调节,青少年可以有效地利用自身的潜能和资源,与环境相互作用,并实现个体与情境之间的最佳匹配,从而促进自身的积极发展。青少年时期是个体发展的高峰期,面临着显著的变化,包括生理、认知等个体内部变化和学习环境、同伴更换、发展目标等外部情境的变化,这些变化使得意向性自我调节在个体促进自身积极发展的过程中显得尤为重要。为了适应这些变化,并与情境建立积极而有效的联系,青少年必须发挥意向性自我调节的作用,选择、计划、监控自己的行为,从而使自己获得更好的发展。意向性自我调节水平高的个体,能成功应对多变的情境,实现个体与情境的双向互动,促进自身积极发展。因此,在该理论观点下,意向性自我调节是促进个体与情境相互匹配的个体力量,是青少年积极发展的心理基础。[1]

(二) 从发展的行动理论理解意向性自我调节

在发展系统理论中,有一种旨在探索人类可塑性本质的理论认为,人类发展研究的主要关注点应该是发展的调节过程,即个体与他们所处情境之间相互作用的过程,以及情境对个体的作用。行动理论就是关注这个过程取向的一个范例。[2] 发展行动理论强调个体在发展中的能动作用,个体是发展的创造者,也是发展的产物,[3] 该理论的核心在于意向性自我发展,强调在个体的社会和符号环境中,意向性指导和调节个体活动的作用,强调个体在发展中的强大力量,即意向性自我发展。而意向性自我发展的核心在于通过自我反思和自我调节的过程来理解发展,这对于发展具有重要意义。自我调节活动是指个体在实际情境和目标情境之间监控和调整自己的行为,这一过程包括自我观察和自我评价、预定或准备、执行以及评价等步骤。首先,在自我调节中,个体会观察和评价当前情境与期望目标之间的关系,同时权衡各种可

---

[1] GESTSDÓTTIR S, LEMER R M. Intentional Self-Regulation and Positive Youth Development in Early Adolescence: Findings from the 4-H Study of Positive Youth Development [J]. Developmental Psychology, 2007, 43 (2): 508-521.

[2] BRANDTSTÄDTER J. Action Perspectives on Human Development [M] // DAMON W, LERNER R M. Handbook of Child Psychology: Vol. 1: Theoretical Models of Human Development. New York: Wiley, 1998: 807-863.

[3] BRANDTSTÄDTER J. Goal Pursuit and Goal Adjustment: Self-Regulation and Intentional Self-Development in Changing Developmental Contexts [J]. Advances in Life Course Research, 2009, 14 (1-2): 52-62.

能的目标；其次，他们会选择并制定计划，并付诸实施；最后，个体会根据预期结果评价和解释计划行动的效果，调整计划和行动。这种自我调节的循环过程不断推动个体的发展，在意向性自我发展中，个体所涉及的自我调节即意向性自我调节。个体通过观察、选择、计划和调节行动来影响所处的情境，而情境反过来也对个体产生影响，从而促进个体的发展。这样，个体就成了他们自身发展的创造者。因此，个体的意向性自我调节在整个积极发展过程中扮演着至关重要的角色。

（三）从毕生发展理论理解意向性自我调节

毕生发展理论的出发点是帮助人们如何成功地发展，并避免消极的后果，使发展潜能最大化，损伤最小化，① 是一个成功的生活管理理论。为了达到这个目的，该理论提出了人类发展调节的四个基本过程，认为人的成功发展须通过这四个基本过程的有效调节：（1）选择性选择，是指个体在发展过程中根据个人意愿和能力，在众多可能性中进行有选择性的决策和选择。这种选择性的决策使得个体能够集中资源和精力，追求与自身目标和价值观相一致的发展路径。比如，人们在面临很多事情时，会选择将一项更为紧急又更想完成的事情作为目标。（2）基于丧失的选择，当个体的资源损失而不足以完成目标时，个体会重新做出选择。因为在生活中，人们难免会遇到不同的意外，而因此受到损失，这时个体就需要做出调整。比如，身体残疾的人，无法成为运动员，如果选择去进行写作，那么更容易发展出自己的一片天地。（3）优化是指在选择的目标道路上，去使用、改进、维持那些能够促进目标实现的方法和手段，以获得高水平的成功。比如，在背诵一段文字时，个体会利用各种记忆策略，如组织和精细加工策略来帮助自己记忆。（4）补偿是指在个体面临损失、威胁到正常功能水平时，通过利用资源来弥补损失，以维持原有的功能水平，比如，一个人因为车祸而残疾，这时他会使用轮椅来帮助自己行走。这四个调节过程能有效促进青少年意向性自我调节，能解释青少年意向性自我调节发展状况。同时也与青少年积极发展密切相关，选择过程为青少年发展获得最优化的资源，根据资源选择最合适的目标，使情境与个人目标相匹配，以此来将成功实现目标的可能性最大化；优化过程为实

---

① BALTES P B. On the Incomplete Architecture of Human Ontogeny: Selection Optimization, and Compensation as Foundation of Developmental Theory [J]. American Psychologist, 1997, 52 (4): 366-380.

现青少年积极发展提供手段，以达到更高效率；补偿策略为青少年在发展过程中遇到的困难提供了解决方法。因此，意向性自我调节中这四个策略的运用可以使个体最大程度地实现目标，获得期望的结果，并避免损失，从而有助于促进青少年的积极发展。

当青少年身处恶劣环境时，其个体资源和精力也是有限的，因此更加需要个体的意向性自我调节，调节自身的资源，利用选择目标，优化手段，利用资源来调节与情境之间的关系，来适应不利的情境，促进积极发展，避免不利情境给自身带来消极影响。

（四）从双过程模型理解意向性自我调节

双过程模型旨在描述个体在遇到困难和阻碍的情境下，如何缩小期望目标与实际发展之间的差距，从而推动个体成功发展。模型提到了个体应对期望与实际结果之间差异的两种方式：同化和顺应。同化是指个体为了实现自身的目标和计划而调整和改变情境，同化过程的一个显著特点是对目标和行为标准的坚定执着，能够抵制干扰因素的影响，有助于目标的达成和保持；[1]而顺应则是指当个体的能力无法达到当前的目标时，个体需要调整自身的目标以适应实际情境中的资源，顺应的特点在于灵活性，能够灵活地应对情境资源的限制，对个体的幸福感和自尊心有积极的影响。同化和顺应两个过程都是由于感知到的差异所引起的，同化过程体现意向性的能动作用，个体通过积极参与减小差异，而顺应是个体通过降低目标来减小差异，但无论怎样，两者都是积极的解决方式，是意向性自我调节的基本过程。青少年在协调个人目标与情境之间的关系过程中，既包括通过同化过程调节情境以实现个人目标，也包括通过顺应在目标实现受阻时改变目标以适应情境，并且灵活应对。身处逆境中的青少年在遇到困难和障碍的情境下，更要注重调节目标与情境的关系。因此，同化与顺应就作为两种不同的方式来协调处境不利青少年与情境之间的关系，避免他们受到伤害，进而促进他们的积极成长与发展。

以上各个理论都能说明其作用机制与意向性自我调节相关，意向性自我调节能促进青少年的积极成长和发展，下文将介绍意向性自我调节对处境不利青少年发展的具体影响。

---

[1] BRANDTSTÄDTER J, RENNER G. Tenacious Goal Pursuit and Flexible Goal Adjustment: Explication and Age-Related Analysis of Assimilative and Accommodative Strategies of Coping [J]. Psychology and Aging, 1990, 5 (1): 58-67.

三、意向性自我调节对处境不利青少年积极成长的影响

（一）意向性自我调节对处境不利青少年积极成长的直接影响

青少年作为自身发展的积极主导者，其意向性自我调节是个体对自身发展做出重要贡献的方式之一。通过意向性自我调节，个体能够塑造自己的发展轨迹，这对个体的当前和未来发展都具有重要意义。

个体根据能力和倾向来主动调节自己的行为、情感和认知，这在很大程度上决定了他们未来积极和消极的发展趋势。研究结果表明，意向性自我调节不仅与当前积极和消极的发展结果相关，还能显著预测未来的积极和消极发展结果。Gestsdóttir 和 Lerner 以五年级学生为被试进行了一年的追踪调查，发现学生的意向性自我调节水平与积极发展结果呈显著正相关，积极发展结果是以自信、能力、联结、品格和关心的 5C 结构为评价指标，与消极发展结果如问题行为呈显著负相关；还发现在五年级时意向性水平高的学生，在六年级时积极发展水平高，问题行为少，即五年级的意向性自我调节水平能显著正向预测六年级的积极发展结果，负向预测六年级的消极发展结果。[1] 意向性自我调节水平高的个体善于调节与情境之间的关系，能利用调节策略清晰选择发展目标，从而促进自身积极发展，因此意向性自我调节对积极发展的结果会比对消极发展的结果更为明显。

意向性自我调节不仅直接影响个体的积极发展，对处境不利青少年的积极发展也有直接作用。意向性自我调节水平高的个体在面对生活中的挫折和挑战时可能更倾向于独立思考，积极寻找解决问题的方式，比如在发展受阻时，利用补偿策略等。在此过程中，个体持续锻炼着自己解决问题的能力，获得了解决问题的成就感，提升了自信心，也提高了积极发展的可能性。

意向性自我调节能促进青少年的主观幸福感和学校适应。一个充分感受到幸福的人，往往会对生活抱有积极乐观的态度。相关研究表明，幸福感能

---

[1] GESTSDÓTTIR S, LERNER R M. Intentional Self-Regulation and Positive Youth Development in Early Adolescence: Findings from the 4-H Study of Positive Youth Development [J]. Developmental Psychology, 2007, 43 (2): 508-521.

显著预测青少年的学习能力、学习成绩和学校适应,[1] 拥有更高水平幸福感的青少年能比他人体验到更高的生活满意度,对未来抱有更高的期望,[2] 因此幸福感能促使个体朝着更积极的方向发展,是青少年积极发展的重要预测因素。对青少年而言,学校是除家庭之外的主要活动场所,良好的学校适应对青少年的积极发展至关重要,也是一项重要的发展任务。大量研究都可证实学校适应与青少年积极发展水平之间呈现正相关,即在学校能良好适应的青少年,会有更高的积极发展水平。而意向性自我调节能促进个体的主观幸福感和学校适应,一项追踪研究[3]发现在五年级时,学生的意向性自我调节水平得分越高,在六年级时便有更高的幸福感,同时五年级青少年的意向性自我调节水平能显著预测六年级时的学校参与。随着意向性自我调节水平的提高,个体更加熟练地掌握选择、优化与补偿策略,不断地实现决定的目标;在实现目标的过程中,追求自身发展的主动性也在提高,因此,会使青少年持续体验到成长与收获的感觉,其学习能力、学校参与度也会提高,进而感受到更多的幸福感。所以,意向性自我调节能够促进青少年的主观幸福感和学校适应,并促进青少年的积极发展。

(二) 意向性自我调节对处境不利青少年积极成长的间接影响

意向性自我调节与情境会通过交互作用影响青少年积极成长与发展。积极青少年发展观认为良好的资源情境能够促进青少年的积极发展,但个体的力量也不可缺少,具体在于良好的情境资源能激发和维持个体的发展优势,这些发展优势有助于青少年更好地利用自身所处的情境资源,最终引导自己

---

[1] BÜCKER S, NURAYDIN S, SIMONSMEIER B A, et al. Subjective Well-Being and Academic Achievement: A Meta-Analysis [J]. Journal of Research in Personality, 2018, 74: 83-94.

[2] ERYILMAZ A. The Relationship between Adolescents' Subjective Well-Being and Positive Expectations Towards Future [J]. The Journal of Psychiatry and Neurological Sciences, 2001, 24: 209-215.

[3] LI Y. School Engagement and Academic Competence: The Roles of Individual and Contextual Assets [D]. Massachusetts: Tufts University, 2007: 1-15.

走上健康的发展轨迹。① 而自我调节可作为一种重要的个体发展优势,② 与情境进行交互作用促进自身的积极发展。

首先,青少年意向性自我调节、青少年参与积极发展活动的时间以及社区资源会交互作用于青少年积极发展。③ 研究者探讨了在不同资源水平的社区情境中,不同意向性调节水平的个体在两年时间里参与课外活动的程度对发展结果的影响。④ 结果发现,在资源有限的社区情境中,个体的意向性自我调节水平对于参与课外活动的影响是显著的。那些能够积极主动地调节自己的目标与环境之间关系的青少年在课外活动中能够获取更多的益处,而那些意向性自我调节水平较低的青少年可能因为他们面对资源限制时的适应能力相对较弱,因此在课外活动中获益较少。

其次,个体的意向性自我调节还会与家庭情境交互作用于青少年的积极发展。⑤ 在家庭收入较低的情况下,个体意向性自我调节选择水平越高,积极发展水平越高,也就是家庭支持有限,可利用资源相对较少,个体将有限的资源集中追寻一个目标,这时积极发展的可能更大。而当家庭经济水平较高时,个体选择水平越低,积极发展水平越高,这是因为当家庭资源丰富,可获得的资源和机会更多,青少年可选择多种不同的目标进行尝试,对积极发展更有利。

一般来说,处境不利青少年大多数是处于社区资源或家庭资源缺乏的情

---

① JELICIC H, BOBEK D L, PHELPS E, et al. Using Positive Youth Development to Predict Contribution and Risk Behaviors in Early Adolescence: Findings from the First two Waves of the 4-H Study of Positive Youth Development [J]. International Journal of Behavioral Development. 2007, 31 (3): 263-273.

② BALTES P B. On the Incomplete Architecture of Human ontogeny: Selection, Optimization, and Compensation as Foundation of Developmental Theory [J]. American Psychologist, 1997, 52 (4): 366-380.

③ URBAN J B, LEWIN-BIZAN S, LERNER R M. The Role of Neighborhood Ecological Assets and Activity Involvement in Youth Developmental Outcomes: Differential Impacts of Asset Poor and Asset Rich Neighborhoods [J]. Journal of Applied Developmental Psychology, 2009, 30 (5): 601-614.

④ URBAN J B, LEWIN-BIZAN S, LERNER R M. The Role of Intentional Self-Regulation, Lower Neighborhood Ecological Assets, and Activity Involvement in Youth Developmental Outcomes [J]. Journal of Youth and Adolescence, 2010, 39 (7): 783-800.

⑤ NAPOLITANO C M. Context and Adolescent Intentional Self-Regulation: Testing the Positive Youth Development Model [D]. Massachusetts: Tufts University, 2010: 42-46.

境,而根据以上研究结果,处境不利青少年的意向性自我调节水平会影响他们从资源环境中获益,并影响其积极发展。同时处境不利青少年的意向性自我调节中选择性水平的高低,也影响青少年对资源的利用以及自身的积极发展。

第三节　积极成长与社会支持

回顾我们的成长过程,无一不发现,外界一直都在提供一定力量以支持着我们的成长,父母的关心与爱护、朋友的陪伴与倾听,以及社会给予的各种支持,使我们有了更强大的成长力量。积极青少年发展领域的研究者们也提出良好的情境资源去激发个体的发展优势,这些发展优势有助于青少年更好地利用自己所处的情境资源,走上积极发展的轨道。而这些我们从所处的社会关系中获得的精神上和物质上的支持,就是社会支持。社会支持能够作为外部因素去促进青少年的积极成长与发展,本节内容将介绍社会支持对青少年积极成长与发展的积极影响。

一、社会支持的内涵

人们对社会支持的研究起源于 20 世纪 60 年代,其概念来自精神病学领域。不同的学者对这一概念有不同的理解,其内涵并未达到统一,有学者认为社会支持是使人相信自己被关心、被爱和被尊重的一些信息;[1] 有学者认为社会支持是由提供物质和人际资源的社会关系构成;[2] 还有学者认为是社交网络对个体提供心理支持和物质资源以帮助个体有效应对压力。[3] 虽然说法不一,但大多数人都认同社会支持是个体从所拥有的社会关系中获得的精神上和物质上的支持,这些社会关系指的是家人、亲友、同伴、团体、组织和社区等,能减轻个体的心理应激反应,缓解压力,有助于个体身心健康的发展。

---

[1] COBB S. Presidential Address-1976: Social Support as a Moderator of Life Stress [J]. Psychosom Med, 1976, 38 (5): 300-314.
[2] MYERS D, ABELL J, SANI F. EBOOK: Social Psychology [M]. McGraw Hill, 2014: 423-435.
[3] COHEN S. Social Relationships and Health [J]. Am Psychol, 2004, 59 (8): 676-684.

因此本书以此作为社会支持的定义。

社会支持基于不同的角度有不同的分类，有研究者根据内容和性质对社会支持进行划分。① 从内容上看，社会支持可以分为四种：一是工具性支持，直接提供所需要的服务包括金钱、物质资源等；二是情感支持，即支持者表达的关爱与同情，使个体感觉到温暖与安全；三是信息性支持，给面临困难的个体提供信息，比如建议与指导；四是同伴性支持，指陪伴个体，共同度过危难时刻，给个体带来正面情绪，缓解个体压力。

根据性质划分，社会支持可以分为两类。一类是实际的支持，也被称为行动支持，指的是在个体面临压力时，支持网络所提供的具体支持行为。这种社会支持与个体的感受无关，是客观存在的实际行为。这类支持可能包括实际的帮助、资源分享、建议或鼓励等，能够直接帮助个体应对困难和挑战。另一类是知觉的支持，它与个体在社会中感受到被尊重、被支持和被理解的情绪体验密切相关。知觉的支持强调个体对于他人关心和支持的主观感受，这种支持可以体现在他人的关怀表达、情感支持和理解等方面。个体对于他人的理解和支持的感知能够带来情感上的满足感和安全感，增强自尊心和幸福感。根据社会支持的分类，我们从不同的角度看到了社会支持对个体发展的作用，为接下来探讨社会支持对青少年积极发展的影响奠定了基础。

二、社会支持促进青少年积极成长的作用机制

以往的研究证明数量少或质量差的社会关系会增加人们死亡的概率，对人类和动物的实验也表明，社会孤立是导致死亡的危险因素。② 同时，相关研究也证实社会支持有助于个体身心健康的发展，而身心健康正是青少年积极成长与发展的必要条件。因此，社会支持能促进青少年的积极发展，社会支持的作用机制则说明了它对处境不利青少年积极发展的影响机制。

（一）社会支持的主效应模型

社会支持的主效应模型是指不管个体是否在压力逆境下，也不管个体受到的支持情况如何，社会支持都具有增益作用；社会支持对个体的身心健康

---

① 刘晓，黄希庭. 社会支持及其对心理健康的作用机制 [J]. 心理研究，2010，3（1）：3-8，15.
② HOUSE J S, LANDIS K R, UMBERSON D. Social Relationships and Health [J]. Science, 1988, 241 (4865): 540-545.

有着直接的促进作用，个体的社会支持水平越高，其身心健康水平也就越高。良好的社会支持系统能给人提供积极的情绪体验和稳定的社会性回报，比如参与社交的青少年，可能会直接获得积极的心理状态，如归属感、安全感等，从而避免消极后果。

在这一模型中，社会支持与身心健康发展之间存在两种关联途径。首先，通过社会支持的积极影响，个体的身体健康状态将得到改善，免疫系统的功能将得到增强，从而提高身体对疾病的抵抗力。其次，社会支持能对个体的行为产生积极的影响，帮助个体避免不良的行为方式，如吸烟和酗酒，并促使个体采取更多的积极行为。这样，个体能够保持积极的生活态度，形成健康的生活方式，进而促进身心健康的发展。

(二) 社会支持对压力的缓冲机制

社会支持对处于压力情境下的个体所承受的压力具有显著的缓冲作用。在该缓冲模型中，社会支持缓冲了压力事件，使个体免受压力的侵蚀。其关键在于，个体感知到他人的支持与帮助，会减轻自身的压力情绪。也就是当一个人在身处逆境或面对挫折的情况下，获得了周围朋友的关心和支持后，个体会感觉没那么难过，会体验到被安慰的感觉，而这恰巧会赋予自身一些成长的力量。

Bert 的缓冲作用模型提出社会支持的缓冲作用有两条路径，一是社会支持预防了压力性事件，影响着个体对潜在压力性事件的知觉，即在充足的社会支持下，个体不会将潜在的压力性事件当作压力。二是个体在知觉到压力后的情境下，足够的社会支持使个体对压力进行再评价，通过抑制不良反应和产生有利的调整性行为，来降低和消除压力的伤害。社会支持可以为个体提供解决问题的策略，或降低问题的重要性，从而减轻压力对自身的影响。综上所述，社会支持通过帮助个体预防和缓解压力，促进个体的身心健康，进而促进个体的积极成长。

(三) 动态效应模型

动态效应模型有别于以上两种模型，主效应模型和缓冲作用模型都认为社会支持与应激是相互独立的，而动态效应模型则认为社会支持和压力同时作为自变量对个体的身心健康起作用，应激或压力与社会支持的关系是相互影响和相互作用的,这种关系还会随时间的改变而发生变化。① 其原因在于社会支持与身心健康、幸福感是相互影响的,而且社会支持的丧失本来就是应激事件如婚姻破裂、丧失亲人等。② 因此,社会支持、压力和身心健康之间的关系并非简单的直线关系,而可能呈现曲线关系,或者在不同阶段呈现变化,甚至存在阈限效应。

三、社会支持促进处境不利青少年积极成长的表现

(一)社会支持对处境不利青少年积极成长有直接作用

滋养的外部环境是良好发展的前提条件,而社会支持便作为其中一种滋养的外部因素直接影响着青少年的积极成长与发展。根据上文所提及的社会支持的各种作用机制,都能发现社会支持对处境不利青少年的积极成长与发展具有直接作用。譬如,主效应模型观点就强调社会支持会直接对处境不利青少年提供积极的情绪体验,使其保持积极的心理状态,并有助于培养积极品质;亦能调节处境不利青少年的免疫系统,增强抵抗逆境的能力;还能调节处境不利青少年的不良行为,让他们用健康、积极的行为方式来应对压力逆境,从而促进自身的积极发展。根据缓冲作用模型观点,社会支持会帮助处境不利青少年相对少地知觉到潜在压力事件和缓解压力事件对自身的危害。动态效应模型则认为提高处境不利青少年的社会支持水平,会使之与压力事件发生相互作用,比如社会支持提供资源,弥补个体创伤后所丧失的资源。由于社会支持本身就作为压力事件,所以在得到弥补时,也就降低了缺少社会支持这一压力性事件对于个体的影响。

(二)社会支持经过个体自身因素来促进处境不利青少年积极成长

社会支持不仅直接作用于处境不利青少年的积极成长与发展,它同时还会通过影响个体的自身因素来促进处境不利青少年的积极成长。社会支持可以通过增强个体自身某方面的特质,继而特质会促进个体的积极成长与发展,即社会支持可以通过某些中介因素来促进处境不利青少年积极成长。

社会支持通过影响个体的积极重评来促进处境不利青少年的积极成长与

---

① CORNWELL B. The Dynamic Properties of Social Support: Decay, Growth, and Staticity, and Their Effects on Adolescent Depression [J]. Social Forces, 2003, 81 (3): 953-978.

② KAWACHI I, BERKMAN L F. Social Ties and Mental Health [J]. Journal of Urban Health, 2001, 78 (3): 458-467.

发展。有研究证实了社会支持会通过积极重评促进青少年的创伤后成长。[1] 积极重评是以个人的成长方式为负性事件赋予积极的意义,是一个重要的个体因素,[2] 是一种直接面对负性事件,积极加工事件信息的应对方式。[3] 根据创伤后成长的完全模型,社会支持可以提供给那些处境不利者一个叙述和表达情绪的机会,以降低其注意负荷,促使其获得更多的注意资源,并对已有伤害进行积极认知构建和评价,发现创伤事件的意义,实现创伤后成长。[4] 此外,一个有支持性的社会环境可以为个体提供安全的环境氛围,[5] 在安全的氛围下,个体更愿意对创伤事件进行积极的认知重评,从而发现创伤事件的意义,这有助于减少创伤的消极影响,促进创伤后的积极变化,实现创伤后成长。[6] 因此,社会支持可以通过影响处境不利青少年对创伤事件的积极认知重评以促进他们的积极成长与发展。

再者,社会支持可以通过希望来影响处境不利青少年的积极成长与发展。所谓希望,是指以追求目标的方法和动力交互作用为基础的动机性状态。希望理论认为,社会支持可以促进个体与他人对目标进行讨论与分析,帮助个体获得实现目标的方法,并为之努力,从而提高个体的希望水平。[7] 同时,社会支持还可以增加个体与他人之间的良好关系,帮助其体验到更多的归属感、胜任感,促进个体的目标导向行为,[8] 进而有助于提升希望水平。而当个体感

---

[1] 周宵,伍新春,王文超,等.社会支持对青少年创伤后成长的影响:状态希望和积极重评的中介作用[J].心理发展与教育,2017,33(5):587-594.
[2] TEDESCH R G, CALHOUN L G. Posttraumatic Growth:Conceptual Foundations and Empirical evidence[J]. Psychological Inquiry, 2004, 15 (1):1-18.
[3] GARNEFSKI N, KRAAIJ V, SPINHOVEN P. Negative Life Events, Cognitive Emotion Regulation and Emotional Problems[J]. Personality and Individual Differences, 2001, 30 (8):1311-1327.
[4] TEDESCHI R G, CALHOUN L G. Posttraumatic Growth:Conceptual Foundations and Empirical Evidence[J]. Psychological Inquiry, 2004, 15 (1):1-18.
[5] 周宵,安媛媛,伍新春,等.汶川地震三年半后中学生的感恩对创伤后成长的影响:社会支持的中介作用[J].心理发展与教育,2014,30(1):68-74.
[6] 周宵,伍新春,安媛媛,等.青少年核心信念挑战对创伤后成长的影响:反刍与社会支持的作用[J].心理学报,2014,46(10):1509-1520.
[7] SNYDER C R. Hope theory:Rainbows in the mind[J]. Psychological Inquiry, 2002, 13 (4):249-275.
[8] CAPRARA G V, KANACRI B P L, GERBINO M, et al. Positive Effects of Promoting Prosocial Behavior in Early Adolescence:Evidence from a School-Based Intervention[J]. International Journal of Behavioral Development, 2014, 38 (4):386-396.

受到较强的希望感时，个体便能想到多种有效的方案，并有充足的动力去实施方案。① 即便是处境不利青少年在追寻目标受阻时，其也能寻求到更有效的解决方案，主动地寻找应对挫折事件及其消极结果的策略，从而降低消极心理反应，实现积极的心理变化，促进他们积极成长与发展。

此外，社会支持还可以通过提高处境不利青少年的心理弹性来促进其积极成长与发展。心理弹性给青少年积极发展提供力量的过程中，发挥作用的有两种重要的保护性因素，即个体内部因素和外部因素，其中外部因素就包括家庭及家庭外的社会支持系统，比如来自家庭、朋友、同伴等提供的支持。因此社会支持是心理弹性的重要保护性因素，其可以通过心理弹性对积极成长发挥作用，即社会支持水平越高的个体，心理弹性水平也就越高，继而积极发展水平也随之提高。

综上所述，我们通过了解社会支持的内涵、社会支持的作用机制，以及社会支持对青少年积极发展的影响表现，能清楚地发现社会支持不仅会直接促进处境不利青少年的积极发展，还会通过影响个体的自身因素间接对青少年的积极发展发挥作用，这对促进处境不利青少年的积极发展具有一定的启发意义。首先，对处境不利青少年，要多给予社会支持，并且根据社会支持的分类，提供明确且有针对性的支持，进而为青少年的积极发展提供真实有效的帮助。其次，阐明社会支持对处境不利青少年积极发展的作用机制和不同的影响途径，能够更加确信社会支持对于青少年成长和发展的积极作用；在促进其成长和发展时，不仅可以从单独提供社会支持入手，还可以通过提高上文所提及的积极重评、希望和心理弹性等中介水平来帮助发挥社会支持对青少年积极发展的作用。

---

① TRUITT M，BIESECKER B，CAPONE G，et al. The Role of Hope in Adaptation to Uncertainty：The Experience of Caregivers of Children With Down Syndrome [J]. Patient Education and Counseling，2012，87（2）：233-238.

第三章

家庭情境下青少年成长的个案研究[①]

人本主义心理学先驱,提倡超越自我的阿尔弗雷德·阿德勒(Alfred Adler)先生在自己的许多书籍中提道:从大自然的角度来看,人类就是一种不如其他动物的生物。作为弱势群体的儿童,有着与生俱来的自卑,"由于每一名儿童都依赖于社会的帮助,因此他会发现自己面对的是一个既会给予又会索取,既希望他去适应,又会满足其生存要求的世界。儿童的本能,会因一些障碍而无法满足,可克服这些障碍,会给儿童带来痛苦"。[②] 他认为在儿童缓慢的成长过程中,需要成人建构一个保护他们的环境,教育家和心理学家的任务是帮助这些儿童理解、适应这个世界,逐渐成为一个更好的自我。但事实上,几乎所有儿童青少年都曾经或正处于一些不利的生存环境中,只是有些处境不利是细微的或内隐的,有些处境不利是重大的或外显的。"每一名儿童迟早都会意识到,自己无力去独自应对生存当中的种种挑战……"在这种处境中,儿童的可塑性被两种因素削弱,"一个是夸张、强烈、没有消除的自卑感;而另一种则是不但要求获得安全、平和、社会平衡,而且要求努力表达出一种凌驾于同胞之上的目标"[③]。因此,儿童青少年时期的家庭环境成了恒久的热点话题。

近年来,众多新闻报道了青少年焦虑抑郁,与父母发生矛盾口角后贸然轻生等事件,对此,很多成年人会难以理解,以前的家庭艰苦贫困且破碎,孩子常会挨骂、挨打、挨饿,但为什么没有像今天的孩子这般脆弱易于受伤,甚至易于休学、自残呢?事实上,家庭是我们生活的第一环境,我们既依赖

[①] 所有个案的呈现遵循《中国心理学会临床与咨询心理学工作伦理守则》(第二版),本书对个案所涉及的信息做了必要的掩饰性和虚构性处理。
[②] 阿德勒. 洞察人性 [M]. 欧阳瑾,译. 北京:台海出版社,2018:18-19.
[③] 阿德勒. 洞察人性 [M]. 欧阳瑾,译. 北京:台海出版社,2018:51.

于家庭成长成熟，也会因家庭受到一些伤害。与此同时，我们也频繁发现，有些个体在儿童青少年时期处于多重不利情境下生活，但却并没有明显受到不利环境的消极影响，反而获得了良好的发展，或者是在与逆境展开"拉锯战"之后，最终慢慢从中领悟、转变、升华并获得积极成长。通过观察分析，我们很容易去确定一些不利的环境因素极有可能是导致儿童青少年负性结果的重要风险因素。但是，我们较难去确定儿童青少年在逆境中能够积极发展和成长究竟是哪些因素在起作用。

本章节会呈现一些与家庭有关的成长故事，这些故事中的主人公曾经处于不利的家庭环境中，如情感忽视、躯体虐待，以及家庭资源匮乏等。这些故事或许可以告诉我们，为什么现在的孩子如此脆弱，又如此顽强。故事中的某些细节可能会唤醒我们曾经不太愉快的记忆，但这些个案的重点，是在分析不利处境影响个体成长的同时，进一步挖掘个案主人公积极成长的资源和力量。本章呈现的3个案例都是心理咨询过程中的个案，同时也是本书个案研究的对象，他们愿意将这些与他人共享，以便帮助更多的人。在遵循相关伦理守则并获得他们的理解与支持的基础上，笔者对所有素材进行了加工处理，并将部分情节做了虚构性处理，再呈现给读者。

第一节 情感忽视与青少年成长

一、背景介绍

（一）个案的研究背景

小明（化名），男，17岁，外表斯文柔弱。家中排行老大，有一个妹妹，父母在事业方面比较成功。母亲是干部，因为管理能力很强，所以一直是家中说一不二的大家长；父亲也非常优秀，经营着一家不错的企业。小明家境比较优渥，除中考失利外，几乎没有遭遇过什么挫折。小明并非主动预约心理咨询，因此第一次咨询时，小明并没有前来，而是由小明母亲代为前来，小明母亲反复强调，小明从小就有一个非常快乐的成长环境。小明和其母亲均知情且同意咨询中所讲述的经历经隐匿与虚构处理后可以作为科学研究和教学使用。

(二) 研究的问题

1. 小明真如其母亲所言,拥有一个非常快乐的成长环境吗?
2. "都是为你好"的教养模式会给青少年带来哪些影响?
3. 父母心理控制是如何影响青少年的发展的?
4. 小明在消极家庭教育模式下拥有或获得哪些积极发展的力量或资源?

(三) 研究目的

通过对个案信息进行梳理,探讨"以爱为名"的情感忽视——父母心理控制对青少年成长的影响,并分析小明在家庭环境不利的情况下积极发展的相关因素。

二、个案描述

(一) 看不见的控制与反抗

作为一名心理工作者,咨询师见过无数的家长。那天咨询师较早来到咨询室,等待时看到基本信息卡上显示的来访者是一位17岁的少年。几分钟之后,这位少年并没有来,来的是他的母亲。这位母亲让咨询师印象深刻,因为她是一种类型家长的"典型"。得体的衣着、良好的体态、强大的气场,无一不彰显她是一位成功的职场女性。家长对咨询师表达了客气的道歉,因来访者并不是主动预约咨询,所以首先由家长代表和咨询师进行沟通。接下来,家长开始了漫长的表述。在倾听过程中,咨询师整理出一些头绪,很明显,来访者和母亲之间产生了矛盾与冲突,从前的乖乖孩子变成了母亲不认识的人。来访者是一个高中生,本来成绩不错的他在高中成绩一落千丈,不仅如此,他还养成了家人难以启齿的"恶习"。现在家人已经无法再像以前那样和来访者谈谈就能解决问题了,家长找到了咨询师,她希望在咨询之后来访者能走向正轨。"我在找您之前认真地了解了您的学术背景和咨询经验,我相信以您的能力和水平一定可以给我的孩子一个正确的引导,我知道您是不会让我失望的,对吗?"在这位家长要离开咨询室之前,她用低沉并让人难以拒绝的口吻对咨询师提出了要求,咨询师的脑海中不由自主地出现了一个词——"控制"。

我们如何理解"控制"这个词呢?在管理学中,曾经普遍认为管理的核心是控制,它是监控、比较、纠正工作绩效的过程。在文学作家的笔下,控制变成了设置，比如，王小波在《一只特立独行的猪》中，阐述了人和人之间的设置关系，这个"设置"就类似控制。心理学上的控制和管理学、文学等领域的控制是需要区别理解的。如实验心理学领域的"控制"是特指在实验过程中对自变量的操纵。在心理健康及心理咨询领域，常提及的研究术语是"心理控制"，常常指通过控制他人感受、情绪、想法等操控他人。当控制者是父母时，则衍生了"父母心理控制"这个心理学专业术语。在生活中，不容易察觉的就是家人之间以爱为名的心理控制。父母以爱为名的态度，常常会让孩子以为自己力所能及的就是两件事情：让大人高兴或者让大人不悦。[1] 例如，即将要出场的来访者，在他 17 年的人生经历中，他担当的就是让大人高兴或不悦这两种角色。

咨询师后来终于与来访者小明见面了，小明的故事也逐渐清晰。小明给咨询师的感觉是怎么样的呢？因为不是自愿来咨询的，开始进入咨询室的他呈现出攻击性，他用非常简短的词语回答问题，不经意地露出自己的冷笑，甚至有时候会用不屑的语调挑衅咨询师，但很快他就卸下了自己的盔甲，还原出最真实的一面——一个胆怯的却想说不的小孩。对小明而言，出生在优渥的家庭是幸运的，但这个优渥的家庭却给他带来窒息般的压力。从他开始有记忆时，他的行程就被安排得满满的，作为家庭中第一个出生的男孩，他被赋予了很高的期待。

"我的妈妈是个女性，但是她却是一个比男人厉害 100 倍的女强人。很奇怪的是，她仍然觉得自己女性的身份给她的工作带来了很大的阻碍。所以她经常对我说，我必须成为最优秀的学生，以后考上最好的大学，然后像她一样，努力成为行业的标杆。不，我要做得比她好，因为我是一个男生。每次说到这个话题，她就会用幽怨鄙夷的眼神看向爸爸，尽管我的爸爸是一个还算成功的商人，但是在我妈妈的心目中，他的成功只是一种幸运。"小明的话很快呈现出这个家庭女尊男卑的夫妻关系。可见小明承受的压力，不仅是母亲对他的期待，更是这个家族中男性唤回尊严的压力。

于是小明从小就努力配合家人的要求。他的行程表一直排得满满的，不

---

[1] 阿德勒. 洞察人性 [M]. 欧阳瑾, 译. 北京：台海出版社，2018：52.

论是兴趣特长还是奥数培训,他都努力学习。当然,这些付出总有回报,小学期间他一直是班上的学习领头羊、三好学生,但是正因为如陀螺般的学习状态,让他没有时间交朋友。当他把这个苦恼告诉母亲时,母亲理性地告诉他小学不需要朋友,哪怕有朋友,这些朋友关系随着成长都不会长久,唯一能够证明他的一定是学习成绩。

然而,一切看似正常的生活被妹妹的出生打乱了。妹妹的到来其实是一个意外,母亲开始不愿意生下这个孩子,在母亲看来,再生育一个孩子不仅需要付出额外的精力,而且会对自己的工作产生难以估量的影响。但在父亲的一再坚持下,最后妹妹被生了下来。

"可是,我的妹妹,她一生下来就因为长得好看被大家所喜欢。她太像一个洋娃娃了,而且天生爱笑。她不需要为了什么家族的荣光去学习或者奋斗,但她却是一个很聪明、很优秀的女生。你看,她只需要笑一笑跟爸妈撒娇,就能得到她想要的东西。她几乎不怎么学习,却能在每一次的考试中脱颖而出。妈妈、爸爸很喜欢她,但他们却刻意不在我的面前表现出对妹妹的喜欢。他们仍觉得我才是应该被培养的重点,对我的看管变得更加严格。初中三年我是在一个重点初中完成学业,那个时候我就觉得有点跟不上了,我便更加努力地学习。初三的时候,妈妈从很多地方收集了不同类型的考卷,希望我在海量的刷题中获取高分。她在我的书房里贴了很多的鼓励话语和名人名言,我也一度认为我只要这样努力了,就一定能考上最好的高中。谁知道……中考的语文作文出了一个很怪的命题作文,我刷了那么多作文题,从来没有看到过那种作文题目,我顿时大脑一片空白,发现自己根本就不知道如何下笔。在考场上,那30分钟里,我不断搜肠刮肚,回忆曾经看过的所有作文,确实没有一篇可以匹配借鉴的,我呆呆地坐在那里,不知道应该做什么。然后我做了一件自己都不敢想象的事情,就是作文交了白卷……之后的其他科目考试我都考得很糟糕,考完之后我以为我会大哭一场,结果我没有哭,反而有一刻是轻松的,甚至是得意的。我没有将这件事情告诉父母,我像是一个小偷偷了一个什么东西,只要我不说就没有人知道。"

家中有考生的家长,大部分会对中考和高考有深刻的体会和解读。考试一直是教育界选拔人才最直接也是最普遍的工具。小明的母亲优秀而独立,但在教育方面却传统而保守，这可能源于她原生家庭的代际传承。一方面，她努力使自己优秀进行自我的性别证明；另一方面，她却仍相信家族的传承需要男性的力量。显然这种男性的力量没有在她的丈夫身上得到体现，于是她就将所有的期待投注于小明的身上。作为家中唯一的男性传承人，小明由独子转变为长子，这其中有一定的血缘竞争的张力——后来出生的妹妹拥有先天讨人喜欢的优势，这让小明产生危机感和焦虑。作为长子，他对在家中的地位、行使的权利和生活中的尊重具备不言而喻的向往。但妹妹的超越、父母的刻意表现让小明感觉妹妹威胁到了自己的安全感。小明希望通过获得优秀的考试成绩夺回自己在家中瞩目的地位，但很可惜，他发现在这方面他是不具备优势的，因为妹妹的成绩更好。这些体验对小明来说是痛苦而压抑的，他不愿意承认这是痛苦，且运用自我防御的力量不断告诫自己只要中考考上好的高中就是一次畅快淋漓的反击。但事实上，当他发现考试超出自己的认知范围时，他预感自己会失控。他选择了破罐破摔的做法，这也是对母亲操纵自己的一种隐性报复——他的作文直接交了白卷——这个举动带来的后果是什么，小明心知肚明。他在后来的咨询中承认，当母亲知道自己的中考分数后出现错愕的表情时，"我心里有那么一下是很解气的，原来你也有这么难受的时候！哈哈！"说出这句话后，小明有意识地抿嘴，然后询问咨询师，"你不会告诉我妈吧？不过，你说了我也不怕了"。这种隐形的报复随着时间的推移演变成为正面的反抗和冲突，在后面的资料收集中，咨询师发现小明的攻击逐渐明显，他成为母亲口中的反面教材，即"不中用的东西"，然后在迫不得已的情况下被母亲带来咨询室。

从取悦父母到忤逆父母，小明对父母的控制以及父母将他和妹妹进行比较既烦恼又反感。他期待得到认可和满足，一旦无法做到，他就用惹怒父母的方式表达自己的情绪，证明自己的价值，尽管这种方式让每一个人都很受伤。

(二) 看不见的忽视和看得见的拒绝

小明的父母认为他们从未忽视或虐待过孩子，所有的一切源于小明高中时交友不当，只要小明改正过来他们仍然是"五好家庭"。咨询师曾经尝试让他们一家人一起去做家庭治疗，结果，那天只有小明过来了，因为单位临时开会母亲抽不出身来，父亲则是突然出差了。他们用抱歉的语调和咨询师做了解释，然后说："还是给小明做咨询吧，他才是那个有问题的人。"咨询师被拒绝了，不，应该是咨询师和小明一起被拒绝了。

这也让咨询师很疑惑，究竟小明犯了什么错呢？在某一次咨询中，小明说出了藏在心中很久的话。

"我高中后和一群我妈眼中的'烂仔'玩得好。我中考的分数只能上一所很烂的高中，当然我的妈妈是不能允许我上一所让她颜面尽失的高中的。开学时，她用不冷不热的语气告诫我要好好学习，考年级第一，不能再有失误了，不然我的人生就稀巴烂了。我当时唯唯诺诺地答应了，她对我的表现显然很不满，哼了一下就走开了。我妈有个习惯，当她认为一个人表现非常差劲时她就会哼一下，这种习惯她是不自知的。每次爸爸和我做错了事情，就会听到这种哼声，然后她会有一段时间不理睬别人。妈妈从不会和别人吵架，她只需要哼笑两声把对方当空气，对方就会像泄了气的皮球。"小明在说这段话时，不经意也哼了一下，不知道是在嘲笑什么，他摆摆手说，"不小心就偏题了，我们还是说我的问题吧，是的，我是个'废物'，不仅不想学习，还交了一群狐朋狗友。我妈妈知道这件事情是因为看了我的朋友圈，她可能还不知道我朋友圈里和狐朋狗友一起'浪'的照片就是专门为她设置的，我就想看她错愕的表情，没想到她居然没有发脾气，她只是哼了一下，然后家里那几天果然又变成了冰箱，你知道吗？我家里经常是冰箱——冷库——冬天的状态，只要我妈不高兴，家里人就变得小心翼翼，谁都不敢出声。我也不出声，只是没想到她居然带我来到您这里了。真是破天荒了，她居然会让我做心理咨询，我初中时曾经崩溃大哭求她让我看心理医生她不肯，这次她居然主动带我来做咨询。"

小明在说这段话时，其身体较为僵硬，双手交叉环抱于胸前，这种肢体语言本身包含着嘲弄与不屑，无疑他在潜意识地模仿母亲在其成长中每每嘲弄他的语气。小明的母亲和小明保持着一种疏离和控制，当小明没有达到母亲的要求时，她会用嘲弄的语气表达不满。我们知道对儿童而言，在他们具备对世界的初步认知时，他们就会产生夸张、强烈、无法很好消除的自卑感——他们会发现他们需要依赖成年人或者说监护人才能获得生存的空间。曾经有一个经典的实验，一个婴儿面对微笑的妈妈和冷漠的妈妈，其反应是不一样的。因此，伤害一个儿童，并不一定是屈辱性的体罚或者打骂，成年人往往只需要对儿童进行有意无意的嘲笑或嘲弄（可能这种嘲笑并非恶意），或者让儿童完成他们无法完成的任务，抑或直接无视他们的反应把他们当成空气等，都会给儿童带来伤害。小明生活在一个看似非常幸福和富有的家庭，他不缺乏物质的支持，但他明显缺乏父性力量的支持和家人温和友善的对待。他被当成母亲进行证明的财产，不断地去完成一个又一个的任务。当任务无法完成或者另外一个竞争者比自己做得好时，他就会被冷暴力控制。这种冷暴力无法看见，却让小明逐渐自卑、无力和缺乏安全感。他越是深陷其中，越是渴望得到父母（主要是母亲）的赏识从而获得自身的优越感。有一部分的儿童因为身体素质、机会因素、本身心理素质等原因，幸运地度过这个时期并成功地成为他们想要的那个自我，或者说他们能达到父母所设置的目标，甚至成为被众人所追捧的榜样。但可惜的是，小明并不是那一类的幸运儿或者说超常者，他很快地滑落到普通小孩的水平，甚至还落后于身为女性的妹妹。这又是一种打击，虽然小明不乐意承认，但在和妹妹的竞争中，他成为大家默认的失败者。我们不能对处在青春期的小明有过高的期待，期待他能很快地调整自己，逐渐对自己有正确的判断。他在巨大的失败面前无法找到支撑他站起来的力量，或许他的父母曾经给过他鼓励，但空洞的鼓励背后隐藏着父母巨大的失望和怨恨。母亲可能自己都没有意识到，自己习惯性的哼哼冷笑的行为犹如一记重锤，将小明残留不多的自尊锤入万丈深渊，巨大的、令人痛苦的自卑感和自我的否定感向小明袭来，他给自己贴上了"废物"的标签。

人在面对痛苦的情绪时，还是会尽量地启动补偿机制，就像一个不会游泳的人，一旦落入水中他仍会不遗余力地扑腾，尽管作用不大，但也能发挥一些功能。小明的补偿机制在于打破了家中长期以来的力量平衡。他仿佛在对母亲说："你不是在精心打造和培养我吗？那好，我来亲手毁掉你的作品。"

"我和那群朋友在一起时，才会觉得自己有些价值，至少他们是用真性情待我的人。他们很多人的家庭环境一塌糊涂，他们常常伪装得痞里痞气，就是那种带点洒脱和无所谓的痞气吸引我。我知道我继续放任自己是不对的，但我内心很烦，我不想这个样子，我也不知道自己想成为什么样子。但是我知道，自从我妈得知我有一群狐朋狗友后，我就彻底放飞了，我不看书，不学习，不是在家睡觉就是在教室里睡觉。我妈气得想打我，我也无所谓，她其实力气很小的，打在我的身上像挠痒，没有用的。"

在这个个案中,我们看到了一个青少年,他想让自己的母亲痛苦,从而放弃对自己的期待,或者说控制,他干脆放弃了作为学生应该履行的普通的使命和义务。他让别人很不舒服,当然他也同样让自己很不舒服,对他而言,一切似乎达到了他想要的样子,但一切又是那么"糟透了"。我还看到了一个习惯于掌控所有事物的女性,她坚强、独立并且不怎么信任其他人,她无疑也曾遭遇过人生逆境,这可能使她难以温情友善地对待自己的家人,她给每一个人树立目标,并调用自己所有的资源去帮助家人实现这些目标,但她的儿子,却给她沉重一击。作为成年人,她无法言说自己的痛苦和脆弱,她选择了心理咨询,却在咨询的过程中拒绝和控制。这是她的问题,但也不是她的问题。这个个案中还有一个看似成功却在家庭中隐形的父亲,他的力量无法帮助自己的儿子抵挡困苦,但并不见得这个父亲是无能的。他采取了迂回躲避的态度,或许是源于他对妻子的爱和体贴,又或许是他想逃避家庭中的某种控制。

这个"糟透了"的故事是不是会一直这么糟糕下去呢?我们来看曾经获得过普利策奖的漫画家朱尔斯·费弗(Jules Feiffer)的感言:"我有软弱的父亲、专横的母亲、傲慢的老师、虐待成性的军士、破坏性的男性友谊……我哪个地方是对的呢?"看上去很糟糕的生活质量对于人生的影响其实比我们想象的要小。[①] 1938 年,哈佛大学的研究者阿列·博克(Arbe Bock)开始了格兰特研究——用深度研究的方法探索社会超级成功者的秘密。数十年的实证研究发现,早期的逆境甚至是父母的死亡对孩子的影响并非想象中那么显著。从长远来看,一个人做对一件事比做错一件事的影响更重要。虽然,童年的逆境会有累积效应,即逆境造成的消极影响会在成长过程中随时间推移慢慢浮现出来,但个体发展的积极因素,如心理弹性或心理韧性,也具有滞后发展效应。在成长过程中,积极因素会以一种神奇的方式超过消极因素的影响。

看起来这并不是一个效果明显的咨询个案。咨询师在制定咨询目标和方案时,就建议在小明接受个体辅导的同时,小明及其家庭成员接受另一位咨询师的家庭治疗,只可惜小明母亲并不认为自己的家庭教育模式存在问题,所以选择让小明单独接受个体咨询。小明在咨询过程中进行了大量的情绪宣

---

① 杰伊. 我们都曾受过伤,却有了更好的人生 [M]. 蒋宗强,译. 北京:中信出版集团,2019:353.

泄和表达，至于他之后在日常生活和学习中的行为改变，研究者通过后期访谈才得以知情。高考之前的半年多时间里，小明开始收敛所有母亲眼中的"自暴自弃"行为，不再成天游走于"狐朋狗友"之间，也不再睡眠作息颠倒。小明自觉地投入所有的时间按照学校的步骤进行高考复习、刷题和冲刺。小明高考成绩并没有非常出色，虽没有达到母亲之前的高期待，但足够让他进入一所本科院校学习。在选择专业时，他竭力抗争，最后得偿所愿学习了自己所钟爱的专业。也是从那时开始，他在物理距离上远离了母亲制定的规则，小明彻底放弃了"摆烂"，开始重新审视自己内在的需求和人生的目标和方向。

三、个案分析

（一）"快乐的成长环境"

小明真的拥有非常快乐的成长环境吗？根据自我决定理论，当所处环境让个体感受到是自主、有能力且能胜任、在人际中被认可时，其基本心理需要更能得以实现；[1] 基本心理需求是人们主观幸福感的正向预测因子，[2] 自主、胜任、归属等心理需要满足程度越高的个体，其体验到的幸福愉悦感和积极情绪也越强烈。[3] 小明母亲所认为的"非常快乐的成长环境"，是基于她自身的视角和需要所构建的成长环境，而非是根据孩子内心的基本需求提供的成长环境。小明的心理需求并没有被考虑在环境"建构"中，小明既不能自主选择，也无法体验到胜任感，人际中亦没有被真正认可。因此，在"快乐的成长环境"中，小明并不一定会有发自内心的快乐。

（二）"都是为你好"的教养方式

"都是为你好"既包含了父母对子女的深切关怀与殷切期望，也包含了父母对子女的心理控制。父母的心理控制可能演变为对子女的情感忽视甚至是

---

[1] RYAN R M, DECI E L. Intrinsic and Extrinsic Motivation from a Self-Determination Theory Perspective: Definitions, Theory, Practices, and Future Directions [J]. Contemporary Educational Psychology, 2020, 61 (3): 101860.

[2] HILL G, HOWELL R T. Moderators and Mediators of Pro-Social Spending and Well-Being: The Influence of Values and Psychological Need Satisfaction [J]. Personality and Individual Differences, 2014, 69: 69-74.

[3] 吕国庆，周琰. 意义幸福倾向与幸福感的关系：亲社会行为和基本心理需要的多重中介作用 [J]. 心理技术与应用，2021, 9 (2): 95-101.

情感虐待，即在抚养子女的过程中，忽视子女情感表达、自主性等需求，并将自己的意志强加于子女的教养模式。"都是为你好"的教育模式为小明在成长早期提供了所需的相关资源，小明也由此慢慢养成了满足大人愿望和需求的工具性角色。与其说是"都是为你好"，还不如说是"以爱为名"的情感控制，孩子在这个过程中需要反复满足父母的心理需求。长期持续、过度的父母心理控制对子女的负面影响是显著的，主要表现为焦虑、抑郁、悲伤等情绪，人际模式呈现极端化（极度服从与极度抗争）；同时，长期处于这种教养环境中的孩子有着无法表达的愤怒以及被严重压抑的攻击性。

（三）父母心理控制影响青少年情绪的内在机制

过度的父母心理控制在对孩子心理与行为影响的过程中，会通过一些中介因素起作用。父母心理控制是侵入性、抑制子女自主性发展的教养模式，父母通过亲子关系来操纵孩子的真实感受、压制其思想，通过中断和撤回自己的爱等冷暴力的方式来威胁孩子并引发其内疚感，这会削弱孩子的自我价值感、自尊水平等，让子女产生"都是我的错""都是我的问题""如果我不听话，我就不值得被父母继续爱"等自我认知。在未来持续的逆境中，孩子会无法应对，并加剧对自我的否定和怀疑，产生大量的负性情绪和行为。

（四）积极发展的力量与或资源

虽然消极因素的影响让小明的情绪和行为失控了较长一段时间，但最终小明并没有彻底让自己"废掉"。人都有向上发展的内在动力和潜能，并有着一种积极的力量会"抵消"或"缓释"消极因素的影响，这种积极的力量我们推测可能主要源于小明在认知模式上的调整和改变，即认知重评。认知重评是积极的情绪调节策略之一，是指通过重新解释情绪事件，并对其赋予新意义从而改变与之相关的生理反应、心理体验和行为表达。[①] 父母心理控制既是侵入性的生活环境，也是连续的负性情绪事件。认知重评会使个体尝试以更积极的方式去解读或合理化父母的心理控制，从而改变情绪和行为的反应结果。研究发现，合理的情绪调节策略能显著降低个体在面对压力事件后的

---

① GROSS J J, JOHN O P. Individual Differences in Two Emotion Regulation Processes: Implications for Affect, Relationships, and Well-Being [J]. Journal of Personality and Social Psychology, 2003, 85 (2): 348-362.

负性情绪体验;① 中学生样本中,使用认知重评策略越多的初中生其抑郁症状越少,反之亦然;② 在大学生样本中,研究者也发现更高水平的认知重评可能会赋予个体应对压力的能力,故认知重评能调节压力与负性情绪之间的关系。③ 案例中的小明,通过认知重评让自己从更有意义的视角去解读母亲的心理控制,从而有效缓解由此产生的心理压力和消极情绪的激活,并能够立足当下通过行动去争取更为积极的未来。

同时,小明有着非常好的、能够支撑自己能力拓展的家庭经济资源。此外,看起来"不太起作用"的个体心理咨询,在一定程度上能够促进其自主表达,帮助其发现自我潜能,这些都是积极发展的力量。

四、结论

第一,"以爱为名"的父母心理控制本质上是一种情感虐待或情感忽视。这种负性教养方式会影响青少年的自尊、自我价值、应对方式等,并促使其产生焦虑、抑郁等负性情绪及行为。

第二,个体有积极发展的潜能和倾向,认知重评的情绪调节策略均能有效缓解处境不利带给儿童青少年的心理压力和消极情绪,从而能够促使其有效适应和应对压力情境。

第三,促进处于父母心理控制下青少年的积极发展,需要个体潜能和积极的认知重评发挥作用,也需要家庭调整教育方式、改善亲子关系,同时还需要学校能够提供有效的支持。

---

① MCRAE K. Cognitive Emotion Regulation: A Aeview of Theory and Scientific Findings [J]. Current Opinion in Behavioral Sciences, 2016 (10): 119-124.
② 张少华,桑标,刘影,等. 不同抑郁症状青少年日常情绪调节策略使用的差异 [J]. 心理科学, 2020, 43 (6): 1296-1303.
③ JOHNSON J, OCONNOR D B, JONES C E, et al. Reappraisal Buffers the Association between Stress and Negative Mood Measured Over 14 Days: Implications for Understanding Psychological Resilience [J]. European Journal of Personality, 2016, 30 (6): 608-617.

第二节 躯体虐待与青少年成长

一、背景介绍

（一）个案的研究背景

小帅（化名），男，大一学生，高、瘦，脸上挂着微笑，却有一种疏离感。父亲是律师，性格暴躁；母亲全职在家，性格较为软弱。父母关系中常有矛盾纷争。父亲常常出差，小帅和母亲有很长一段时间与外婆一起生活。父亲对母亲有暴力行为，持续时间较长。父亲在脾气不好时会迁怒小帅，并实施暴力行为。小帅从高中开始便处于情绪低落的状态，初入大一时曾去医院看过心理医生，医生建议小帅进行长期的心理咨询与辅导。小帅进入大学后主动寻求心理医生的帮助，持续了两年的心理咨询，并取得较好的效果。在咨询结束后，小帅签署知情同意书，同意自己的故事在隐匿相关信息的条件下可以作为研究与教学用素材，并希望能够帮到更多的人。

（二）研究的问题

1. 家庭暴力会给青少年带来哪些影响？
2. 躯体虐待是如何影响青少年发展的？
3. 个案中小帅是如何在经历躯体虐待之后积极成长的？

（三）研究目的

通过个案分析，探讨躯体虐待及家庭暴力对青少年成长的影响，分析在此过程中起重要作用的积极发展相关因素。

二、个案描述

（一）躯体虐待，只有零次和无数次

每一个工作案例，都是一个刻骨铭心的家庭故事。因为每一个案例在当时的情境下来看都有着很难打开的心结。中国文化中有"棍棒之下出孝子""不打不成器"的传统教育思想。但这个"打"究竟应该做何边界设置呢？打骂教育与家庭暴力在某些情况下仅一步之遥，经常性的家庭暴力可以认定为虐待。下面这个案例虽然有些沉重，但却有着积极的力量。

在长达两年的咨询中，小帅变化最大的就是发型。在早期，他有一头染成金色的短发；后来他把头发染成了原本的黑色，并花了半年时间让头发齐肩飘舞，并多次尝试扎头发、编辫子；有一段时间他剃光了头发变成苦行僧的样子；没过多久，他恢复了普通的男式寸头；在咨询结束前一个月，他的发型已经与常人无异……这个曾经受到过家庭虐待的男生一直在压抑自己内心的愤怒。他时常觉得自己是悬在半空中观摩自己体验的生活，他很少能感受到生活的快乐，有一种说不出来的情绪一直萦绕在他的身边，尽管他是微笑的，可是却有一种深深地对生活的无望和迷茫。

许多中年的教育者倾向于用自负的口吻对年轻人说："你们的人生是简单而浅薄的。"他们忽略了个体差异性——并不是每一个人都能幸运地选择合适的父母，顺利而平凡地度过自己的童年和青春期。有些儿童会不幸地遭遇父母亲一方或双方离世或离开，这种哀伤往往会引发旁人或社会的关注以及支持。但还有一些儿童，他们父母健在，四肢健全，生活能力较强，甚至在外人眼中他们是成功的榜样，但他们却难以改变家人的残暴性格。这些儿童可能经常目睹其父亲（在中国一般是父亲）对母亲进行可怕的家暴，可能他们也经常遭受家长莫名其妙的殴打。直到有一天他们突然发现这种暴力是不被允许的，可是他们也不能做什么，毕竟施暴者是自己的至亲。对儿童来说，哪怕被至亲伤害得遍体鳞伤，他们都不会离开自己的抚养者。现实生活里，很多女性面对亲密的伴侣对自己实施暴力时，也会选择沉默忍受，甚至对伴侣展现全心全意的忠诚。

"我很羡慕我的室友，他是本地人，基本上周末他就会回家和爸妈一起吃饭聊天，分享近期遇到的事情。我很羡慕啊，羡慕得差点忘记我也是本地人，可我基本上不回家。"小帅淡淡地说着，好像是在说别人的故事。"我妈妈着急啊，我是她唯一的孩子，在生我之前，她就把自己稳定且高薪的工作辞掉了。18年来，她基本上就是围绕着我生活。爸爸在外地工作时，她带着我和外婆一起住；爸爸回来后，她带着我回到了现在的屋子。她没有自己的生活交际圈，除了我还是我。你说，我怎么这么不孝顺，也不回去陪陪她呢？她只好隔一段时间就来学校看我，给我带我最喜欢吃的饺子，她不知道我从10岁开始就厌恶饺子了，我看到饺子就会或多或少地想起那个人的那双拳头，也是这么白白的，鼓鼓的，一拳下去就是一片淤青……"

小帅口中的那个人是他的亲生父亲。这位在很多人看来正直、勇敢、有所成就的企业家非常不容易。出生在农村的他通过高考考上一所较为出名的工业大学，原以为包分配的工作能让他改变命运，却在刚刚有了儿子时遇到了企业并轨裁员下岗。这个男人扛下了所有的家庭重担，只身一人去了深圳打工，几年后他把握绝佳的机会成立了公司并获得成功，并作为商人回到故乡经商。那一年小帅7岁，他隐约知道父亲是辛苦的、成功的，他们搬到了一栋大房子里居住，过上了很多人羡慕的生活。

"这种生活没过多久就被那个人暴躁的脾气打破了。我见过那个人在外面戴的面具，他是那样地和善、幽默和风趣，而且他还会故意摆出一副非常爱我妈妈的样子，四处在别人面前'秀恩爱'。可是回到家后，他就卸下面具开始像指使佣人一样地对我们指手画脚。当然，如果只是这样也就算了，毕竟他在外面经常要讨好别人，有时也被别人甩眼色。可是……"小帅犹豫了很久，最后他深深吸了一口气说："我8岁那年在睡梦中被父母的争吵声吵醒，我经常听见他们拌嘴吵架，但那次他们吵得很凶，声音太大了，特别是我妈妈发出了尖锐的、瘆人的尖叫，尖叫声划破了夜空，刺耳得让我不得不爬起来去隔壁房间看他们，然后我就看到爸爸握着拳头，而妈妈就倒在他的身边。爸爸看到我进来了，他不说话只是踢了一下妈妈，妈妈看到我后挣扎着从地上爬起来，她用手背擦着脸上的鼻血，不断对我说'没事，宝，妈妈摔了一跤，你怎么起来了？快回屋里'。那一晚妈妈睡在我的床上，她背对着我，后背不停地在抖动，我也不知道她是在哭还是在发抖。第二天，妈妈就带着我回到了外婆家。3天后，爸爸带着大包小包的礼物来看外婆，然后顺便又把我们接回了家。那次之后，他们很长时间没有吵架，但是那段时间，晚上妈妈总是和我睡在一张床上，她什么也没有说，只是脸上的淤青很久才消失。"

家庭暴力中，施害者往往是男性，受害者则包括女性和儿童。父亲第一次殴打母亲后，隔一段时间就会再次殴打母亲。在小帅看来，母亲从开始的尖叫、反抗到后来默不作声地忍受家暴，时间不到一年。父亲开始的殴打可能还有原因，他可能担心小帅会看到，家暴的时候会关上卧室的门。但是后来他变得毫无理由，肆无忌惮地殴打母亲，母亲走路声音大了，他会冷不防打她一耳光，母亲说话喋喋不休了，他会跳起来就是一拳。但是等他平静下来，他又会诚恳真挚地为受害者上药。他们仿佛形成了一种默契的循环，彻底验证了"打是亲，骂是爱"的论调。

（二）夺下皮鞭，身体无法忘记

小帅曾经问母亲为什么不报警或者和父亲离婚。在他10岁那年，当父亲再一次殴打母亲时，小帅挡在妈妈面前，对父亲说："你不要再打妈妈了，我会报警的！"这句话彻底激怒了父亲，他当即扯下腰间的皮带狠狠抽向小帅，一边抽一边吼："看你敢报警，你这猪狗不如的东西！"那一次小帅吓得不敢动弹，他看着脸都扭曲了的父亲，看着他那双长得像饺子一样的双手，看着像一条毒蛇的皮带抽在自己身上，那一刻，他感觉自己的灵魂离开了身体，躲在一旁看着这恐怖的一幕：一个可怕的男人，在用力地鞭打自己的妻子和孩子。殴打是什么时候、怎么结束的小帅早已经忘记了，他只记得母亲后来给他涂药时还在抱怨他为什么要激怒父亲。

在那次之后，小帅不再喜欢吃饺子了，他变得无论在哪都不爱说话了。他觉得自己也戴上了面具，对着外人他会微笑，但回到家中，他成为不说话的傀儡。和母亲一样，一个随时都可能会挨打的傀儡。这种状况持续到了小帅初三，随后便发生了转变。初三时小帅长高了，有一次父亲变得狂躁，他准备用皮带抽打小帅母子时，小帅在空中抓住了飞舞的皮带，他用平静冷漠的语调说："行了，有意思吗？"父亲当场愣住了，他终于发现儿子已经比他还高了。随后，他像泄了气的皮球，但很快他又大发脾气，并挥着皮带抽打自己的妻子。

"那一刻我真的愤怒到了极点。他算什么玩意？一个在外面装腔作势在家里就欺负老婆的伪君子。我抓住皮带，他被我吓到了，连声问我想干什么。我想干什么？我想打他，给他几十个耳光，把他所有的头发拔下来，用几百个拳头把他的牙齿打到地上……我被自己的想法吓了一跳，我居然可以有这个想法。可是有一个声音在告诫我，这是我的父亲，我不能殴打自己的父亲……为什么他打人可以肆意地犯错却不自知，而我作为孩子就不能去做自己想做的事情？我把皮带交给妈妈，然后，有意思的是她居然马上把皮带又还给了那个人，还要我给那个人道歉。这就是我的妈妈，她已经被打成了一个只知道道歉，不敢有任何反抗的中年妇女。她卑微胆小却又很善良，她活得小心翼翼，早就忘记一个独立自信的女性是什么样子了！"小帅回忆那一幕，痛苦而自制。"那个人家暴的事情就像我们家族的秘密。很多人都知道，却没有一个人会正面地谈论或者为之发声。我妈每次戴上头巾和墨镜外出买菜，我就知道她肯定又挨打了。而如果我身上出现了淤青或者红肿，我妈也默不作声地在我的桌上留下跌打酒或者红花油。外婆在去世前基本上不来我家，我们都不说，好像不说家暴就不存在了。"

黑暗日子的结束不是因为大家都不说，而是因为小帅有能力夺下皮鞭。一般来说，成长于暴力家庭的孩子，多半也会倾向于用暴力解决问题。他们很难与某一个对象形成较为稳定的关系，因此他们在学校几乎很难交到朋友。他们往往有很强的攻击性，热衷于在校园里挑衅比自己厉害的学长或者霸凌比自己弱小的同学，这样他们就把自己放在一个危险的位置中，他们随时会被其他报复者攻击。但小帅显然没有这样，这可能源于他之前在外婆家度过的美好时光，那个时候他安全感十足，母亲给予他强烈的母爱和稳定的关系。但是这并不代表小帅没有攻击性，善良的他知道不能攻击无辜的外人，那么他就选择用另一种方式内隐地攻击自我。他悲观，他很难感受生活的乐趣，或者说他觉得自己不配去享受快乐。他礼貌地回避亲密关系，并不再信任他人和自己。他看似体贴细心，却疏离人群。他难过时，会变着花样穷尽折腾——染发、剃光头、打耳洞、熬夜……直到有一天，他在学驾驶执照时，他突然无意识地踩油门撞上墙壁，如果不是坐在旁边的教练急刹车，后果将不堪设想。于是他选择了心理咨询，他觉得自己应该是病了，或者说是"空心"了。

多年后，在咨询室里小帅说出了藏在家庭里的秘密——在外人眼中幽默风趣文雅的父亲在家中一直对自己的妻子和孩子持续数年的躯体虐待——这个秘密在小帅整个家族中密不透风地掩盖着，所有人都知道却无所作为。每一次小帅在噩梦中惊醒时，都会听到父亲的打骂声和母亲的求饶声。这些声音时大时小，却总能惊醒睡梦中的小帅。小帅在那个时候往往会选择躲在床上抱紧自己或者站在母亲卧室门外听着声音。他不知道为什么自己不能勇敢地走进去制止这一切，也不明白为什么妈妈不能努力地走出房门拿起电话报警，他脑海里有一个声音在埋怨自己也在埋怨母亲。这种埋怨最后积压成了愤怒，他变得出奇愤怒，他愤恨自己和母亲的无能，更愤恨为什么自己生活在一个这样的家庭，只有在愤恨的时候，他才能真实地感受到自己的情绪。

不过令人欣慰的是，小帅长大了，在那一次夺下父亲的皮鞭后，他的父亲再也没有在他的面前进行过家暴了。但是伤害早已经形成，一切还来得及吗？

"这些很可怕吗？"当小帅向咨询师展示自己数年来身上被虐待的痕迹时，他问了咨询师这个问题。小帅的额头上有一道深深的疤痕，"这是那个人疯狂摇晃我妈时，我上前阻止，他反手一个巴掌把我扇到桌角边，我头磕到桌边缝针留下来的。那个人当时吓得要死，紧紧把我抱在怀里送去医院，当时我在他怀里可以听到他咚咚咚的心跳声。他后来不止一次在我妈面前下跪认错，哭起来就是一个无辜的孩子。那个人说他也是这么被自己的爸爸打出来的，他不是故意的，但他控制不住自己……我妈这人天生心软啊，每一次那个人一道歉她就原谅。你看我的背上、胳膊上，那条条的疤痕，深深浅浅的，和那个人身上的疤痕多像，他说这就是父爱，打是亲，骂是爱"。小帅手腕上有被烟烫过的伤疤，他摸着那些伤疤说："这些不是那个人留下来的，是我自己烫的。高中时我抽烟抽得很厉害，有一次抽烟时被那个人看到了，他有点生气，觉得我还太年轻不应该抽烟，于是我就当着他的面用点着的烟按在手臂上，他气得要死，我当时却笑了。虽然我会感觉到痛，但痛总比麻木要好吧。痛让我感觉我还是存活于这个世界上，让我再次感到对生活的渴求。我不想去烫伤别人，如果我这样做，就和那个人没有区别了。那个人不是说打是亲吗？那我也可以这样爱自己。"

无论城市还是乡村，无论当事人是否受过高等教育、从事什么职业、拥有什么地位，家庭中的暴力和虐待都有可能发生。有了第一次家庭暴力，就会反复持续、周期循环。受虐者会陷入习得性无助，变得越来越被动和压抑，也越来越难以摆脱暴力。小帅的母亲就是佐证。很明显，因为小帅的父亲拥有较高的社会地位和财富，在性别优势上他的暴力得到纵容，这无形中进一步增长了他的虐待倾向。长期缺乏有力支持的母亲则越发无助和无力。她并不一定是习惯和麻木,她也可能不断进行自我构建和欺骗,比如"我可以假装一切都好""暴力是正常的现象""我不需要感觉"或者"我的感觉并不重要"……而这一切可能会导致更为严重的内在创伤。

自2015年《中华人民共和国反家庭暴力法》颁布并实施至今,我国反家庭暴力工作成效较为显著。根据2021年中国妇女社会地位调查的数据,女性遭受过配偶身体和精神暴力的比例为8.6%。在这些家庭中,未成年人常常直接暴露于父母之间的语言与身体的冲突、攻击及暴力事件中,即"父母暴力暴露"[1]。研究证实了父母暴力暴露是青少年随后问题行为的直接、正向预测因素。[2] 小帅不仅暴露于父亲对母亲的暴力中,还是父亲暴力的对象。小帅作为成年的男性,似乎已经摆脱了暴力,但是他的身体却在反复提醒他暴力依旧存在。身体受过的伤害,身体永远不会忘记。对于儿童时期的小帅,家庭暴力对他造成了严重的影响。

对咨询工作而言,能做的是"补救",咨询师引导他们进行有效的情绪调控,帮助他们慢慢抚平暴力在内心留下的阴影和创伤,帮助他们提升自己的能力去顺利开展亲密关系。小帅在这段负性经历中也有自己的小幸运,那就是母亲给予他高质量原初的爱和安全感,以及小帅那种渴求让自己变得更好的内在动力,还有他反复去参与各种实践活动、尝试各种自愈方法的行动,这些与长期的心理咨询均让小帅获得了更好的情绪状态。咨询师多次和小帅聊到法律援助问题,小帅却表示都已经成为过去,自己已经长大,只想更积极地去面对自己的生活。

三、个案分析

(一)家庭暴力对青少年的影响

在家庭中伴侣之间、亲子之间发生的谩骂、殴打、残害、限制人身自由等一切暴力行为均属于家庭暴力。经常性的家庭暴力可认定为虐待。家庭暴力包括身体暴力、情感暴力、经济控制等多种形式。国内外已有大量研究发现家庭暴力,尤其是长时间处于家庭暴力环境中对青少年的成长存在负面影

---

[1] 张婷.亲密伴侣暴力暴露与青少年问题行为的关系研究[D].重庆:西南大学,2020.
[2] 陆信哲,王智,李勇,等.父母暴力暴露对中学生问题行为的纵向影响:一个有调节的中介模型[J].心理发展与教育,2024,40(2):231-239.

响。一些青少年在经历家庭暴力后罹患创伤后应激障碍（Post-Traumatic Stress Disorder, PTSD），或者导致复杂性创伤后应激障碍（Complex post-traumatic stress disorder, C-PTSD）；另一些经历家庭暴力的青少年，在多年之后依然会处于阴霾之中，通过噩梦、应激反应等表现出来。家庭暴力对青少年最普遍的影响包括：让青少年陷入抑郁情绪，难以感受到生活的乐趣；自我价值感低，产生"不配"去享受更好的生活的情绪；产生内疚感和内隐的自我攻击；在亲密关系中，这些青少年也可能难以相信或融入一段亲密关系……这些在小帅身上极为明显。

（二）躯体虐待影响青少年发展的过程中起作用的因素

在躯体虐待影响青少年发展的过程中，存在一些中介因素的影响。在小帅的个案中，我们除了能够观察到小帅强烈的负性情绪，还会发现小帅内在的低自尊水平、低自我悦纳度，以及对世界对他人的低信任感。躯体虐待会通过影响青少年内在的自尊、自我接纳度、安全感、信任感从而影响其外在的情绪、行为和人际关系。躯体虐待也能让青少年个体产生深深的内疚、自责与愤怒，从而促使其通过暴力或攻击行为来宣泄或表达。当攻击指向他人，被暴力虐待就会转变为暴力虐待他人；当攻击指向自我，个体就会陷入长时间的抑郁状态，并通过一些内隐性的自我攻击来表达自己的负性情绪。

（三）不利家庭处境中青少年积极成长的力量

并非所有经历过家庭暴力或虐待的受害青少年都会陷入消极状态无法"自拔"。一方面，个案中的小帅在情绪和认知层面积极面对自我、关怀自我、反思自我，这可以称之为"自悯"。自悯是人们在遭遇困境、苦难、失败等不利处境时，对自我持以怜悯、友善、非评判态度的能力，具体包括在情感上的自我友善（self-kindness）、在认知上的普遍人性感（common humanity）和正念（mindfulness）。[1] 自悯对心理健康有着特殊的促进作用，自悯会让处境不利的个体以更宽容的态度面对自己的不幸际遇，既不回避逃离也不冗思沉溺，而是去积极面对。另一方面，小帅一直积极主动采取有效的行为来关怀自我，如通过持续性的心理咨询促进对自我情绪的觉察和调节，积极参加实践活动提升自己的自我效能感，尝试让自己处于良性的人际关系中并从中获

---

[1] NEFF K D. Self-Compassion: An Alternative Conceptualization of a Healthy Attitude Toward Oneself [J]. Self and Identity, 2003, 2 (2): 85-101.

得积极情绪体验等。尽管父亲的暴力行为让小帅对世界、对他人充满疏离感和不信任感，但小帅有着母亲给予的最原初的安全感，也有着积极成长为更好的自己的内在动机和潜能。这些积极的资源与力量，能够在很大程度上促进小帅在家庭暴力及虐待的生活情境下积极成长。

四、研究结论

第一，作为最为外显的家庭处境不利，家庭暴力和虐待不仅会导致儿童青少年产生负性情绪及负性应对方式，还会对儿童青少年的自尊、自我接纳、安全感等产生负性影响。

第二，以"成为更好的自己"为初始的内在动机，以自悯或自我关怀为基本的认知态度，以积极尝试各种提升和发展自己的途径和方法为持续的行为模式，小帅一直处于接纳自我、完善自我和提升自我的积极成长路上。其中，自悯或自我关怀是小帅最内在的积极发展力量。持续性的心理咨询，自省的自我觉察和自我意象修复，积极的人际关系体验和人际信任感的重建，可能也是小帅积极发展的重要贡献因子之一。

第三节 资源缺乏与青少年成长

一、背景介绍

（一）个案的研究背景

小梦，即将毕业的大四女生，网络作家。面临毕业，经历分手，被心理医生诊断为抑郁，有轻生的意念。遵医嘱防意外、服药并接受咨询师辅助性的心理咨询。小梦小学前由农村里的爷爷、奶奶抚养。小梦不到6个月时母亲外出打工，5岁左右母亲回家乡与其父亲离婚。小梦父亲沾染赌博的不良嗜好，家中经常入不敷出，这也是小梦母亲离开的原因。小梦母亲的离开让其父亲更加陷入赌博无法自拔，直至将农村里的房子输掉，债台高筑。小梦五年级时父亲跑到外地务工不再回家。在小学期间，小梦经常目睹家中被人催债，年迈的爷爷、奶奶跪在地上哀求讨债者宽限时间，有时爷爷、奶奶会带着她一起去姑姑家躲债,然后再去亲戚家借钱。心理咨询师对小梦的工作主要是陪伴、倾听、安慰,以及基于医嘱的心理健康教育。

(二)研究的问题

1. 家庭资源极度匮乏的家庭环境,既没有宽裕的经济来源,也没有父母的关爱,这会给青少年带来哪些影响?

2. 家庭资源极度匮乏是如何对青少年的心理和行为产生影响的?

3. 小梦成长过程中有哪些积极成长的力量或资源?

(三)研究目的

通过个案分析,探讨家庭资源极度匮乏对儿童青少年成长的影响,分析在此过程中起重要作用的积极发展因素。

二、个案描述

(一)即便苦难,也要盛开出花朵

前述两个个案的案主都来自经济较为宽裕的家庭。接下来呈现的个案案主是来自糟糕处境的孩子,她伤痕累累却负重前行。她无法言说从小到大所承受的重负,在她懂事前,她就被告知她没有任何权利去倾诉自己的痛苦,她必须坚强勇敢,因为她是资源匮乏的家中唯一的骄傲和底气。一开始咨询师触碰小梦的回忆很艰难,那些记忆呈现出颠倒的、碎片化的、模糊的特点。甚至有时候她自己都分不清楚哪些是真实发生的,哪些是错误记忆中拼凑的。为此咨询师取得和她个别家人的联系与沟通之后,才勉强获取她成长的信息。

小梦在小学前由农村里的爷爷、奶奶带大。父母离婚,父亲由于赌博,债台高筑,爷爷、奶奶经常对小梦说:"你爸爸不争气,你一定要争气啊。"或者说:"如果不是你,我们直接就用一根绳子了结自己了。"年幼的小梦会跟着爷爷、奶奶大哭,或者苦苦哀求亲戚帮帮自己。她当时也不清楚"帮帮自己"是什么意思,但是她知道亲戚对他们非常嫌弃,只有疼爱她的姑姑会悄悄塞点吃的给她,但那些吃的往往也填不饱自己扁扁的肚子。小梦还是小学生时就非常懂事和听话,她从不惹麻烦,在和爷爷、奶奶躲债时认真地完成学校里布置的作业;虽然经常穿的衣服只有两三套,但她格外爱卫生,把衣服洗得干干净净。小学期间,她成绩优异,虽然沉默寡言,却是班上的班长和语文课代表。她的小学班主任兼语文老师隐约知道她的家庭情况,所以一直在生活和学业上关注并帮助她,就这样小梦升入了初中。初中时小梦家的外债还清了,因为小梦的母亲从外地寄来一笔钱,这笔钱刚好还掉外债。小梦的父亲也趁此偷偷回家,但遗憾的是,他仍未改掉赌博的恶习。小梦曾经联系上了母亲,但是母亲却不愿与她见面,因为母亲已经在外地建立家庭并生儿育女。小梦在初中就展现出在文学创作方面的才华,在初中班主任兼语文老师的帮助和指导下,她的作文和小说经常发表于各个书刊,为此她赚了一些稿费贴补家用。暑假和寒假的白天,她都会在姑姑工作的书店勤工俭学,晚上则会给小学生做家教赚钱。每一次她将所赚的钱交给爷爷、奶奶时,爷爷、奶奶布满皱纹的脸上才有一丝笑容:"梦啊,你咋生在我们这样的家哟,我们啥都不能给你,你要争气啊!"

小梦以很高的分数考入县城重点高中,高中时她的成绩仍然很好,但她却逐渐对学习不感兴趣,她满脑子都在想着怎么才能帮家里摆脱现有的贫困,过上正常的生活。于是她频繁去网吧上网,并在一个网络小说平台发表连载小说。很快她的小说帖子被很多书迷观看、点赞和下载,她渐渐成了某小说网站里小有名气的写手,同时她也获得了自己想要的稿酬。有一次,有一家传媒公司买断了她某一部小说的版权,她获得了几十万的版权费,这一笔钱彻底改变了她家的生活,从此她成为家人眼中的顶梁柱,爷爷、奶奶、爸爸、姑姑都以她为中心,她似乎彻底扼住了命运的喉咙。当然,上帝馈赠的礼物背后早已标好了价格,小梦的高考失利了,本来可以考上985大学的她,因为耗费太多的时间在写作上,只考上了省城的一所一本大学。不过对小梦来说,这已经是最好的安排。她没有选择复读,很快收拾好一切来到了这所大学。在大学里,积极能干的小梦很快适应了生活,她靠平时写网络小说获得较为可观的收入,同时成为辅导员重用的学生干部。在大二的时候,她认识了在学校读研究生的男朋友并很快坠入爱河。小梦的男朋友来自普通家庭,性情温和体贴,一直对小梦很关心。

"在我男朋友面前,我第一次可以做自己。他的出现对我来说,是黑暗世界中打开的一扇有光亮的大门。我就像个溺水者抱住一个救生圈一样,用力地大口呼吸。我从不和他讨论我的家庭,压死骆驼的最后一根稻草可以是不堪的身世,可以是贫穷的过往,可以是家人无穷尽的索取,也可以是他决绝地和我挥手说再见……"小梦的泪水不断地从眼眶中流出来。

在小梦大四的时候，其男友已经研究生毕业并找到一份不错的工作。男友鼓励小梦考研，并提出了拜访小梦家人的提议。在与男友因为这件事情争吵几次之后，小梦妥协了，她决定带着男友回家一趟，那一次回家就是点燃所有炸药的导火索。

"我接受我的爸爸是个赌鬼，我的爷爷、奶奶能力不足，但我不能接受我变成了一种商品，任亲人打着幌子叫价。当我带我男朋友去见他们时，我真的没有想到他们把我当成摇钱树，他们不断询问我男朋友的家庭情况，有几套房子和车子，能够给多少彩礼……我还在读大学，我知道未来我要赚钱和养家。但是我太喜欢我的男朋友了，我想在他最喜欢我的时候了解我的家庭，免得在感情走向平淡时去发现我这个扣分项。"

"扣分项"，当小梦给自己的家庭贴上一个这样的标签时，我们不得不正视现在的00后面临的一种令人挫败的事实。当中国经济进入高速发展的时代后，原生家庭的资源取向——比如，拥有体面的工作、较高的受教育程度、较为宽阔的视野和格局、较为丰厚的固定资产等条件的父母——能给予这些年轻人走向社会的底气。无法以家人为傲，甚至觉得家人会成为自己的累赘的年轻人并非不孝顺，而是他们未来要面临的挑战和压力确实要比其他家境优渥一些的普通人来得艰巨。小梦无奈地认为自己的家庭是扣分项，这并不仅仅是其家庭物质的匮乏，毕竟他们在小梦巨额的稿费补贴后已经脱贫；更重要的原因是小梦意识到家人的精神层面依旧是匮乏的，比如，仍然好赌的父亲和不断要求小梦多赚钱的爷爷、奶奶。

"我家人对我男朋友很冷淡，他们不断在我男朋友面前强调我是怎么赚钱贴补家里的，我爸爸伸出他的指头算了一下我的嫁妆，'起码要500万的，我这个闺女啊，太能赚钱了，高三时就赚了40万啊。大学也赚得多啊，我是不中用的，只晓得伸手要钱，我喜欢打麻将嘛，我养大她不容易的，你看她妈妈就是没良心的，把我们抛下跑了。我不容易的……'我爷爷拦住我爸爸的话，'别信他的，他养了什么，都是我和她奶奶养大的，我们是老了，腿脚早就不行了。我们小梦争气的，她说了要给我们买电梯房子的，这个话我是记得的……'只有我的姑姑什么都没有说，她只顾着给她自己的孩子夹菜吃。

我给家里买了房子后,她就带着自己的孩子住到了我家。姑姑住进来后,我反而和姑姑在心里面走得远了。她很苦的,我爸爸当年欠债时,爷爷、奶奶就把姑姑也拖下了水,后来她离婚了带着孩子过得艰难,现在她也是我的责任。"小梦坦言她已经是家里人四处吹嘘的资本,一旦她离开了家庭,家里人将失去生活来源。"那一次,我男朋友沉默了,在回学校的路上,他紧紧抱住了我。之后我们也默契地不提我的家人和未来的打算了。"

(二) 过去重现,现实碎了一地

曾经在网络上出现过一句流行语:"只有小孩才做选择题,成年人什么都要。"这一句心灵鸡汤式的语言成为很多心智不够成熟的人的口头禅。但现实生活中,成年人要接受很多自己无法得到的现实,或者说成年人连选择的机会都弥足珍贵。小梦有过选择,男友曾隐约暗示她可以和他一起申请出国,斩断与原生家庭的纠缠。"不要成为你姑姑的翻版。"这是小梦脑海中时常出现的声音。但是小梦无法迈出那一步。而另一方面,小梦也发觉了自己和男友之间巨大的鸿沟。男友家境良好,他对于生活品质的期待很高,但不会一心扑在事业上。而小梦做不到松弛,她永远像一根绷紧的弦,做事尽善尽美,花钱能省则省。她总是想着要贴补家用,舍不得多花一分钱在日常休闲上,她觉得人生来就是吃苦的,要一直做好吃苦的准备。这些特质当年吸引了男友的注意,但随着两个人生活步调出现不一致时,吸引他人的特质变成了"墙上的蚊子血",让彼此之间的鸿沟更清晰地显现。

"我们不合适的,两个世界的人,或许有交集,但始终只是交集。"小梦选择了和那个能给自己带来舒适安全感的男友分手。当她鼓足所有勇气和男友说出这一句话时,敏感的她发现男友轻轻松了一口气,男友没有挽留,他给了小梦温暖的拥抱,然后挥手告别,并告诉小梦他们以后还是朋友。那一刻,小梦觉得自己的胸口被硬生生地撕开了,空洞得能听到四处的风声。情感的断裂是一次巨大的创伤,在她千疮百孔的心上扎下了一把只见刀柄的尖刀。

"分手之后我更忙了。要忙着毕业、忙着赚钱,忙得我根本没有时间来伤心。别人都说我是个女汉子,几乎不用睡觉的。我是不想睡觉,一睡觉就会做梦,梦醒了总是发现枕头上湿漉漉的,不知是汗水还是泪水。人家说时间能抚平伤口,可是都过去大半年了,为什么伤口却越来越大,我知道我把控不了。"在一次深夜徘徊中,小梦倚靠着学校池塘旁边的栏杆,哭泣了很久很久……她内心绝望而恐惧。幸好,学校巡逻队及时发现了情绪崩溃的小梦。

"后来,我高烧咳嗽,大病一场。那时候我在病床上虚弱得无法动弹。床边是家人焦急的脸庞,我很想找到另一张熟悉的脸,然后才记起来,是啊,其实我和他都分手半年了。我伸手要拔掉插在手上的针管,却被旁边人阻止,他们都在说着什么,我都听不懂。我的脑海里突然浮现出一幅画面:一个陌生的女人曾经来过我那破旧的出租房,她拿糖果给我吃,然后收拾柜子里的东西。那时候她的旁边也围着一群人,那一群人也在七嘴八舌地说着、劝着什么,有人提醒我那个女人就是我的妈妈,是的,原来我曾见到过我的妈妈,她在我很小的时候回家和我爸爸离婚。她收拾完东西,扒开人群找到了我,也是那么紧紧地抱着我,她好像是在和我说对不起。就像我当时和男朋友分手时,他也是紧紧抱着我,和我说对不起……为什么我总是被人抛弃呢?妈妈是这样,爸爸是这样,男朋友也是这样……我很努力地活着,但我总是做得不让人满意。"

小梦在家休息一个月后重新回到了学校。她回到学校后立刻选择心理咨询。因为长期高强度的工作习惯,她的脱发问题很严重,身体也是弱不禁风。她坦言自己整夜整夜地失眠,白天恍惚失神,记忆力衰退,更糟糕的是,她平时做毕业设计的时候无法集中精神,并失去了任何写作的灵感,对着电脑时总是睁不开眼睛。她很想打起精神来重新生活,可是乏力、疲倦总是侵扰着她。

"我把拉黑的前男友的微信重新添加了回来。我悄悄去前男友的单位打听他,才知道他已经去国外读博了。我在他的微信圈里看到了他的动态,他过得不错,身边好像还有了另一个她……我是真的失去他了。"

人类最痛苦的莫过于爱与失去。小梦在真实的生活中,不断体验失去的痛苦,同时她还不能言说这份痛苦。小梦开始变得爱好美食,并会经常光顾之前从来不去的甜品店,品尝大量的蛋糕和奶茶。她喜欢拍下这些美食并发朋友圈,这样似乎可以证明她过得还不错。但是她脆弱的胃并不能很好地消化她吃下去的食物，于是她只能在大快朵颐之后再吐出食物。当那些酸性食物从食管倒流出去时，小梦才能体验到活着的真实。

"我想还是要好好生活的，但是我太累了。回到学校后，辅导员一定要我去看心理医生，她觉得我实在是太瘦了，状态非常差。在她的坚持下我去看了医生。然后医生诊断我为重度抑郁，并给我开了好几种药。我很配合地吃药，只要吃药能让我不再痛苦，我一定是会吃的。吃药之后，我确实是好了一些，至少我可以睡觉了。以前睡觉我会做梦，现在睡觉睡得特别沉。但我似乎变蠢了，我的大脑就像是停下来一样。这要是以前的我，早就急得抓狂立刻想办法改变，不过，现在我好像没那么着急了。着急的是我的爸爸，他不停地发信息给我，问我的情况，他到底是担心我的健康，还是害怕我不能赚钱呢？我不知道，不过这样被人关心也是不错的。"小梦睁圆双眼，弓着后背，轻轻地说着。

小梦这个状态是典型的脆弱和无法抵抗任何打击的来访者形象，在药物的治疗下，小梦的情绪逐渐平缓，她大脑中化学不平衡的地方看上去似乎通过药物得到了矫正，包括她的睡眠问题、极度抑郁或者焦虑、暴饮暴食又催吐问题等。小梦似乎温顺了，但是她根本性的问题并没有得到解决。

早期的依恋模式创造了贯穿我们一生的关系原型。在儿童时期，如果成长于一个温馨家庭，儿童从小就被告知他们是世界上最可爱的——他们必然不会怀疑，并从内心深处感觉到他们是最可爱的。当然，如果出生在一个自己似乎不被需要的家庭，那么这些孩子的内在地图则包含截然不同的信息，并可能会以行动或身体症状的方式留下印记，[①] 他们可能会想办法摆脱这个印记，但过程极为艰辛困难。案例中的小梦出生不到6个月时母亲便外出打工，被隔代亲人在混乱中代养长大，其父亲没有责任感，欠下高额债务后逃离家庭和逃避责任，给小梦再一次造成重创。小梦没有稳定的依恋对象，就像缺乏一个稳定的安全岛，能够在身处逆境时休养生息、汲取力量。在被逼债和乞讨的过程中，小梦一直在追求的是基本的生存权利和安全感。因为巨大的压力，她压抑了内在的混乱感和愤怒，同时回避依恋关系。她在之前呈现出

---

① 范德考克.身体从未忘记[M].李智，译.北京：机械工业出版社，2018：XXV.

高水平的自我主观能动性，并用自己的力量支撑起了整个破碎的家庭，当然这也满足了她的自尊和自信。在亲密关系中男友给予她足够的安全感和依赖感，但很可惜的是，这份亲密关系的破灭再一次伤害了小梦，并催化了她尘封多年的痛苦记忆，她再也没有办法掩埋伤口，只能眼睁睁地看着看似强大的自己轰然倒下。

家庭资源匮乏可能是最为不利的人生处境。不少研究表明，生命史策略的形成取决于个体童年的社会经济地位，而与成年后的社会经济地位关系较小。① 童年社会经济地位较好的个体由于成长环境的资源较充足且更加安定，容易形成慢策略；与此相反，童年期社会经济地位较差的个体由于成长环境的资源匮乏且不太安定，容易形成快策略。采取快策略的个体通常更加冲动，也更加喜欢冒险，更偏向于眼前的收获和利益。② 在小梦身上，可以窥见快策略的身影。小梦从小为了让家庭经济宽松点，做了较多的冒险决策，也获得了相应的回报。但是，小梦内在的不安全感、焦虑感、厌恶感、不满足感以及对金钱关注的"五维度"很高，她犹如一根绷紧的琴弦在日夜弹奏。小梦也非常幸运，因为在她大学毕业前一直有那么几个不错的社会支持在呵护她，鼓励她积极成长。

对咨询师而言，提供给小梦一个安全的环境，让她能够稳定、信任，并能流畅地表达自我是最重要的咨询目标。随着毕业的来临，小梦结束了咨询。在一年之后的电话回访中，研究者发现小梦选择了一份薪水不错并能胜任的工作。小梦一直谨记定期复诊，正处于恢复巩固过程中。

三、个案分析

(一) 家庭资源极度匮乏的家庭环境对青少年的影响

家庭资源极度匮乏表现为家庭的基本生活条件缺乏、家庭经济状况差、家庭残缺、家庭健康水平和受教育水平较低等。对个案中的小梦而言，她最为"匮乏"的是母亲和父亲的关爱和照顾。在家庭资源极度匮乏的家庭环境中成长的孩子，常常会感到焦虑、低安全感，在人际关系中敏感、不自信，

---

① 王燕，林镇超，侯博文，等. 生命史权衡的内在机制：动机控制策略的中介作用 [J]. 心理学报，2017，49（6）：783-792.

② 孙时进，徐斐. "贫穷感"对个体生存策略和风险决策的影响 [J]. 西南民族大学学报（人文社科版），2019，40（1）：204-210.

并伴有一些躯体症状。如果家庭极度贫困，同时也缺乏父母亲的关爱，甚至是处于被父母抛弃的状态，这可能会给儿童或青少年带来更为深远的负性影响，如依恋创伤、自体发展受损、抑郁焦虑情绪，很多个体还伴有明显的创伤后应激障碍的闪回、高警觉等症状。

(二) 家庭资源极度匮乏如何影响青少年的心理和行为

通过小梦的个案，我们可以看到家庭物质资源和精神资源的极度匮乏会通过多种形式和路径对成长过程中的青少年产生影响。首先，家庭资源极度匮乏常常会通过削弱个体的自我价值感、安全感，从而让个体易于产生焦虑、抑郁情绪。其次，家庭资源匮乏也会影响个体的人际应对模式，如形成讨好的人际模式，忽视自己内心的需求，从而难以获得高质量的人际关系。此外，家庭资源极度匮乏也会影响个体的依恋模式，形成在亲密关系中的不信任感和"不配感"，从而难以获得稳定的亲密关系。亲密关系的断裂，累加在小梦来自家庭、就业等方面的压力上，诸多问题悬而未决，激发了小梦的情绪问题。

(三) 家庭资源匮乏下积极成长的力量

小梦身处逆境重重的成长境遇中，虽然是不幸的，但拥有不幸中的幸运。小梦有一种积极的内在力量让她努力向前，这种积极的力量我们推测可能主要源自心理弹性。心理弹性是个体在面对困难、逆境和重大生活压力时的适应能力。[1] 心理弹性作为一种积极的能力特质，可以在逆境中获得提升，并能使人在当前和未来的逆境中摆脱困境并适应成长。处境不利在对个体发展产生消极影响的同时，还可能对个体发展产生积极影响，如提升个体的心理弹性。心理弹性的作用机制是能通过激发个体的积极情绪来调节应激的压力程度，从而减轻个体在应激状态下的负性连锁反应，并帮助他们快速、有效地适应压力情景。[2] 小梦在家庭多重重负的情境下，可能提升了自身的心理弹性。

小梦在成长过程中，由于获得了一些有效的社会支持和帮助，从小学班主任兼语文老师的帮助，到初中班主任兼语文老师的指导，再到大学辅导员

---

[1] NEWMAN R. APA's Resilience Initiative [J]. Professional Psychology Research and Practice, 2005, 36 (3): 227-229.

[2] 谭晟. 大学生的心理弹性、积极情绪与压力适应 [J]. 中国科教创新导刊, 2009 (16): 249.

的关注,还有姑姑一直以来的真心关爱,这些都是小梦积极成长的宝贵资源。家人、朋友以及重要他人给予的外在社会支持不仅是个体发展的重要环境因素之一,[1] 也是一种典型的保护性因子。由于社会支持对人类个体身体和心理的健康具有普遍性的促进效应,[2] 个体感受并领悟到他人的社会支持能够促使其体验到更高的主观幸福感。[3] 因此,社会支持是小梦应对家庭处境不利带给自己消极影响最为重要的积极成长因素之一。未来小梦依然需要更多有效的社会支持,更稳定的人际关系,科学的心理治疗,以及个人的坚韧和积极行动,以应对未来的心理困境。

四、结论

第一,生活环境中物质和精神资源的极度匮乏可能会影响儿童青少年的情绪情感及调节能力,并会对其自我意识、人际模式产生消极影响。

第二,个案中小梦在艰难处境中积极成长有两个重要的积极力量或资源,一个是其自身内在的心理弹性,另一个就是有效的社会支持。

第三,科学的心理治疗、个体的积极行动,也是儿童青少年身处逆境中积极成长的助力剂。

---

[1] RUNCAN P L, IOVU M B. Emotional Intelligence and Life Satisfaction in Romanian University Students: The Mediating Role of Self-Esteem and Social Support [J]. Revista De Cercetare Si Interventie Sociala, 2013, 40 (2): 137-148.

[2] COHEN S, WILLS T A. Stress, Social Support, and the Buffering Hypothesis [J]. Psychological Bulletin, 1985, 98 (2): 310-357.

[3] WILSON J M, WEISS A, SHOOK N J. Mindfulness, Self-Compassion, and Savoring: Factors That Explain the Relation Between Perceived Social Support and Well-Being [J]. Personality and Individual Differences, 2020, 152: 109568.

第四章

学校情境下青少年成长的个案研究[①]

　　学校承担着多种功能，如提高学生的基本素养，从而为社会培养人才；实现知识的累积、保存、更新和创新，从而实现文化的传承。对个体而言，学校自成立伊始，便承担着促进学生全面发展的使命。学校在向学生传播知识和技能的同时，不仅为学生提供了活动和实践的机会，以促进其探索自我、获得兴趣和提升能力；还为学生提供了与同学互动、与教师互动的机会，以促进其习得如何与他人互动共处和交流合作。当代学校的功能究竟是什么？在阿德勒的观点中，学校是家庭和社会之间的连接点，小孩子在学校里逐渐习得了与自我、与他人以及与环境的适应经验，从而较为成熟地走向社会。

　　然而，在现实情境下，并不是每个个体在学校都会获得纯粹积极的成长与发展。一些来自学习本身的负面效应，来自同学关系的负面效应，以及来自师生关系的负面效应，都可能发生于学生在学校求学的过程中。接下来，我们将呈现一些与学校情境相关的青少年成长案例。这些案例中的主人公不仅没有很好地适应环境，反而受到了不同程度的伤害。当然，与第三章一样，我们所呈现的故事，虚构并糅合了很多典型的校园生活样例。个案中会出现一些人物角色形象和一些带有冲突性的校园事件，包括学习上的、人际上的，或者师生之间的。我们无意去批判或谴责任何一类人物角色，因为我们很难确定这些事件一开始到底是恶作剧，还是刻意为之，或是某种巧合。但大多数人都可能会看到或听到或作为当事人碰到同样的校园经历，这些经历在影响个体发展的同时，也可能是促进其自我改变和成长的一个契机。

[①] 所有个案的呈现遵循《中国心理学会临床与咨询心理学工作伦理守则》（第二版），在知情同意的基础上，笔者对本书个案所涉及的信息做了必要的掩饰性和虚构性处理。

第一节　学业挫败与青少年成长

一、背景介绍

（一）个案的研究背景

小八（化名），女，24 岁，毕业于一所 985 本科高校。小八曾经是父母心目中的骄傲，是别人口中的"别人家的孩子"，是前途无量的天之骄女。大学的学业挫败让小八渐渐变得退缩、逃避、自我麻醉，找不到目标与方向。每天小八最开心的事情就是看明星八卦，看韩剧、美剧，然后躺在自己的床上，编织一个个美丽的童话故事。在父母眼中，小八就像一个不太懂事、让父母操心、没有长大的孩子。大学毕业后的小八自我放逐了一段时间，在网友的建议下接受心理咨询。小八表示接受心理咨询是实在没有什么地方可以去，而咨询室安静且不聒噪。

（二）研究的问题

1. 小八进入大学之后，为什么会体验到严重的学业挫败感？
2. 学业挫败会给青少年带来哪些影响？
3. 在小八持续几年的"低迷"状态下，有哪些因素在促进小八的积极发展？

（三）研究目的

通过对个案信息进行深入梳理，探讨小八学业挫败背后的原因，以及学业挫败经历对儿童青少年发展的影响，分析在此过程中起重要作用的积极发展因素。

二、个案描述

（一）从高光到"哑光"，只需一次学业挫败

小八在高考之前曾经是爸妈心目中的骄傲，是别人口中的"别人家的孩子"，是前途无量的天之骄女。进入大学后的小八却成了一个让爸妈操心的小孩。她无所谓别人说什么，也从不管世界怎么变化，对她而言，最开心的就

是每天看明星八卦，看韩剧、美剧，然后躺在自己的床上，编织一个个美丽的童话故事。小八一走进咨询室便表示她来心理咨询室的重要原因是实在没有什么地方可以去，而咨询室安静、恒温，没有嘈杂和聒噪——对心理咨询师而言，这是表层的原因。小八刚来咨询时，手机不离手，基本上以只言片语和面无表情回应咨询师。直到有一天，她突然玩腻了，就停下手机开始和旁边静静坐着等待的咨询师对话。以她的话来说，她是第一次碰到一个默默陪着自己却不催促自己的人。这种不被催促的感觉，简直太棒了。

"当第一名的感觉可能很好，一直当第一名的感觉就真的一直很好。我从小到大，就是那个一直被要求当第一名的人。我一直都是父母眼中那个优秀的孩子，我当了那么多年的优等生，其原因就是被催促着学习，努力认真地超前学习。我的脑子也是比较好使的，所以从一年级到高三，我几乎都是第一名，学到后面，我觉得学习还真的是简单啊。那时候我看我们班的同学，就觉得人和人之间还真的有差别，我的脑子应该是他们的两倍。我习惯了当第一名，在上大学之前，我和挫折绝缘。

"这个世界上就是有一些幸运儿，只是这些幸运也可能一夜之间全部被收回。轻轻松松考上大学后，我其实没有松懈。我的父母对我寄予了太高的期望，我一直是他们的骄傲，而这种骄傲是要一直延续的。但到了大学，我才发现身边的同学都是一群脑子特别好使的人。毕竟能考到这所大学的学生，高考的分数都很高。我以前一直引以为傲的学习成绩在大学里变得平平无奇，我再怎么努力，也无法成为班上的佼佼者，甚至连前十名都是一件很奢的事情。

"关键是，比我成绩好的还比我长得美，比我有才艺，比我会表达。我在大学里开始被很多同学碾压。他们个个都身怀绝技，这反而将我衬托成了一个只会学习的书呆子。我也曾经想过在大学里面拓展自己的各项技能和素养，但是我就是比不上别人。我在那个时候变得无比偏执，越是比不过别人我越是要努力自我证明。我就进入了一个怪循环，总是拿自己的短处和别人的长处做比较，然后铆足劲要超越别人，可是这哪是你想超越就能超越的，毕竟都是有实力的人。当我拼不过时我就开始埋怨自己，渐渐地我感到越发力不从心，我着急啊！

"有很多次，我在学习的时候会突然停下来，然后发狂地把那些书本撕得粉碎。但我看到这些雪花似的碎纸从楼上撒下去时，我反而如释重负。突然我心里在想，我要是这些碎片该有多好，飘飘洒洒地落到地上，就什么烦恼都没有了。第一次有这个想法时我被自己吓了一跳，但是后来想法多了，也就没有感觉了。"

小八所在的高校人才济济，曾经是天之骄女的她来到高手如云的竞技场，一下子就失去了往日的优势，她真实体验到了现实生活中竞争带来的挫败感。她在赞赏和褒奖中成长，却在大学时从云端跌下，尽管她有过争取和努力，但她缺乏调适能力，很快无力感向她袭来。一直以来让小八引以为豪的学习，变成了不断打击和摧毁她自信心的源头。小八的大学生活充斥着焦虑和不安，尽管在外人来看，她还是非常不错的，在一个高水平的大学里担任着较为重要的学生干部职务，一直在努力奋斗着，尽管不是班上的佼佼者，但成绩也差强人意。她自己也无法理解自己为什么惶惶不可终日，只是她内在的感官包括自己的直觉不断提醒和警告她不可以有半点松懈。她逐渐变得郁郁寡欢，畏首畏尾，甚至失眠和消瘦。她越来越学不明白专业方面的知识和理论，一看到书本，大脑就不自觉地停止运转。

"我从来没有想到过在大学会碰到这样的困境。高中时有效的学习方法在大学的学习中都统统失灵。我很恼怒我自己，不仅恼怒自己的无能，更恼怒自己为什么钻进了一个这样的牛角尖。我身边也有很多得过且过的同学，他们'划水'、恋爱、玩乐，开心得不得了，每次考试却总能及格。我像个苦行僧一样，天天学习，考试分数也不见得比他们高多少。我气我自己的不豁达，如困兽般地挣扎。

"很快压死骆驼的最后一根稻草就来临了。那天专业课的期末考试出成绩，我打开系统一看才80分，马上眼泪就不争气地流出来了，这门课我复习了很久，我想怎么也要上90分，结果……这时候，妈妈打电话过来，我忍着伤心和她闲聊了几句，妈妈在电话那头说要我寒假尽量不要回家了，在学校好好学习，准备下一年的保研或者研究生考试。我苦笑着答应了她，心里却在想，就我这个成绩怎么申请保研啊，就算是考研也不见得能考上多好的学校。妈妈还在电话那头一个劲地叮嘱我学习的事情，我突然默默地挂了电话。就在那一刻，我内心的世界真的崩塌了，作为一个学习机器，我觉得我学不动了。我仿佛看到我研究生落榜的那一幕,亲朋好友的惋惜和嘲笑、爸妈的惊愕、我的麻木……如果真的有那一天,我应该怎么办?

"就在这个时候,我的一个室友哈哈大笑的声音钻进了我的耳朵。可能就是那一刻,我从别人眼中的'学霸'变成了'学渣'。其实我后来想想,也并不是因为室友的笑声,那个笑声不过只是一根导火索,把我身体里面另外一个我唤醒了。室友经常哈哈大笑,相对我而言,她就是一个幸运的乐天派。以她的分数属于'捡漏'来到了这所学校,她学的专业在我来看算是轻松过关的文科专业。因为我们寝室中有一个女生扛不住压力转专业了,所以她就调剂到了我们寝室。在寝室里,她算是一个异类,总是活在她自己的慢节奏生活里。她喜欢看一些无脑的搞笑剧,平时做做自己的手工,岁月静好,安逸又自在。按照我之前的生活方式,我几乎是不会和她有任何交集,可是那一天,在我最混乱的时候,她的笑声感染到我了,我不由自主地坐到她的身边,和她一起看那些曾经让我嗤之以鼻的情感恋爱剧。我的大学,从此开启了新的篇章。如果说大学之前是我的'高光'岁月,那么进入大学之后便迎来了我的'哑光'时刻。"

小八在面对巨大的学习压力时,呈现出惊恐、焦虑不安等症状,并已经有些影响到她的生活和学习,她没有选择主动积极地向外求助,而是一味思考如何摆脱这种情绪的困扰。显然她没有找对方法,为了控制或者说屏蔽让她不安和恐惧的信号,她决定用另一种感官体验来忽略和隐藏自己的内在感觉——从意识层面可以理解为一种注意力的转移,从潜意识层面可以理解为一种回避与逃逸。在行为层面,小八选择转移到一个自我放松的娱乐世界,但这种从一个极端转移到另一个极端的做法,是否真的能让小八获得自己想要的状态呢?

显然,小八在精英大学遭遇了学业挫折。学业挫折感是指学生在学习活动中遭遇挫折情境而产生的消极情绪体验,它呈现弥散性、两面性、持久性等特点[1]。早期研究表明,"经常或总是"遭遇学业挫折情境的大学生占

---

[1] 杨威,李馥荫,李炳全. 大学生抗挫折心理能力、核心素养、应对方式对学业挫折感的影响[J]. 高教探索. 2021(3):124-128.

17.14%，产生"较强或很强"学业挫折感的大学生占 22.16%。① 今天，因为社会竞争压力的持续增强，这个数字必然上升。大学生的学业挫折感已成为影响他们成长发展的重要心理因素。小八一帆风顺的中学生涯并没有赋予她强大的抗挫折能力，更没有让她掌握积极有效的应对方式处理学业挫折，这也导致她暂时没有具备良好的调节不良学业情绪的能力。

(二) 独自放逐，为了找到自我的意义

"室友的肥皂剧给我打开了另外一个世界的大门。我安慰自己说只是放松放松，顺便学习一下其他地方的语言。但是一旦陷入了那种'霸道总裁爱上我'的电视剧情节，就让人无法自拔。我从来没有谈过恋爱，也对职场有着幻想，而那些电视剧填满了我所有的想象。这些电视剧让我开心、满足，而且我的大脑也不需要思考与学习相关的问题，同时我也发现，其实如果只是要求及格的话，有很多种方法，不见得一定要努力学习。我变成了那个天天刷剧的人，刷剧让我感觉自己还是生活在一片美好之中。

"很快我的成绩一落千丈，我的爸妈在电话那头总是焦急地劝说我好好学习。我觉得成年人好烦啊，他们自己活得那么平凡，为什么对我的要求却如此之高，美其名曰'为我好'，其实也只是为了更好地自我炫耀。我在电话这头支支吾吾，但是心里却无比轻松，原来只要把担子放下，脸皮变厚，那么整个世界就变得简单清净。

"当然，我也不可能再参加什么考研了。大学毕业后第一个月，我随便在某个城市找了一份外人来看还体面的工作，但很快我就泄气了。原来真正的职场生活是那么枯燥无味，没有电视剧里的巧合，没有什么惊心动魄的偶然，更没有所谓的励志情节。我在工作单位附近租了一个小房间，每一天都是早八晚六，饿了就吃外卖，闲了就看手机，日子一眼就看到头。为什么所有的美好都只会发生在电视剧里面呢？一定是哪个地方错了。我在看那些电视剧时，发现很多电视剧里精英的生活丰富精彩，源于他们基本上都是律师或者医生，特别是某一个美剧，都是在讲述律师的精彩生活。我的生活之所以这么枯燥，就是因为我没有当上律师。于是我马上辞职，打算考法律硕士（非

---

① 李晓峰, 许占权, 张旭东. 大学生的挫折情境、挫折感现状解析 [J]. 社会科学战线, 2008 (7): 201-205.

法学）。我的记忆力特别好，学法律应该是我的强项。我仿佛看到我在法庭上口若悬河的样子了。

"父母很支持我的决定，在他们那一代人的观念中，深造肯定是不错的选择。但他们不能理解我为什么跨度那么大，从一个理工科专业转学文科的法律。不过我才不管他们怎么想，我买了一堆参考书籍回家，打算在家苦读半年，然后考个法律硕士。只是当真的开始学习时，我却发现法律知识也是枯燥无味的，远远比不上精彩的电视剧。于是我一边读书一遍刷剧，或者说我借着考研之名，在家大摇大摆地看剧。

"很快我的父母就发现了一切。他们开始是怒不可遏的，不断指责批评我，不过他们很快发现这样是没有用的，因为我只是麻木地接受他们的谴责，脑子里仍然想着那些电视剧情。他们后来开始晓之以理、动之以情地和我沟通，我哪有什么心情和他们聊天，我想的仍是那些剧情。

"我觉得我确实有些电视成瘾。可是我觉得我本来就是一台机器，以前以学习为任务，表现还不错。可是我现在学不进去了，我也不喜欢真实的生活，这些生活是那么地无趣。电视剧里的生活才是幸福有趣的，哪怕主人公遇到很多磨难，但她却总可以遇到一些奇妙的事情。我有时候会突发奇想，要不要去影视圈闯一闯，说不定能成为明星……"

如何让一个小孩子迷恋上糖果呢？就是让他尝过一次之后就不让吃糖果。如何让孩子厌烦糖果呢？就是让这个孩子餐餐吃糖果。在娱乐和学习这两件事情上，小八一直在两个极端运行。小八并不是一个自制力不强的人，只不过是在被学习压得喘不过气的时候，电视剧成了她的救命稻草。我们并不认为她会永远沉迷于娱乐世界当中，她迟早会从中走出来。每一个人都有自我调节和成长的力量，小八内在具备这种力量，只是需要有人唤醒这股力量。小八后来和父母发生了一次剧烈的争吵，然后一个人拿着自己私存下来的几万元钱独自离家了。虽然小八断了和父母的联系，但一直会和哥哥联系。小八在上海没有找任何工作，她希望能依靠自己的力量去和自己和解。通过哥哥，其父母知道她租了一个极小的单间，在上海体验独居客的生活。小八练瑜伽、吃素食，去学习她从未接触的兴趣爱好。小八的父母曾去上海找小八，当他们赶到小八的出租屋时，小八却已经搬到了别处，仅仅留下了一张"请勿担心"的字条。过了很久之后，小八在一位网友的建议之下，来到心理咨询室。

在咨询室里，咨询师尝试带领小八回溯那一段让她身心俱疲的大学生活，一起探讨有没有可能用补偿、升华等积极的自我防御机制处理学业挫败带来的沮丧等不良情绪。小八逐渐理解了面对学业挫败，重新审视自己，是一次很好的自我认知的机会。其中包括完善自我、调节情绪、调整心态、总结经验、转换视角等一系列过程。小八非常聪明，并有自我的观点，她很快发现了自己的问题，但她还需要一段时间的准备，才能慢慢与世界、与自己和解。当然，小八来到咨询室时，就意味着她已经开始与自我和解。更重要的是，她已经找到了一份较稳定的工作，她不像之前那般心不在焉、怼天怼地怼自己，而是投入日常工作的烦琐中，去体验那种辛苦和踏实。

小八的故事很容易让人"一头雾水"，我们可能会说，不就是在大学表现很平常吗？不就是在大学不再名列前茅吗？小八至于这样"作"吗？其实，对小八而言，成是因为学业成绩，败也是因为学业成绩。小八看似接受了非常成功的学校教育，但小八似乎并没有成为一个"全面发展"的人。小八既缺乏多重生命意义感的支撑，也缺乏良好的情绪调节方式或经验。学生应该以学习为主要目标和任务，这几乎是取得一致的共识。相应地，学业成绩也成为最重要的评价指标。小八看似顽强，实则非常脆弱。只有成绩好，自己才是有价值的，生命才是有意义的；当成绩不再优异时，那么自己就是没有价值的，生命意义感因此而缺失。以成绩论英雄的学习情境下，小八像大部分孩子一样，只要追求一个高分数就行了，其他的社会实践、家庭家务、娱乐活动、人际交往都在非主要清单中。除学习之外，没有参与其他能够深度体验自主感、成就感和生命意义感的途径；也没有体验到学习之外的人生不利境遇，更没有习得在逆境中该如何积极应对。唯一一个触手可及的应对方式，就是沉浸于移动媒体的世界——追剧、打游戏、网络交流，通过这种网络活动的体验，暂缓负性情绪，并逃避面对真实的自己和生活。

我们正处在提倡素质教育、全面发展的大环境中，然而，当学业成绩被作为评判孩子最重要的指标时，那么孩子们极易于产生学业的挫败感。因为第一名永远是稀缺的，当支撑自我价值的学习出了问题，那么"被需要""你行""你可以的"这些信念都可能会坍塌，那就只有陷入无限的消极情绪和自我怀疑之中了。小八经历了大学四年的"低迷"和大学毕业之后近两年的"自我放逐"，之后开始寻找真正的自我，开始正视真实的生活。

<<< 第四章　学校情境下青少年成长的个案研究

三、个案分析

第一，小八在进入大学之前，完全生活在以学习成绩为核心评价指标的家庭和学校环境中，只有成绩好是有价值、有意义的。小八自小学习第一，几乎不用"参与生活"，几乎没有体验过真实生活逆境，成绩一直名列前茅的她也没有经历学业上的挫败，这让其没有形成有效的应对机制。根据自我决定理论，个体胜任感和能力需要的满足能够促进个体的健康成长与幸福。① 小八进入大学之后，评价指标不再单一，成绩无法拔尖的小八因胜任感和能力的需要没有得到满足，从而产生了自我怀疑。

第二，学业挫败可能会让青少年个体体会到弥散性的恐惧、焦虑不安。当所尝试的应对方法继续无效时，学业挫败的个体便可能会产生低自尊体验，习得性无助，并通过消极的方式来应对，如逃避、自我放弃，甚至是自我攻击。由于缺乏有效的应对机制，小八选择了逃避，通过沉溺于虚幻的想象世界来放松自己。在虚幻的移动媒体世界里，可能会有一部虚构的网剧让自己代入其中体验和宣泄爱恨情仇，也可能会因为打游戏的表现被队友欣赏，还可能会有一个状态更糟糕的网友支持自己，这可以让人勉强在网络世界继续生活下去。又或者，网络社交中的情感低成本可以让自己免于陷入承担责任的恐惧。但那仅仅是转移了注意力，或者是逃避到另一个虚空的世界。

第三，看似成年人的小八，其内心还是一个没有长大、脆弱的孩子。小八在经历大学四年"低迷"和毕业两年"自我放逐"之后，渐渐回归到了人生的正轨之上，其中我们可以看到小八身上内在的积极资源和力量。首先，她有着足够的理智和超强的学习能力，以及敏锐的领悟力。她一直知道挫败的原因，只是她一开始并不愿意睁开眼睛去正视。此外，我们也可以将小八的自我放逐看成感觉寻求和实践尝试，这是她之前所缺失的人生经历，这些经历可以丰富生活，丰盈生命价值感。小八正处在自我领悟、自我疗愈、自我成长的路上。在未来，小八会继续深度参与实践生活，继而她会体验到真正的自主性、成就感和生命意义感。小八也可能会由此渐渐获得自我同一性，

---

① RYAN R M, DECI E L. Intrinsic and Extrinsic Motivation from a Self-Determination Theory Perspective: Definitions, Theory, Practices, and Future Directions [J]. Contemporary Educational Psychology, 2020, 61: 101860.

对未来会有更清晰的方向,对逆境会有更为智慧的应对策略。

四、结论

第一,若单一以分数论英雄,那么考试英雄在遭遇滑铁卢时的挫败感,可能比惯常的考试失利带来的挫败感更强,尤其在缺乏综合发展和生活实践的青少年身上尤为明显。这种挫败感不仅会直接让人产生剧烈的焦虑不安、情绪低落,还可能会让个体产生怀疑自我能力、自我价值的低自尊感,并加剧个体的负性情绪。

第二,学习能力和领悟能力是小八重要的内在积极力量,体验生活和实践生活是小八重要的外在积极资源。

第二节 校园欺凌与青少年成长

一、背景介绍

(一)个案的研究背景

大南(化名),男,16岁,高中学生。大南的父母在当地是小有名气的企业家,因为常年忙于生意,加上大南的祖辈大多年迈,所以大南4岁时就被送往当地贵族幼儿园寄宿。大南内心孤独,一直缺乏朋友,缺少爱和关怀,更重要的是他不知道如何与人相处。在大南还非常小的时候,他是一个校园被欺凌者。在多次被嘲笑、被欺负的过程中,他并没有获得有效的支持和帮助。随后,大南慢慢发现了一个规律,就是以暴制暴,这可以让自己不再受欺凌,也可以通过恐吓和威胁他人,获取自己想要的利益或实现自己的目的。

(二)研究的问题

1. 大南是如何从一个校园被欺凌者演变为一个校园欺凌者的?
2. 校园欺凌会给青少年的身心健康带来哪些不利的影响?
3. 个案中大南有哪些积极成长的资源或力量?
4. 面对校园欺凌,青少年个体、家庭、学校以及社会应该如何应对以促进青少年儿童积极发展?

(三) 研究目的

通过对个案信息进行梳理和分析，探讨校园欺凌经历对青少年成长的影响，并分析在此过程中对大南起重要作用的积极成长因素。

二、个案描述

（一）比拳头更凌厉的，是舌头

近年来，校园欺凌问题越来越受到社会各界的关注。校园欺凌主要是发生在学生与学生之间的攻击性行为，是全世界范围较为严峻的校园暴力现象之一。校园欺凌事件不仅可能发生在校园内部，也可能发生在校园之外。在校园欺凌事件中，涉及的人物不但包括欺凌者与被欺凌者，还涉及旁观者。身体欺凌在我国是最为普遍的校园欺凌类型，[①]而内隐式侮辱欺凌，如语言攻击与侮辱常常被我们忽视。案例的主人公大南既有校园被欺凌的经历，也有欺凌他人的经历。如果不是那些劣迹斑斑的记录摆在咨询师的面前，咨询师很难把这个看上去文质彬彬的阳光肌肉大男生和校园凌霸联系起来。

"世界上有比拳头和刀子更凌厉的东西，那就是舌头。当然舌头有时候也会产生其他效应，不过我从来不相信那些。我来咨询，是想避免一些麻烦，相比之下，心理咨询师应该比医院里面的医生好一些，至少懂得保密原则。不过我无所谓的，你保不保密都和我没什么关系。我的'大作'都摆在你的面前了。"

大南和咨询师的第一次见面是不和谐的。大南警惕周围的一切，他觉得任何人和事都是不值得信任的，包括亲情。了解大南的家族成长史，就会发现他几乎从4岁开始就读寄宿学校。当然这些幼儿园和学校都价格不菲。大南的衣着和装饰，以及在咨询室里的言行举止，无时无刻不在显示着他的"优越感"——他并没有犯错，他只是一个被曲解的"英雄"。在这里，我们必须承认，人总是不停地追求优越感，事实上，这构成了个体的基本心理状态。但是优越感和自卑有着千丝万缕的关系，就像是一个弱小的动物在遇到

[①] 谢于静，程红艳. 我国四省市校园欺凌现象调查研究：基于 PISA 2018 数据的分析 [J]. 教育参考. 2022（4）：26-33.

危险时会举起双臂来显示其高大与强势。因此，一个咄咄逼人的、鲁莽傲慢的人，有可能是在掩盖自己的自卑与脆弱。比如大南，这个从小就被迫与父母分开的富家子弟。

（二）优越的背后，是无助的孤独与欺凌

大南的父母在当地是小有名气的企业家，因为常年忙于生意，加上大南的祖辈大多年迈，所以大南4岁时就被送往当地寄宿制幼儿园学习。12年的时间，对成年人而言可能是弹指一瞬间，而对大南来说却是难熬的时光。

"4岁时被送到幼儿园，一下子看到那么多陌生的面孔，我大哭不止，不断哀求爸爸、妈妈带我回家，可是我还是被留在了那个幼儿园。白天还好，有那么多的小朋友，可是晚上我就必须要一个人睡在偌大的房间里。我在那个房间里蒙着枕头哭了很多次，第二天总是肿着眼睛上课。我那时候每次回家都哭着和爸爸、妈妈说不要去那个幼儿园了，我想天天和爸爸、妈妈在一起。爸爸听了总是皱着眉头说我一点都不像个男子汉，而妈妈总是温柔地抱着我，再温柔地把我送回幼儿园。"

咨询师曾与大南的母亲有过数次沟通。她和大南的父亲因为要做生意，无法陪伴在大南的身边，大南很小就被送到了幼儿园寄宿。大南的妈妈回忆那个时候大南非常不舍和他们分开，但是他们觉得这样可以培养大南独立自主的生活能力，于是狠心将大南留在那个幼儿园。他们基本上会在节假日见面。"小时候的大南每次回家后总是会哀求我不要让他寄宿了，但是后来他就什么也不会说了，每次从家里回学校他也只是淡淡的，我以为他是适应了学校寄宿的生活，我从未想过他可能只是对我们失望了。"大南的母亲非常后悔，现在她和大南的父亲结束了外地的生意，几乎天天都陪在大南的身边，但是大南却对他们说："拜托，我长大了，请不要总在我的面前晃。我早就不需要你们了。"大南的父亲很想补偿过去对大南的亏欠，但是他们也不知道是不是真的迟了。

在《全国家庭教育状况调查报告（2018）》中，通过大数据来调查分析小学四年级和初中二年级家庭教育的现状和存在的问题，发现25%的小学四年级学生和22%的初中二年级学生报告"家长从不或几乎不花时间与我谈心"，26%的小学四年级学生和19%的初中二年级学生报告"家长从不或几乎不和我谈论身边的事"。① 家长和孩子之间相处的时间并不充足，同时在教育孩子上也出现了家长教育责任的缺失。如果孩子和父母的沟通时间有限，本来家长应该进行的教育责任没有到位，孩子想要找家人诉说的需求没有得到满足，也会给孩子心理上造成一定的压力，久而久之，孩子会变得不爱说话，不愿意交流。② 因为童年时期大南与父母没有建立稳定亲密的亲子依恋关系，这可能影响了他之后的人际关系。

在咨询前期，和大南建立一段稳定信任的关系是困难的，咨询师用了很多次的面谈才逐渐打开他的心扉。打开大南的校园记录本，上面密密麻麻的是关于他的劣迹：辱骂恐吓教师和同学、聚众斗殴欺凌同学、不明原因旷课等。最严重的一次是出言不逊，将一位年龄较大的教师气得心脏病发作。那位教师在痊愈之后，竟然主动找到大南谈心，并打电话强烈建议大南的父母带大南去看心理医生。大南的父母带着大南去了医院的心理门诊，医生建议大南休学半年调养身心，学习规矩。大南的母亲非常担心，她尝试和大南聊天，大南却很少搭理她。大南的父亲性情直爽暴躁，看到大南这般情景，气得语无伦次，作为掌管几百号人的企业家，他在公司呼风唤雨，在家却管理不好自己的儿子。他每次用武力教训大南后又非常后悔，看着这个打也不是、骂也不是的儿子，他不知道应该和这个16岁的孩子建立怎样的亲子关系。

"我那时候还有一种幻想，只要熬过了幼儿园，上了小学之后我就可以回家了。结果，小学我仍然是寄宿，即便周末回家也很难看到爸妈。家里的保姆很多，和学校里的生活老师是差不多的，他们只会料理我的衣食住行。那时候孤独是我生活的主色调，那是一种内心深处的孤独。我的父母时常不能理解我的孤独，他们用各式各样的兴趣班把我的生活安排得满满的，不让我有太多空闲。但他们不知道，人不是机器，哪能做那么多事情。所以在学校，上课的时间就是我休息的时间。慢慢地，我讨厌学习，我也讨厌和同学打太多的交道，因为在那所学校里，大家凑在一起就是八卦谁谁家是做什么生意的，家里有多少钱或者多少车之类。这些我在幼儿园就开始吹牛的八卦，逐

---

① 中国基础教育质量监测协同创新中心. 全国家庭教育状况调查报告（2018）[R/OL]. 北京师范大学新闻网，2018-09-26.
② 徐晓茜. 初中生同辈群体间的校园语言暴力特征及原因分析：以 D 市 SY 中学初二年级为例[D]. 北京：首都经济贸易大学，2020.

渐让我讨厌。慢慢地，我变成了班上不太受欢迎的人，他们发现我永远是一个人，大约是我看不上他们聊天内容的态度让他们不爽吧，于是他们开始孤立和欺负我。班上有一群男生，他们向来不太务正业，有一天他们当中有一个代表跑过来对我说：'你知道我们全班是怎么看你的吗？我们觉得你是个笨蛋！'我听后笑了笑没有回应，这种污蔑根本伤害不到我。那个男生看到我没有反应，悻悻地走开了。马上另外一个讨厌鬼又跑了过来，他张口就说：'你这个娘娘腔，天天像个小女生一样的。'当他说完这句话之后，那群人哄笑起来，他们都跑过来喊我娘娘腔、小女生。那一下我炸毛了，虽然我平时说话细声细气，但不至于是个娘娘腔啊，于是我生气地反击：'你们才娘娘腔！'那些人一看我有了反应就更加起劲了，他们都大声笑着喊我娘娘腔，我气得脸都红了，跳起来就去追赶他们，结果他们四处逃窜，我怎么都抓不住他们，他们边跑边喊着'娘娘腔'，我就像被戏耍的猴子在学校广场上来回追人，耳边不断回响着他们的尖叫和嘲笑声……突然我没由来地哭了，这一下他们更加来劲了，纷纷喊着：'娘娘腔气哭了哦！'从此我就被安上了一个外号——娘娘腔。

"我气得要死，回家之后我遇到了正好回家的爸妈。我委屈极了，就把学校里发生的事情告诉了爸妈。妈妈听了非常生气，决定打电话跟学校老师沟通此事，可是我爸爸阻止了妈妈。他狠狠地敲了我的脑袋问：'你怎么不教训这些人？'我被爸爸的反应吓住了，我告诉他我追不上那些同学，爸爸就告诉我，谁再欺负你，你就给我打回去，让他们知道，我们家的男人不是好惹的！之后爸爸给我报了一个武术拳击班，他告诉我，是个男人就不能被欺负。

"于是我再次回到学校时，就二话不说狠狠给了那个男生团队中核心人物一个巴掌。这一下我把那些人惹毛了，他们一窝蜂地一起袭击我，我们就这样扭打在一起。虽然我学过一些武术，但扛不住以一敌多，很快就被他们打得鼻青脸肿。当然我们的斗殴被老师发现并制止，老师把家长都喊了过来做处理。我的爸爸、妈妈没有时间过来，是我家的司机过来处理了这件事情。很快又有了传言，大家都说我是个没有家的孩子，所以才会那么没有教养。

"爸爸对于我的反击很赞赏，他跟我说，打架一定要死磕，要打赢，哪怕之后家长买点东西赔礼都没关系，关键是打架一定不能怂。'不就是赔点医药费嘛！我们有的是钱。'爸爸的话给我壮了不少的胆子。从此我变成了班上最不受欢迎的人，谁敢在我面前乱说话我就会一拳打过去。之前还只是那一群人讨厌我,后来是整个班上的人对我又恨又怕。很快班上同学的家长都知道了我,他们联名写信到校长处,建议让我转校或者转班。

"校长找到了我的家长。我爸妈知道我在班上称霸的行为后非常生气,他们在家再次告诫我,做事情不能太过火,毕竟其他人的家长也不是好惹的。我很疑惑地看着他们,无法理解他们为什么又改变态度来责备我,不是他们让我遇事情要强硬吗?'以后不准总是打人!搞得我们好像都没有教养一样!'爸爸大声地斥责我。OK,那我就改啊。"

当今的校园欺凌不仅单指身体上的迫害,还包括生理和心理上的伤害。可以说,欺凌事件的导火索往往就是语言暴力或语言冲突。校园暴力事件的频发让人们十分重视校园欺凌现象,但语言暴力这一现象却还没有引起足够重视,特别是同辈群体间的校园语言暴力,往往被人们当成只是小孩子之间不懂事的玩笑话。在面对语言暴力时,大南开始求助父亲,父亲的态度和应对方式明显有问题,他将"男子汉气概"和"斗狠挣面"混为一谈,直接指导大南面对冲突时以暴制暴,这在无形中让大南理所当然地认为用语言或者行为攻击别人或应对别人的攻击是合理的为人处世方法。当然我们也看到了学校教育的两难问题。一般来说,学生在学校文化熏陶和培养下会形成较为稳定的、长期的思想品德和生活习惯。学校在面对学生冲突时,最直观的方式就是找家长处理,那是否还有其他更好的方法?大南的父亲在面对校长的责难时,因为顾及自己的体面,将怒火发泄在大南身上,他责备大南并不是因为大南校园暴力的行为有偏差,而是责备大南让他丢脸。这无形中也造成了大南的混乱。

"于是我又变得沉默寡言不再动手。那一群人见我低头后,又开始嚣张起来。他们再一次阴阳怪气地喊着'娘娘腔',当我生气时,他们又说没有指名道姓说是我啊。这样反反复复地,让我非常郁闷。我在小学里几乎没有交到朋友,因为谁和我多讲两句话,就会被那些人嘲笑和孤立。

"很久之后,我才知道这就是校园欺凌。不一定是要进行身体上的攻击和伤害,语言上的抨击、人际上的孤立、情绪上的干扰比行为上的伤害还要让人痛苦和无奈。每一次班上做什么小组合作项目时,没有人愿意和我一个组,哪怕老师把我和一些同学分在一个组时,他们也不和我说话或者交往。我也想过送一些东西讨好他们，可是他们却说我是在炫富。我痛苦极了，但我再也不想把这些事情告诉父母了，因为他们一定又会说我无能，连这些人际关系都处理不好。

"我曾经也很信任老师。但是那所私立学校的老师更在乎的是如何端好自己的饭碗。他们知道学生的背景，不敢轻易得罪任何人，只想着怎么和稀泥，让每一个矛盾的伤害性降到最低。他们表面的敷衍让我觉得没什么意思，他们只需要对校长和家长负责。"

（三）角色的转换，伤害的到底是谁

事实一定是大南所说的那样吗？我们先把这个疑问放在一旁，但大南在小学阶段确实是遭遇过人际危机。他没有朋友，和同学关系较为紧张，多次遭受来自同学的嘲笑、孤立和排挤。他与教师之间的关系也非常淡漠，曾经因为小组合作作业之间的问题与教师以及同学发生过矛盾。曾经有教师委婉评价他较为有个性，不过Z世代的小孩子本身就有"有个性"的标签。带着这样的遗憾，大南来到了初中，他仍然就读寄宿初中。初一时，大南从一个文质彬彬的小男生蜕变为身高达175厘米的大男孩，他力气变大，性格更为暴躁，更为重要的是，因为他平时花钱阔绰，所以他身边很快就聚集了一群所谓的兄弟，那些兄弟视大南为首领，天天和大南在一起。大南也发现原来金钱的力量那么大，他很享受被大家拥戴的感觉，更享受大家用崇拜的眼神看着自己，唯自己马首是瞻，那一刻大南的虚荣心得到极度的满足。

"除了有些人让我不爽，特别是有一个人，他居然不怎么理我！你知道的，我读的初中虽然是私立的，但是会有一两个尖子班。那个班上的学生大多是学校颁发高额奖学金挖过来的学霸，其中有一个学生据说家境普通，他的成绩非常好，本来是打算去最好的初中读书的，因为学校的高额奖学金，他就来到了我们学校。我心里还是很欣赏寒门学子的，所以有一天我在食堂看到了他，他饭盘里的菜太寒酸了，于是我买了一份套餐让我的小弟给他送去，结果他没有接受我的好意，只是淡淡说了一句，'谢谢，我一般不吃太多'。你看他真的不识抬举，我大南送的套餐，别人要是有这个机会早就跑过来说漂亮话了，结果他却理都不理。我当时就气得离开了食堂，顺便把那个套餐扔进了垃圾桶。这个梁子就在我心里结下了。"

"后来我授意我的小弟去提醒那个不懂事的学生以后要尊敬我。没想到那个小子根本没有把这话当回事。有一次,我们一群人在校园里闲逛,无意中碰到了那个小子,没想到那小子明明看到我了,他居然没有恭敬地和我打招呼,甚至连看都没有看我。我斜着眼看着他和别人嬉笑聊天,心里暗暗地记下了他的名字。当天晚上我和小弟就把那小子堵在了他回宿舍的小路上。我开始还没想着动手,只是想让他跪下认错。没想到那小子人穷志气还不小,不仅不道歉,还怎么打也打不怕。修理完那个小子之后,我狠狠警告他不要想着去告诉老师,不然我会让他更难看。可能他是被我打怕了,所以这个事情就这样结束了。不过,很快就传来那个小子转学的消息,我听到这个消息后觉得他真的好胆小啊,根本经历不了什么风雨。

"从那次之后我似乎更加出名了,有一些人慕名加入了我的团队。但更多人看到我就像看到了鬼一样,吓得马上消失。我越发看不上很多人,特别是那些畏畏缩缩的人,看到他们就好像看到了以前的自己,我就恨不得揍他们一顿。

"当然肯定有人看不惯我,如教导主任。他是从某个名牌初中退休的校长,被我们学校聘为教导主任。很早就听说他是个严厉的、不惧权威的老头,但我是不会放心上的,因为一切都可以用钱来摆平。没想到的是,那个老师对钱不感兴趣,他仿佛就是看我不顺眼,什么都要管我。有一次我在教室里睡觉,说实在的,所有老师都不会管我睡觉的,可是这个老头子却要管我,他把我喊醒,还要我站在教室后面罚站。如果是平时,我大约还会配合,但是那天我和我爸妈在电话里吵了一架。因此,老头子要我罚站时,我大吼道:'你少管我,你算老几啊!'这话好像是对他说的,又好像不是对他说的。那个老头当时就愣住了,他没想到我会那么凶悍,当时他气得话都说不出来了。之后我就冲出了教室去了网吧。后来就听说他心脏病发作住进了医院。最让我意外的事情发生了,老头子病愈后第一件事情,竟然是找我谈心!他苦口婆心,我不屑一顾,就这样僵持了半个小时。后来他用冷静的声音说道:'你就一直像个刺猬、像个炸雷一样下去吗?这样就让自己真的开心了吗?一次次打击到其他人就是你真正想要的吗……'他就说了几句,但当时我有一种被雷电击中的感觉。我浑浑噩噩了很久,但那一刻我似乎变得清醒了,但清醒的同时也是痛苦和难过,想放声痛哭、大声咆哮的那种难过。因为这一切似乎并不是我真正想要的。后来,老头子强烈建议我爸妈带我去看心理医生,心理医生建议我来做心理咨询。"

在大南的故事中,我们看到了一位内敛、孤独的小男生在遭受欺凌之后,在父母的教育干预之后,以暴制暴,最后"蜕变"成班级里的"大魔王"。大南并不是一开始就是一个欺凌者,他并没有像很多被欺凌者那样,慢慢形成消极情绪应对模式以及自我攻击行为;大南在经历被欺凌之后的委屈和愤怒在父亲的教唆之下被点燃,在"资本"的加持下,他一步一步实施自己的报复性行为,他获得了前所未有的快感和"好处",这又进一步强化了他的欺凌行为。大南一直认为自己没有任何身心问题,他觉得这个世界什么事情都可以用钱来摆平,被他修理的人都是罪有应得,他才是那个仗剑走天下的侠士。当过去所经历的那些孤独、伤心和愤怒在咨询室再次被提起时,大南的眼眶湿润了,他似乎开始感受到自己是用豪强的攻击行为来隐藏自我隐秘的脆弱、自卑。他隔离了欺凌他人时的怜悯之心,仿佛是在报复那些曾经伤害过自己的人。这些人里面,有没有自己的父母呢?当咨询师问起时,小南深深低下头抽泣不已。

大南在休学的半年时间里,一直坚持接受心理疏导与咨询。咨询带给他从来没有过的感受,那就是有人在真正关注和倾听他的内心世界,没有质疑、没有讥讽、没有对抗,只有理解、接纳和共情。一次咨询中,大南流露出强烈地想去看望"老头子"的想法。他内心非常感谢学校里的那位"老头子",不世俗、不功利,与他之前所感知、所接触、所被灌输的人际世界中的人完全不同——一个能够透视他内心并点醒他的人。

三、案例分析

第一,根据社会学习理论,父母与子女、与他人互动的模式是子女学习人际模式的重要范本。因父母工作忙碌,大南从4岁开始寄宿,缺乏与父母的亲密互动,也尚未习得良好的人际互动模式。他的人际互动方式基本上通过自己在寄宿学校的经历所习得。大南在小学阶段遭遇过来自同学的嘲笑、孤立和排挤,与教师之间的关系也非常淡漠。大南在被欺负的过程中产生显著的愤怒和攻击性,但他的攻击并没有指向自我,而是在父母的强化下指向他人。对他人的报复性攻击让大南获得了情绪上的快感和一些利益,这又进一步强化了他的欺凌行为。

第二，很多欺凌者也是被欺凌者。不管是被欺凌者角色或欺凌者角色，还是被欺凌—欺凌者的角色，经历校园欺凌事件均会给青少年当事人的身心健康带来诸多负面影响。在情绪方面，校园欺凌可能会引发青少年的焦虑、恐惧、愤怒和抑郁；在自我认知方面，校园欺凌可能会促使青少年对自我、对他人、对世界产生不信任、否定、质疑；在行为方面，校园欺凌可能会促使青少年产生更多的越轨行为、攻击他人行为，甚至自残行为。

第三，"老头子"这位老师的关心，是大南最重要的积极发展资源。"老头子"是一个不计前嫌、真正做到育人育心的老师。被欺凌的孩子常常处于黑暗之中，而欺凌他人的孩子也多处于人生的黑暗之中，没有方向。老师的支持就是黑暗之中的灯塔，可以抹擦心理的雾霾并点亮未来之路。

第四，校园欺凌并不是单个儿童青少年发展的问题，而是一个社会性问题。预防校园欺凌事件，促进校园欺凌受害青少年的积极成长，不仅需要青少年个体发挥自我的积极力量，更需要家庭、同伴、学校及教师发挥有效的社会支持，更需要全社会范围内的积极舆论引导和监督。对大南而言，首要是引导其情绪的表达，并帮其提升共情能力；与此同时，需要对其父母进行有效的亲职教育与辅导，通过家庭工作提升家庭关系和亲子关系的质量，促进对大南心路历程的理解，优化家长的行为模式，做良好的家长示范。

四、结论

校园欺凌和被欺凌是影响儿童青少年成长的重要生活经历和事件。两种不利处境可能会相互转变，并可能同时发生在相同的当事人身上。校园欺凌和被欺凌不仅影响儿童青少年的认知模式、情绪状态，还会影响儿童青少年的人际模式。在这些校园相关的不利处境中，有效的社会支持和干预极为重要，尤其是教师的支持，是促进校园欺凌事件中儿童青少年积极成长的重要力量。

第三节　师生冲突与青少年成长

一、背景介绍

（一）个案的研究背景

小宁（化名），女，14岁的中学生，沉默、内敛。小宁在小学之前是无忧无虑、活泼外向的状态。在一年级时，小宁不太适应学校的纪律，日常及学业表现欠佳，尤其是数学学习非常困难，经常靠抄作业"度日"。到小学二年级时遇到一位非常严格的数学老师，这位教师面对班级唯一不及格、"烂泥扶不上墙"的小宁，当着全班的面采取了一些惩罚措施。只可惜，惩罚现场的前半场是喜剧，后半场是悲剧。从那之后，小宁性情大变，变得沉默寡言、不爱交往，并持续到初中。初中班主任发现小宁性格上明显的"与众不同"，便建议小宁接受心理辅导。

（二）研究的问题

1. 小学二年级时，数学老师因惩罚小宁导致在班级课堂上发生"师生拉扯"，这对小宁的成长有何影响？

2. 小宁积极成长的重要资源有哪些？

2. 该从哪个方面着手，以促进小宁的积极发展与成长？

（三）研究目的

通过对个案信息进行梳理，探讨教师体罚导致的师生关系问题对青少年成长的影响，分析在此过程中起重要作用的积极发展因素。

二、个案描述

（一）默默无闻，也是一种保护色

日本电影里曾有一个故事，故事的男主人公因为默默无闻，变成了一个明明存在却不被人注意的隐形人。虽然故事的情节有些夸张，但也让我们知道这个世界真的有很容易被人忽视的群体——如类似于在咨询室里的女孩子小宁一样的人。从个性特质来看，小宁更倾向于是黏液质和抑郁质的混合体，她沉默、内敛，不轻易说话。小宁并非天生遗传这样的个性特质，她似乎是试图让自己去适应环境而逐渐发展成为现在这个样子。这不得不让人好奇，究竟在她身上发生了什么？

"以前的我，不是这个样子的。这个以前是什么时候呢？好像是 8 岁之前吧。上小学之前，我妈妈说我经常被别人喊作'伢子'，在我们家乡，一般只有男孩子被叫作'伢子'，估计是我太调皮吧。我也有印象，记得那时候很多小孩愿意和我玩，我特别喜欢大声地笑，那个时候真是无忧无虑。直到我上了小学。"

小学一年级开学，当小宁坐在教室里时，她感到难受。在她的小脑袋里无法想清楚为什么要规规矩矩坐在一张课桌上那么久，为什么不能和身边的同学说悄悄话，为什么不能把书包里的玩具拿出来玩，为什么一定要听老师说那么多的话。很快小宁就坐不住了，她经常会闹出一点动静，很快她就被老师安排在了座位的最后一排，美其名曰"不影响其他小朋友学习"。

"坐在最后一排并没有什么问题，关键是我本来就不认真，因为缺少有效的管束，我的学习就没有好过。语文还勉强一点，但数学变成了'老大难'。不过我也有蒙混过关的方法，就是抄。我的作业和课堂练习几乎都是抄别人的。抄对了就最好，抄错了也没关系。数学老师每天要改很多作业，她没有时间把一个个孩子揪出来，我就这样混到了二年级。二年级时，以前的数学老师转走了，接替我们班的是一个年纪较大的老师，她姓刘，大家都叫她牛魔王，因为她非常凶，几乎每天上课她都会带上她特制的教鞭，一种从树上折下来的较粗的枝条，这种教鞭打在手板上很痛却又不会产生痕迹。那时候我们小地方是没有什么体罚的概念的，老师如果觉得学生不听话需要管教，就会行使他们的权力——打手板。怎么说呢？我也不反感这种方式，班上的调皮鬼太多了，如果都是温柔教育，估计老师会被气死。"

小宁的自尊心很强，她不喜欢被人打手板。可是数学课她怎么听都不太懂。于是她就只能继续抄，直到数学检测考试时她"哑火"了。那一次她考得很差，是班上唯一一个不及格的学生。数学老师非常生气，她当着全班同学的面将小宁提到了黑板前，拿出教鞭进行手板惩罚。

"'牛魔王'其实还是注意分寸的，她用的力气不大，大约也知道小孩的手不能打太重。她要我把手伸出来时，我乖乖地伸手，可她教鞭一落下来，我就马上把手缩了回去。顿时班上的同学哄堂大笑，从来没有学生敢在'牛魔王'的面前缩手。我也不知道自己为什么要缩手，其实我以前也挨过手板，但就是那一次，我的手不假思索地收了回去。'牛魔王'有些生气，她要我把手再伸出来，我照做了，结果第二次她教鞭一落，我又把手缩了回去。这一次班上的同学笑得更厉害了。我听到大家这么一笑，不知道为什么也跟着笑了起来。其实我心里怕得要命，我也不知道我为什么会笑。这样一来，'牛魔王'就觉我是故意在和她作对，让她出洋相。于是她大声吼了起来：'给我把手伸出来，这一次你再敢缩手试一试！'班上瞬间就安静了，大家都不敢笑了，因为'牛魔王'生气了。我也变得很紧张，我大气都不敢出，把手伸出来，可就当'牛魔王'用力把教鞭甩在我的手板上时，我的大脑再一次控制不住我的手，手又缩了回去，而且死活也不伸出来了。'牛魔王'想把我的手拽出来，可我马上就在讲台上躲闪起来，一时间就出现了怪异的画面，老师怎么都抓不到我，原本严肃的教室充斥着大家的笑声。

"那一刻数学老师彻底怒了，她的权威和尊严眼看要消磨殆尽了。于是她突然狠狠地甩了一巴掌在我脸上。这一次她的方向和力道非常准确，我一下子就被打得往地上一倒，半天都回不过神来。

"虽然在家我因为顽皮挨过揍，但我是第一次挨巴掌，而且是当着所有同学的面被老师打脸。我第一次知道原来打脸可以这么痛。我的脸上火辣辣的，顿时我就哇的一声哭了，哭得非常大声。那时候我可能还不到8岁，我就坐在地板上哇哇大哭，眼泪、鼻涕全都下来了。因为太激动了，我……"

小宁在讲述这个经历时，断断续续很多次，这是她童年时期在学校的一段难以启齿的经历，也是她小学生活的转折点。很多次她都不愿意提及小学二年级以前的事情，每次只会模糊地随意说，"那时候应该是无忧无虑的，虽然成绩不好"，这是小宁的保护机制。我们遭受某些负性事件后，有的人会牢记心中，但有的人会马上选择遗忘，这样才能让人不那么痛苦。在逐渐和咨询师建立安全的咨访关系后，这段让小宁难以消化的经历才慢慢浮出水面。

"我小便失禁了。是的，不到8岁的我在号啕大哭的时候尿裤子了，我就这样在讲台的地板上，留下了一摊……这一节的数学课在我的哭声和师生的慌乱中结束了。我大约是哭蒙了，完全不记得自己是怎么走回去，怎么换裤子，又是怎么走回学校的。印象里，当我换完裤子回到学校已经是中午了。数学老师把我喊到了她的办公室，她跟我说了很多话，但很遗憾那些话我都忘记了。我只记得我那时候还在抽泣，因为哭得没有眼泪了，只能干干地抽泣。牛魔王一改平时严肃的表情，她很温和地和我说着所有题目错的地方，我在抽泣中更正了所有的错题，然后肿着眼睛走出了办公室。那一次之后我说不上是讨厌她还是惧怕她，但我知道只要远远看到她的身影，我就会马上跑开。小孩子还是有自尊心的，当时我没有想过老师的做法对不对，我只是觉得自己很丢脸。我把这件事情埋在心底，没有告诉爸妈。"

20世纪20年代，《爱的教育》中文版译者、中国近代教育家夏丏尊先生曾说："教育之没有情感，没有爱，如同池塘没有水一样。没有水，就不成其为池塘，没有爱就没有教育。"[①] 虽然我们期待教师能爱护每一个学生，但仍然难免出现教师体罚学生的案例。体罚是发生在教学活动中的一种教育惩戒方式，其目的在于纠正学生不当行为、促进学生形成合乎规范的行为；但体罚常常给学生造成一定程度的疼痛，并可能带给学生人格上的伤害。[②] 在我国20世纪八九十年代，教师整体水平参差不齐，很多偏远城镇地区均出现过教师严重体罚学生的案例，在当时而言，这是教师教育学生的方式，可能会引起家长和学生的反感，但不会形成舆论的压力。但这对受体罚的学生个体而言，这种体验是恶劣的。对儿童来说，他们从出生伊始，就会自我感知自己就是宇宙的中心，并且他们会从自己的视角出发去理解他人和理解世界。温馨且安全的家庭中，父母和亲人常常向儿童传达他们是最宝贝的，而儿童此时也会认为自己是被宠爱的。作为独生女的小宁出生在一个普通但充满爱的小家庭。尽管她会因为犯错而被责备，但父母传递给她的就是她是世界上最值得被爱的女孩。但是那次事件中，她知道她并不是那么可爱，或者说并不是所有人都能迁就和爱护她，她并不是所谓的宇宙中心。小宁当时的心智水

[①] 艾德蒙多·德·亚米契斯. 爱的教育 [M]. 夏丏尊, 译. 南京: 译林出版社, 1998: 4.
[②] 栾绍兴. 教师体罚性惩戒行为边界的法律评价 [J]. 东方法学, 2023 (6): 130-140.

平无法给她正确的信号,如在这个事件中,她并没有犯下不可饶恕的错误,也不必为自己失控的大哭和小便失禁而羞愧。作为当事者之一,那个数学老师是有很多自我反思的,否则也不会将小宁请进办公室并耐心为她讲解题目。这种补救可能或多或少冲淡了伤心和难过的痕迹,但是,小宁因此产生的强烈羞愧感一直存在。在这里我们不能断然地认为数学老师就没有爱学生的能力,毕竟每一个人都有情绪失控犯错的时候。

从那一次后,小宁更逐渐变得安静,为了不再被惩罚,她开始认真上课,独立完成数学作业。尽管后来数学老师再次要小宁去办公室,她提出给小宁额外补习一下,小宁也没有回应。她变得不再那么喜欢疯玩和大笑,因为她担心自己再一次因为情绪失控而小便失禁,渐渐地,小宁变得沉默了。她其实渴望和以前一样,但是她总觉得有什么东西卡在了自己的喉咙深处,让她没有办法肆意地大笑或者大声说话。研究表明,体罚不仅伤害学生身体,造成学生心理阴影和性格缺陷,还会影响学生个人的成长。[①] 毋庸置疑,小宁在其中深受影响。

(二)再一次打击,让我彻底沉默

从教育的角度来说,较高的教师素养以及他们引用良好的教育方式并建造良好的学习氛围,对学生全面健康的发展至关重要。小宁虽然经历过一些糟糕的往事,但她也遇到过对她比较欣赏的教师,只是后来又受到一个小插曲的影响。在这里我们发现小宁的两面性:一方面她对同辈是泼辣的,另一方面她又很敏感和脆弱。这似乎也印证了阿德勒的一个观点:属于黏液质的人不太适应生活,因为他们受到影响后,很难从这些影响中得出正确的结论。[②]

"虽然我不再是小伙伴中的那个中心人物,但小学那几年,我还是有朋友的,因为我只是不再那么爱笑爱闹了。很奇怪的是,别人说我变得成熟稳重了,甚至在五年级时,班主任还很欣赏我的稳重,让我一度成为班上的学习委员。说实在的,刚开始我还受宠若惊有点小欣喜,但很快我就厌倦了管别人的日子,特别是写日志等,我不喜欢干这些,但我却无法拒绝老师的美意。

[①] KAOTEN T. 体罚对基里巴斯首都学生行为及学习成绩的影响探究[D]. 上海:华东师范大学,2023.

[②] 阿德勒. 洞察人性[M]. 欧阳瑾,译. 北京:台海出版社,2018:150.

于是我就拜托自己的好友帮我写日志,她也乐意帮忙,我们很快就形成了这个默契,我把日志给她写,让她过一把当学习委员的瘾。可是好景不长,这件事情很快就被一个喜欢打小报告的同学发现,于是他把这件事情告诉了班主任,班主任就收回了我写日志的权力。

"我和好友知道事情的败露与那个打小报告的同学有关,我对此非常生气。在放学之后,我逮到一个机会单独和那个打小报告的同学在教室里,我怒气冲冲地指责他是'长舌将军',并不断用方言咒骂他。我反常的表现明显吓到那个同学了,他选择一言不发任我咒骂。就在这个时候,班主任竟神不知鬼不觉地站到了我的背后,当我扭过头时看到班主任用非常失望的眼神看着我,她问被我骂得狗血淋头的同学怎么了。当知道事情的来龙去脉后,班主任什么都没有说,她没有批评我也没有找我谈话,只是叹口气转身离开了,而我当场就石化了。那一次我感到自己的喉咙被什么东西完全堵住了,我张张嘴想说点什么,却什么也说不出来了。"

班主任会不会因为这样一件小事就对小宁产生不一样的看法和结论呢?从客观的角度来看,她应该不会,毕竟她比较了解小宁,一般心智成熟稳定的人,不会因为小事就改变对某一个人的评价。但是,小宁却产生了糟糕透顶的想法,她觉得班主任看自己的眼神都变了,她不再信任自己。从那以后,小宁更加沉默,她很快辞去了学习委员的职务,并不再和任何教师有交集。

"那一段时间,我每一次照镜子就会觉得羞愧,不断问自己那次为什么要那样咒骂自己的同学,为什么在班主任失望地看着我时不去做一些解释,我又一次变成了小丑,在别人眼中成为一个发狂的狮子。"

小宁的变化曾经引起过家长的关注,但小宁父母认为这可能是小宁青春期即将到来的自然反应。她不和任何同学有过多的接触,变得越来越沉默寡言。她逐渐透明,无声无息地做着自己的事情。然后她发现其实在班上她就是个隐形人,教师很难关注到自己,甚至有时候自己迟到了、早退了或者偶尔不来,教师也就哦一声过去了。当然这样肯定不行,这种状态一直持续到初中,很快她被初中班主任发现并被建议去尝试心理辅导。

(三)认知转换,寻回真实的自我

"我觉得我没有毛病啊,如果说有什么和别人不一样的,那就是我希望谁也不要注意我,就让我这样安安静静的,不行吗?"

在咨询伊始,小宁坚持认为自己的"隐形人"角色是没有任何不妥的。但小宁过早失去了一种年轻人该有的活力和动力。案例中很难去责备其他的人物角色。例如,那个二年级的数学老师,她因为小宁的非恶意的挑衅愤怒地丧失了理智,用非常的举动维持她作为教师的权威和体面,这种行为肯定是错误的。但事后她也是自责和内疚的,并尝试用后面的行动去做补救,尽管产生的效果并不能完全抵消之前所带来的伤害,但确实也是一种真诚的道歉方式。再看五年级的班主任,她发现小宁一些不好的行为后,仅仅只是用失望的眼神表达了她的情绪,她没有做任何的惩罚或者表达什么。在这里我们需要探讨的是小宁内在是否缺乏一种认知调节器。

"其实我那时候有一种无比羞耻、羞愧的感受。我害怕的并不是数学和数学老师,而是对自己的形象感到恐惧。当众小便失禁,就像一个美好的形象被彻底打碎了一样,从此之后我就变成了一个极度糟糕的自己。当想到这一点,我就羞耻得难以面对,也恐惧他人看到糟糕的自己。而成为一个不被关注的隐形人,既可以不让他人看到自己,还可以不让自己看到自己。"

在咨询师持续的共情与倾听中,小宁将整个经历讲述了出来。她的一些想法也在慢慢发生变化。之前防御式地对儿童时期"应该是无忧无虑"的自我描述也被她重新修正。这是咨询进程中一个很重要的转变,也是小宁积极自我成长很重要的标志。她开始跳出多年负性情绪萦绕的沼泽,冷静、理性地重新认识自己。

在小宁的故事里,并没有十分罪恶的人物角色。她的父母很温暖,也发现了她的变化;她小学二年级的数学老师有内疚和自我反思,并在行动上进行了补救;她小学五年级的班主任给予她足够的信任,哪怕在发现小宁找人代写日志被举报、在教室当面指责举报人时,都没有表现出对小宁的苛责。但是,这一切似乎都缺少一些对小宁的细微共情和深度理解,以至于让小宁一而再再而三地陷入消极的"自我建构"中。非常幸运的一件事情也在后来发生了,就是初中班主任发现了小宁的与众不同,她敏锐、专业,而且知道解决问题的方向。因此,小宁来到心理辅导室,并开始重新识别和改变对自我、对他人和对事件的负性认知,形成更有建设性的积极应对模式,并慢慢从这种自我包裹的状态中走出来。

我们将案例呈现出来,主旨不在于去批判某些学校或者某些教师,而是期待我们的教育能够越来越好——直面自身的不足就是进步的体现。教育的功能之一就是搭建家庭与社会的桥梁,每一个接受教育的儿童逐渐学会用合理的方式去正确认识社会、环境和自我,因为没有任何人能够脱离社会独立生活。当然在受教育的过程中会有人摔倒,不妨试着爬起来,那样可能跑得更快。

三、案例分析

第一,在经历师生冲突之后,小宁变化最大的是性格。小宁变得拘谨、沉默,不再外向开放进行自我表达,似乎变得像成年人一样内敛,但这种内敛是没有活力的。同时,她很多行为反应变得僵化而没有弹性。小宁充满深深的恐惧感、羞耻感,害怕被关注、被评价,害怕再次陷入情绪失控的尴尬中;同时,小宁对自己的能力产生了怀疑,或者不假思索地认为自己是无能为力的。从更深的认知角度来看,小宁有着自动化思维——比如,她总感到自己是别人的关注中心,她的举手投足、一言一行都会被别人注意并造成负面评价。她最核心的认知就是觉得自己无力脆弱,倾向于将某一件事情夸大,并觉得糟糕至极,差到不能再差的地步,但事实上可能并没有她所想象得那般严重。她陷入了一个怪圈,她总是希望自己不被人注意,要当一个完全隐形的人,但另一方面她却觉得自己是人群中的焦点,自己的行为不断被放大。随后的多次咨询中,咨询师带着小宁一起对她的不合理认知进行了辩驳、证伪、修通。当然,这个过程也充满曲折。

第二,虽然小宁经历了师生冲突的负性事件,但她的生活环境呈现的是淡淡的温暖色调。她没有真的变得糟糕透顶的外在资源就是这种温暖的环境及社会支持。譬如,父母给予的持久安全感,能够让小宁拥有最温暖、最舒心的停泊港湾;五年级班主任的信任和支持,也是小宁小学时期的一道温柔之光;最能促使她积极自我成长的有效资源,便是初中时班主任的及时发现和关注，以及心理辅导教师给予她的理解、共情和支持，这让她获得了一种勇敢面对自我、重新认识自我的力量。此外，小宁虽然表现得很像"隐形人"，但并没有因为自己这种行为模式而遭受孤立和排挤，她有着较温暖的朋友圈。

第三，与父母教养方式一样，教师的教育方式也是教师时刻要反思、提升的一门功课。教师需要为人示范、修身养性，成为学生思想和言行的楷模，同时教师要通过理论和实践的学习提升课堂情境下师生互动技巧和突发事件应对技巧。教师不仅需要学习一些普遍性的心理健康教育知识，提升自我情绪管理和调控能力，并在教授学生过程中引导学生学会情绪管理和调控；更重要的是，教师还需要培养并形成一种敏感的觉察力，觉察那些需要心理帮助的学生所发出的信号。

四、结论

第一，师生冲突对青少年学生而言也是严重的负性生活事件。师生冲突不仅影响学生的情绪和行为模式，还可能影响学生的人格发展。

第二，师生冲突可能会让学生产生对自我的负性认知（无能脆弱）和负性自动化思维（被人关注及被人负性评价），从而导致负性的情绪和行为表现。

第三，师生冲突是负性的人际关系事件，能够缓冲负性人际交往事件对学生影响的重要因素则是有效的社会支持，如教师支持、父母支持以及同伴支持。

第五章

家庭情境因素与青少年成长关系的调查研究[①]

本章将呈现4个独立的问卷调查类实证研究，以探索家庭情境相关因素与青少年成长的关系。第一节中的研究采用儿童期虐待问卷（Childhood Trauma Questionaire Short-Form，CTQ-SF）、流调中心抑郁量表（Center for Epidemiologic Studies Depression，CES-D）、自我接纳问卷（Self-Acceptance Questionaire，SAQ）和自尊量表（Self-Esteem Scale，SES）对1056名大学生进行问卷调查，分析童年时期的家庭处境不利与大学生抑郁的关系及自我接纳和自尊在两者之间的作用机制。第二节的研究采用儿童期虐待量表、自我接纳问卷、自尊量表、社交回避及苦恼量表对680名农村留守经历大学生进行测查，探讨家庭情感忽视和社交焦虑之间的关系及其机制。第三节则以1170名大学生为被试，探讨父母心理控制对其消极冒险行为的影响，并引用自主性和自我控制作为中介变量，以探索其内在的作用机制。第四节的研究采用累积家庭风险问卷、流调中心抑郁量表、简版自我伤害问卷以及自悯量表，以1183名大学生为被试，探讨累积家庭风险对自我伤害的影响，并分析抑郁在其中的中介作用和自悯的调节作用。

本章通过4个调查研究发现，成长过程中来自家庭的处境不利，包括童年虐待、情感忽视、父母心理控制，以及累积家庭风险均是影响青少年成长的重要家庭环境因素。在影响过程中，青少年自尊、自我接纳，心理弹性和安全感，自主性和自我控制等发挥着中介作用。自悯是家庭处境不利因素与青少年负性情绪与行为之间重要的调节变量，是青少年在面对不利家庭环境时积极成长的重要保护性因素之一。

[①] 本章所有研究在征得所在单位伦理委员会的同意下开展，并获得调查对象的知情同意。

第一节 童年虐待经历与青少年抑郁情绪[①]

一、问题提出

在诸多童年处境不利因素中，童年期虐待是青少年抑郁的重要影响因子之一。童年期虐待包括照顾者对儿童身体的忽视和虐待、情感的忽视和虐待以及其他不作为的行为。[②] 研究发现，几乎所有类型的虐待都与成年期临床抑郁症状存在密切联系，有儿童期虐待经历的个体患精神疾病的风险更大，尤其是抑郁症。[③] 一项对184篇研究的荟萃分析发现，经历过任何形式童年虐待的成年人患抑郁症的概率是正常人的2.81倍。[④] 因此，童年虐待经历被普遍认为是大学生抑郁的重要风险因素。此外，国内外已有较多研究从认知和情绪视角探讨了儿童期虐待作用于抑郁的具体机制，却较少有研究聚焦于自我意识，通过实证研究探讨童年虐待对抑郁的影响机制。自我意识在童年期虐待与大学生抑郁之间发挥何种作用，则是本节所关注的重点问题。

自我意识也可以称之为自我，是个体对自己的心理、行为活动或能力等多方面的感受、态度和评价。根据亚伦·贝克（Aaron T. Beck）的理论，对自我的消极信念不仅是抑郁的症状，而且在抑郁症病因中起着关键作用；贝克还指出，抑郁症患者有着特异性的消极自我图式，这与他们在成长过程中的负性经历有关，因为负性经历会导致个体形成自我否定的功能失调性假设，

[①] 张珊明，周佳，罗匡，等. 儿童期虐待与大学生抑郁的关系：自我接纳和自尊的中介作用[J]. 当代教育理论与实践，2022，14（6）：88-95.

[②] MCCRORY E J, GERIN M I, VIDING E. Annual Research Review: Childhood Maltreatment, Latent Vulnerability and the Shift to Preventative Psychiatry-the Contribution of Functional Brain Imaging [J]. Journal of Child Psychology and Psychiatry, 2017, 58 (4): 338-357.

[③] KUZMINSKAITE E, PENNIN B W, HARMELEN A L V, et al. Childhood Trauma in Adult Depressive and Anxiety Disorders: An Integrated Review On Psychological and Biological Mechanisms in the Nesda Cohort [J]. Journal of Affective Disorders, 2021, 283: 179-191.

[④] NELSON J, KLUMPARENDT A, DOEBLER P, et al. Childhood Maltreatment and Characteristics of Adult Depression: Meta-Analysis [J]. British Journal of Psychiatry, 2017, 210 (2): 96-104.

并以负性自动想法的形式表现出来。① 因此，研究以 1056 名在校大学生为研究对象，在探索儿童期虐待经历对抑郁影响的基础上，引入自我接纳和自尊两个变量揭示从童年期虐待到抑郁的发生机制，尝试为防治大学生抑郁提供更为精准的心理教育和干预方向。

（一）自我接纳及其在儿童期虐待与大学生抑郁之间的中介作用

自我接纳是基于自我意识中的自我评价而形成的态度，是个体对自我的形象、潜质、信仰、所处环境等的接受与适应，是发展健全自我的核心和关键。② 受虐待儿童常常处于一种高危环境中，长期被冷落、被忽视的经历容易使儿童形成较低的自我评价与自我接纳。有研究显示，早期受虐待较多的女性更有可能将过错归因于自己，并因此产生自责，③ 那些童年期遭受心理虐待的个体，常常会感知到更多来自父母的非正性反馈；而父母的消极反馈与儿童的自我评价及自我接纳密切相关，受虐儿童倾向于将父母的消极反馈作为自我感知标准的一部分，并导致其低自我评价和自我接纳④。与此同时，受虐待儿童不断累积的消极反馈会内化形成消极的自我概念，影响其对自身的态度以及心理和行为动向。⑤ 此外，有研究证实自我接纳是影响抑郁情绪的重要内部心理因素，自我接纳水平高的个体较少体验到情绪困扰；⑥ 在一项对创伤性截肢患者的调查研究中发现，这些患者的自我接纳水平越高，其抑郁程度就越低。⑦ 因此，童年期有过虐待经历的大学生，可能有更为负面的自我评价，对自我的接纳水平也更低，从而使其更易于产生抑郁等负性情绪。基于

---

① LIFF, ZANVEL A. Depression: Clinical, Experimental and Theoretical Aspects By Aaron T. Beck [J]. International Journal of Group Psychotherapy, 1969, 19 (2): 246-246.
② 燕良轼. 高等教育心理学 [M]. 长沙：湖南师范大学出版社, 2021: 42.
③ FEIRING C, TASKA L, CHEN K. Trying to Understand Why Horrible Things Happen: Attribution, Shame, and Symptom Development Following Sexual Abuse [J]. Child Maltreatment, 2002, 7 (1): 26-41.
④ BRIERE J, RUNTZ M. Differential Adult Symptomatology Associated With Three Types of Child Abuse Histories [J]. Child Abuse & Neglect, 1990, 14 (3): 357-364.
⑤ GESINDE A M. The Impact of Seven Dimensions of Emotional Maltreatment on Self Concept of School Adolescents in Ota, Nigeria [J]. Procedia-Social and Behavioral Sciences, 2011, 30: 2680-2686.
⑥ 周亚娟, 梁宝勇. 无条件自我接纳在大学生完美主义与抑郁间的中介作用 [J]. 中国临床心理学杂志, 2011, 19 (3): 350-352.
⑦ 黄莺, 刘长俊, 江雪莲, 等. 创伤性截肢患者自我接纳、抑郁情绪与社会支持的相关 [J]. 中国健康心理学杂志, 2018, 26 (7): 996-999.

上述分析，本研究提出假设一：自我接纳在儿童期虐待与大学生抑郁之间起中介作用。

（二）自尊及其在儿童期虐待与大学生抑郁之间的中介作用

自尊是自我意识中自我体验的最主要方面，是个体基于自我评价产生和形成的与自我价值感相关的情感体验。根据贝克的抑郁认知理论，个体在早期成长经历中的负面经历不仅会导致个体产生对世界的消极认知，还会使其产生对自我的消极认知，从而削弱其自尊水平。[1] 根据抑郁的易感性模型（vulnerability model），低自尊会导致抑郁，在该模型中低自尊被视为一种使人易于抑郁的人格因素。[2] 已有研究证实，自尊在童年期虐待和抑郁之间起着极为重要的作用。例如，研究发现情感虐待不仅直接影响初一学生的抑郁症状，还通过自尊间接作用于抑郁；[3] 在以新兵为调查对象的研究中，自尊在其虐待经历和抑郁情绪之间的中介效应显著，[4] 在医学生群体中也得到了相同的研究结论。[5] 因此，根据已有理论和研究结果，童年期虐待同样会导致大学生在成长经历中形成低自我价值感或自尊体验，并可能发展成为抑郁的高风险人群。据此，本研究提出假设二：自尊在儿童期虐待与大学生抑郁之间起中介作用。

（三）自我接纳与自尊的链式中介作用

自我接纳和自尊在内涵上有些相似，而概念的内核又有所不同。自我意识包括自我认识、自我体验和自我调节三方面的内容。自我接纳与自我认识中的自我评价相关，但自我接纳意味着在自我评价之外无条件地接纳自己；自尊则是基于对自身进行总体性评价后产生的自我价值感，是个体的自我体验之一。因此，在理论上自我接纳是达到自尊的基础条件。[6] 有调查研究证实，农村留守经历大学生的自我接纳和自尊水平呈显著正相关，自我接纳是

---

[1] BECK A T. Cognitive Model of Depression [J]. Journal of Cognitive Psychotherapy, 1987, 1 (1): 5-37.

[2] KLEIN D N, KOTOV R, BUFFERD S J. Personality and Depression: Explanatory Models and Review of the Evidence [J]. Annual Review of Clinical Psychology, 2011 (7): 269-295.

[3] 马茂, 陈维清, 黄志. 初一学生抑郁症状与情感虐待、自尊的关系 [J]. 中国心理卫生杂志, 2011, 25 (1): 71-71.

[4] 李红政, 陈海燕, 雷美英, 等. 童年期创伤经历与自尊对新兵抑郁的影响 [J]. 广东医学, 2015, 36 (1): 23-26.

[5] 朱相华, 赵后锋, 王成东, 等. 儿童期虐待、自尊、自我效能感对医学生焦虑抑郁影响的路径分析 [J]. 临床精神医学杂志, 2012, 22 (3): 155-157.

[6] 乐国安. 社会心理学 [M]. 2版. 北京：中国人民大学出版社, 2013: 116-126.

自尊的有效预测因素，自我接纳的程度越高，自尊水平也会越高，反之亦然。① 在实验研究中也发现了自我接纳对自尊的促进作用，启动无条件的自我接纳将引起高水平的自尊体验，启动有条件的自我接纳后，自尊水平显著降低。② 自我接纳和自尊都被发现与多种心理健康因素有关，较多研究将自我接纳和自尊均作为抑郁的前因变量，区别在于自我接纳与总体的心理健康相关更强，而自尊与特定的心理健康的关联更强，如焦虑、抑郁。③ 因此，儿童期虐待可能通过影响大学生在成长过程中的自我接纳水平，继而影响其自尊体验，最终对其抑郁情绪产生影响。通过以上分析，本研究提出假设三：自我接纳和自尊在儿童期虐待与大学生抑郁之间存在链式中介作用。

根据研究假设一、二和三，构建总体假设模型图（见图5-1）。

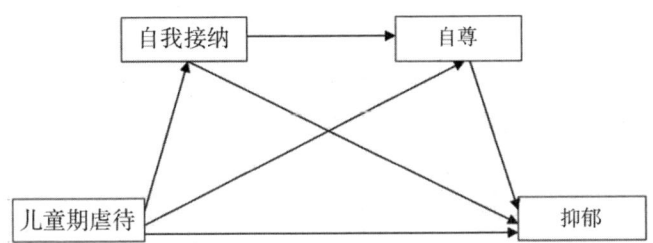

图 5-1　儿童期虐待、自我接纳、自尊与抑郁关系的假设模型

二、研究方法

（一）研究对象

采用方便取样抽取湖南省本科院校在校大学生共1100人，年级跨度从大一至大四，施测方式为集体填写问卷，现场指导与回收。回收问卷1088份，剔除重要个人信息缺乏、条目回答有误或未作答的问卷，得到有效问卷1056份，有效回收率为97.06%，大一332人，大二408人，大三233人，大四83

---

① 张珊明，陈先琼，罗伏生，等. 情感虐待与农村留守经历大学生社交焦虑：自我接纳和自尊的作用[J]. 中国临床心理学杂志. 2022, 30 (3): 630-634, 639.

② DAVIES M F. Irrational Beliefs and Unconditional Self-Acceptance. II. Experimental Evidence for a Causal Link Between Two Key Features of REBT [J]. Journal of Rational-Emotive & Cognitive-Behavior Therapy, 2007, 26 (2): 89-101.

③ MACINNES D L. Self-Esteem and Self-Acceptance: An Examination into Their Relationship and Their Effect on Psychological Health [J]. Journal of Psychiatric and Mental Health Nursing, 2006, 13 (5): 483-489.

人。其中，男生 409 人，女生 647 人；有留守经历 432 人，无留守经历 624 人；年龄区间 16~23 岁，平均年龄 19.69±1.12 岁，16 岁 1 人，17 岁 21 人，18 岁 114 人，19 岁 325 人，20 岁 370 人，21 岁 166 人，22 岁 52 人，23 岁 7 人。

(二) 研究工具

研究的自变量为大学生儿童期虐待经历，因变量为大学生的抑郁情绪，中介变量 1 为自我接纳，中介变量 2 为自尊，控制变量为性别、留守经历和年龄。

自变量采用儿童期虐待问卷进行测量。该问卷由赵幸福等人翻译并修订，[1] 为被试自我报告其儿童期受虐经历的回顾性自评问卷。共有 28 个条目，包括 25 个临床条目与 3 个效度条目，含五个维度：情感虐待、躯体虐待、性虐待、情感忽视、躯体忽视。每个条目采用 5 级评分，从"从不"到"总是"分别计 1~5 分，总分越高表示受虐待程度越严重。本研究中，躯体虐待分量表内部一致性系数为 0.59，其余 4 个分量表的内部一致性系数在 0.76~0.88 之间，总问卷的 Cronbach's α 系数为 0.75，本研究采用问卷总分进行统计分析。

因变量采用流调中心抑郁量表测量。该量表由拉德·罗夫（Lenore Radloff）编制，主要用于评定非抑郁症群体的抑郁情绪以及过去一周的抑郁症状。[2] 共有 20 个条目，采用 4 级评分，从 0 分（很少或没有时间）到 3 分（大部分或全部时间），评分越高表明抑郁情绪越严重。在本研究中该量表的 Cronbach's α 系数为 0.84。

中介变量 1 采用自我接纳问卷测评。该问卷由国内学者丛中和高文凤编制，[3] 共有 16 个条目，包括自我评价和自我接纳两个维度，每个维度包含 8 个条目。得分越高，自我接纳水平越好。本研究中，总量表、自我接纳分量表和自我评价分量表的内部一致性系数分别为 0.86、0.94 和 0.91，

---

[1] 赵幸福, 张亚林, 李龙飞, 等. 中文版儿童期虐待问卷的信度和效度 [J]. 中国临床康复, 2005 (20): 105-107.

[2] RADLOFF L S. The CES-D Scale: A Self-Report Depression Scale for Research in the General Population [J]. Applied Psychological Measurement, 1977, 1 (3): 385-401.

[3] 丛中, 高文凤. 自我接纳问卷的编制与信度效度检验 [J]. 中华行为医学科学, 1999 (1): 20-22.

中介变量 2 采用自尊量表测量。该量表由莫里森·罗森伯格（Morris Rosenberg）等人编制,[①] 共有 10 个条目,采用 4 级评分,从 1 分（非常符合）到 4 分（很不符合）,得分越高表示自尊水平越高。在本研究中,该量表的 Cronbach's α 系数为 0.77。

（三）研究程序

经所在单位伦理委员会批准,根据知情同意和自愿原则,以班级为单位在自习时间进行集体施测,采用纸笔方式进行,填写问卷时间约为 15 分钟。回收问卷后,采用 SPSS 20.0 录入有效问卷数据,进行描述性统计分析和相关分析,采用 PROCESS 宏程序进行中介效应检验。

三、结果分析

（一）共同方法偏差检验

采用 Harman 单因素检验方法对收集数据进行统计学上的共同方法偏差检验,结果显示特征根大于 1 的因子有 16 个,第一个因子解释的变异量为 16.94%,低于 40%,因此本研究受共同方法偏差影响不大。

（二）描述统计及各变量之间的相关分析

控制性别、留守经历和年龄三个人口学变量,对四个主要变量进行相关分析。表 5-1 列出了各变量的平均数、标准差以及各变量之间的相关系数。相关分析结果显示,抑郁得分与儿童期虐待呈显著正相关,与自我接纳、自尊呈显著负相关。儿童期虐待与自我接纳和自尊显著负相关,自我接纳与自尊显著正相关。

表 5-1　各变量的平均数、标准差和相关系数（$n=1056$）

变量	M	SD	1	2	3	4
儿童期虐待	46.46	10.53	—	—	—	—
自我接纳	40.02	5.66	-0.17^{***}	—	—	—

[①] 汪向东,王希林,马弘.心理卫生评定量表手册［M］.北京：中国心理卫生杂志社,1999：218-320.

续表

变量	M	SD	1	2	3	4
自尊	28.18	4.01	-0.26***	0.63***	—	
抑郁	15.08	8.96	0.41***	-0.44***	-0.52***	—

注：*p<0.05，**p<0.01，***p<0.001。

(三) 自我接纳和自尊在儿童期虐待和抑郁之间的中介效应分析

采用 Hays（2013）开发的 PROCESS 程序的模型 6 来检验自我接纳和自尊在儿童期虐待与抑郁间的中介作用。根据已有研究结果，性别、留守经历和年龄可能是各变量的影响因子之一，因此在分析中将它们作为控制变量，并将儿童期虐待、自我接纳、自尊和抑郁四个变量的得分进行标准化处理。依次检验结果表明：儿童期虐待能够显著正向预测抑郁、显著负向预测自我接纳和自尊。当儿童期虐待、自我接纳和自尊同时进入回归方程时，三者对于抑郁都有显著的预测作用。具体见表 5-2。

表 5-2 模型中变量关系的回归分析（n=1056）

回归方程		整体拟合指数			回归系数显著性	
结果变量	预测变量	R	R^2	F	β	t
抑郁	儿童期虐待 性别 留守经历 年龄	0.42	0.17	50.40***	0.42 0.06 0.02 -0.05	-14.22*** 0.72 0.38 -1.80
自我接纳	儿童期虐待 性别 留守经历 年龄	0.21	0.04	15.57***	-0.17 -0.24 0.12 0.05	-5.35*** -3.66*** 1.93 1.82
自尊	儿童期虐待 自我接纳 性别 留守经历 年龄	0.66	0.43	192.26***	-0.16 0.61 -0.04 -0.01 0.03	-6.71*** 25.14*** -0.84 -0.26 1.51

续表

回归方程		整体拟合指数			回归系数显著性	
结果变量	预测变量	R	R^2	F	β	t
抑郁	儿童期虐待 自我接纳 自尊 性别 留守经历 年龄	0.61	0.38	102.43***	0.30 -0.19 -0.32 -0.06 0.06 -0.01	11.47*** -5.93*** -9.82*** -1.18 1.27 -0.73

注：(1) 性别：男=1，女=2；留守经历：是=1，否=2。
(2) 未标准化回归系数（B）及其标准误（SE）采用 Bootstrap 方法得到。

采用 Bootstrap 进行中介检验，结果表明儿童期虐待对抑郁的总效应为 0.418，儿童期虐待会通过自我接纳和自尊对抑郁产生影响，总的中介效应为 0.118，占儿童期虐待对抑郁总效应的 28.23%。具体而言，中介效应可以分为，通过儿童期虐待→自我接纳→抑郁路径产生间接效应（0.033），通过儿童期虐待→自尊→抑郁路径产生间接效应（0.052），以及通过儿童期虐待→自我接纳→自尊→抑郁路径产生的间接效应（0.033）。如表 5-3 所示，总间接效应和三个间接效应置信区间均不包含 0 值，三个中介效应都显著。

表 5-3 中介效应分析（$n=1056$）

	效应值	Boot SE	Boot CI 下限	Boot CI 上限	相对中介效应
总效应	0.418	0.029	0.360	0.476	—
直接效应	0.300	0.026	0.249	0.352	71.77%
总间接效应	0.118	0.016	0.088	0.150	28.23%
儿童期虐待→自我接纳→抑郁	0.033	0.008	0.019	0.050	7.89%
儿童期虐待→自尊→抑郁	0.052	0.010	0.033	0.073	12.44%
儿童期虐待→自我接纳→自尊→抑郁	0.033	0.008	0.020	0.049	7.89%

注：Boot SE、Boot CI 下限和 Boot CI 上限分别指通过偏差矫正的百分位 Bootstrap 法估计的间接效应的标准误差、95% 置信区间的下限和上限，所有数值通过四舍五入保留 3 位小数。

四、讨论

研究发现，童年期虐待总分与抑郁总分呈显著正相关，即大学生在童年期受虐待程度越深，其抑郁的可能性越大；儿童期虐待经历对大学生的抑郁情绪有正向预测作用，这与以往的研究结果一致，[1] 再次支持了有受虐经历的童年可能会增加成年期抑郁风险的观点。早期受虐待个体在成年以后对于压力所带来的不良影响敏感性更强，其适应性、自信水平和自我效能感都较低。在身心发展的关键阶段，儿童不管遭受的是情感上的虐待和忽视，还是躯体上的虐待和忽视，这些不良经历都可能会损害其认知、情感和行为发展，并致使其成为抑郁的高风险群体。[2]

研究还从自我意识视角进一步揭示了儿童期虐待影响大学生抑郁的内在机制，具体存在三条路径，即自我接纳和自尊的独立中介路径，以及自我接纳—自尊的链式中介路径。首先，研究发现了自我接纳在儿童期虐待和大学生抑郁之间存在中介作用，验证了假设一。根据贝克有关抑郁的认知模型，人们从童年时代开始就会根据生活经验构建自己对自我和世界的假设，早期的负性经历会导致个体形成对自我否定的核心信念，并在认知、情感、动机和行为方面表现出抑郁倾向或症状。[3] 长期暴露于被虐待与忽视的成长环境，会影响儿童身心正常发展，破坏其建立自我感知能力，[4] 这不仅使受虐个体形成消极的自我评价以及较低的自我接纳水平，还易于引发其自责、内疚、胆怯、憎恨等负性情绪，久而久之导致受虐者产生抑郁情绪或使抑郁情绪更加严重。

假设二也得到验证，即自尊在儿童期虐待和大学生抑郁之间起中介作用，

---

[1] 黄思成，王优，杨雪岭．大学生童年创伤与抑郁症状：损耗敏感性的中介作用和自我控制的调节作用［J］．中华行为医学与脑科学杂志．2021（10）：934-939.

[2] MANDELLI L, PETRELLI C, SERRETTI A. The Role of Specific Early Trauma in Adult Depression: A Meta-Analysis of Published Literature. Childhood Trauma and Adult Depression [J]. European Psychiatry, 2015, 30 (6): 665-680.

[3] LIFF, ZANVEL A. Depression: Clinical, Experimental and Theoretical Aspects by Aaron T. Beck [J]. International Journal of Group Psychotherapy, 1969, 19 (2): 246-246.

[4] JUDITH B C, ALICE D, KATHRYN H, et al. Abuse and Violence History of Men and Women in Treatment for Methamphetamine Dependence [J]. The American Journal on Addictions, 2003, 12 (5): 377-385.

这与以往相类似研究的结果具有一致性。已有横向研究发现,自尊在童年期情感虐待和成年后的精神症状之间存在中介效应,童年期的情感虐待、抚养者苛责控制的教养方式和低质量的亲子关系会损害个体的自尊,并从而导致成年后的各种精神症状,如人际敏感和负性情绪等。[1] 低自尊可能是虐待后遗症之一,是各种内化心理障碍潜在的心理敏感性因素。[2] 在低自尊状态下,虐待会对内化心理障碍的发展产生影响,部分原因是低自尊与消极的自我表现和认知方式有关,而这种消极的认知方式会对个体解释应激生活事件产生负面影响,[3] 它容易在应激性生活事件的作用下引发个体抑郁,因此低自尊是抑郁重要的易感因素之一,此结果支持了抑郁的易感性模型。

最后,研究还发现在儿童期虐待经历和抑郁之间,存在着自我接纳和自尊的链式中介作用,验证了假设三。儿童期虐待会影响受虐者对于自我的接纳程度,进而会对其自尊产生消极效应,最终影响其抑郁情绪。无条件自我接纳能够消除自我贬低,自我贬低包含了一种个体不能全面评估自我价值的习惯性功能失调,[4] 它与抑郁症状紧密相关,而自我贬低通常表现为低自尊。[5] 根据奥利弗·库珀史密斯(Oliver Coopersmith)的观点,个体对自我的认识和评价决定了个体的自尊感受,自尊是在自我认识和评价的基础形成的。[6] 并且自我接纳对自尊有显著的正向预测作用,基于自我评价但又摒弃自我评价无条件接纳自我,其本质是对自我价值感的认同,是高自尊的体验。而当个体在遭受虐待以后,认知归因偏差让其产生自我否定、自罪自责和自

---

[1] FINZI-DOTTAN R, KARU T. From Emotional Abuse in Childhood to Psychopathology in Adulthood: A Path Mediated by Immature Defense Mechanisms and Self-Esteem [J]. The Journal of Nervous and Mental Disease, 2006, 194 (8): 616-621.

[2] RUTTER M. Resilience, Competence, and Coping [J]. Child Abuse & Neglect, 2007, 31 (3): 205-209.

[3] SACHS-ERICSSON N, GAYMAN M D, KENDALL-TACKETT K, et al. The Long-Term Impact of Childhood Abuse on Internalizing Disorders Among Older Adults: The Moderating Role of Self-Esteem [J]. Aging & Mental Health, 2010, 14 (4): 489-501.

[4] POPOV S, JAKOVIJEV I, RADANOVI J, et al. The Effect of Unconditional Self-Acceptance and Explicit Self-Esteem on Personal Explanatory Style [J]. International Journal of Cognitive Therapy, 2020, 13 (6): 271-286.

[5] VAN DER DOES W. Cognitive Reactivity to Sad Mood: Structure and Validity of a New Measure [J]. Behaviour Research & Therapy, 2002, 40 (1): 105-120.

[6] COOPERSMITH S. The Antecedents of Self-Esteem [M]. San Francisco: W. H. Freeman and Company, 1967: 6-8.

我拒斥，进而产生低自我价值和低自尊体验，成为抑郁的高风险人群。

五、结论

童年期家庭成长环境不利是青少年学生抑郁情绪的显著风险因素之一，自我接纳和自尊在影响过程中起重要中介作用。童年期的情感忽视、虐待和躯体忽视、虐待等不仅可以直接负向预测大学生的抑郁情绪，还可以通过削弱个体自我接纳和自尊水平间接影响其抑郁情绪。

第二节 家庭情感忽视与青少年社交焦虑[①]

一、问题提出

农村留守经历是指农村青少年在16周岁之前曾经有过父母双方或一方外出务工持续超过6个月以上而未能与父母完全一起生活的成长经历。[②] 当前，大量有农村留守经历的儿童步入青年期，进入大学学习和生活。相比较非留守经历大学生，留守经历大学生在儿童期遭受了较为严重的忽视与虐待。[③] 儿童期的不良经历对个体心理健康存在负面影响，且这种负面影响很可能会持续到成年期。[④] 社交焦虑是大学生中较常见的心理问题之一，严重的社交焦虑会影响其学习和生活，并可能进一步发展成社交焦虑障碍。[⑤] 童年期焦虑障碍与童年期情感被忽视、被虐待之间的关系已经得到一些研究的证实，但其中

[①] 张珊明，陈先琼，罗伏生，等.情感虐待与农村留守经历大学生社交焦虑：自我接纳和自尊的作用[J].中国临床心理学杂志，2022，30（3）：630-634，639.

[②] 贾勇宏.农村留守经历对大学生在校发展成就的影响研究：基于4596名在校本科大学生的调查[J].教育发展研究，2020，40（23）：59-65.

[③] 秦红霞，许燕，杨颖 等.留守经历大学生儿童期创伤对抑郁的影响：分离和拒绝图式类别与人际关系敏感的链式中介作用[J].中国特殊教育，2019（12）：55-62.

[④] MOCK S E, ARAI S M. Childhood Trauma and Chronic Illness in Adulthood: Mental Health and Socioeconomic Status as Explanatory Factors and Buffers [J]. Frontiers in Psychology, 2011（1）：246.

[⑤] XU J H, NI S G, RAN M R, et al. The Relationship Between Parenting Styles and Adolescents' Social Anxiety in Migrant Families: A Study in Guangdong, China [J]. Frontiers in Psychology, 2017（8）：626.

的影响机制并未得到详细的解释。在各类创伤经历中，留守儿童群体遭受的情感虐待和忽视较为严重。[1] 因此，本研究试对家庭情感忽视和农村留守经历大学生社交焦虑之间的关系及其机制进行深入探讨，为有效预防青少年社交焦虑提供理论和实践方面的参考依据。

（一）情感忽视虐待与留守经历大学生社交焦虑的关系

社交焦虑是个体在交谈、会见陌生人、表演、被观看等社交场合时，因害怕自己的言行会引起他人负面评价而产生的显著害怕或焦虑，并因此而回避社交情境，或是带着强烈的害怕或焦虑去忍受当前的社交情境。[2] 根据社交焦虑的认知观点，社交焦虑个体对社交线索的潜在危险有着极高的敏感性，倾向于过度关注自我在社交过程中的不足之处，并进行消极的自我归因。[3] 社交焦虑者的这种认知模式与早期情感被忽视、被虐待经历有关。[4] 情感忽视与虐待是指父母或主要看护人经常对未成年人指责、恐吓、侮辱、孤立或忽视孩子的情感需要，[5] 是存在于儿童与施虐者之间的长期互动模式，可能比其他的虐待形式对儿童的心理发展更具有破坏性。[6] 有研究表明，焦虑症状是儿童期情感忽视或虐待的特征之一，[7] 受过情感虐待的大学生比没受过情感虐待的大学生焦虑程度更高。[8] 此外，大量研究发现，情感被忽视被虐待与成年后较高的社交焦虑水平相关，童年期情感虐待正向预测青少年以及成年期的社交

---

[1] 程培霞，达朝锦，曹枫林，等．农村留守与非留守儿童心理虐待与忽视及情绪和行为问题对比研究［J］．中国临床心理学杂志，2010，18（2）：250-251，253．

[2] 王建平，张宁，王玉龙，等．变态心理学［M］．北京：中国人民大学出版社，2018：73-74．

[3] MORRISON A S, HEIMBERG R G. Social Anxiety and Social Anxiety Disorder［J］．Annual Review of Clinical Psychology，2013（9）：249-274．

[4] YOUNG J E, KLOSKO J S, WEISHAAR M E. Schema Therapy: A Practitioner's Guide［M］．New York: Guilford Press, 2003: 37-41.

[5] 王乃弋，魏雪晨，王鑫强，等．青少年受父母情感虐待和忽视与注意缺陷—多动症状的关系［J］．中国临床心理学杂志，2019，27（6）：1126-1130．

[6] RIGGS S A. Childhood Emotional Abuse and the Attachment System Across the Life Cycle: What Theory and Research Tell Us［J］．Journal of Aggression, Maltreatment & Trauma, 2010, 19（1）：5-51.

[7] NAUGHTON A M, MAGUIRE S A, MANN M K, et al. Emotional, Behavioral, and Developmental Features Indicative of Neglect or Emotional Abuse in Preschool Children: A Systematic Review［J］．Jama Pediatrics, 2013, 167（8）：769-775.

[8] 陈晶琦，马玉霞，梁艺怀．大中专学生童年期被父母体罚及情感虐待经历的回顾性调查［J］．中国心理卫生杂志，2008，22（12）：922-927．

焦虑水平。① 基于此，本研究提出假设一：情感忽视与虐待对农村留守大学生社交焦虑有正向预测作用。

（二）自我接纳的中介作用

在情感忽视与农村留守大学生社交焦虑之间，自我接纳可能发挥着重要作用。自我接纳是指个体在情感上、态度上对实际自我的悦纳，在认知上对实际自我的觉察、判断与评估。② 自我接纳是自我意识的重要组成部分，也是衡量心理健康的重要标准之一。受虐待儿童长期处于一种高危环境中，不同层次的需要都没有得到充分满足，对自我的评价与接纳度普遍偏低。童年期遭受忽视和虐待的个体，常常会感知到更多来自父母的非正性反馈。父母的消极反馈与儿童的自我评价和自我接纳密切相关，受虐儿童会倾向于将父母的消极反馈作为自我感知标准的一部分，并导致其产生较低的自我评价和接纳度。③ 同时，被忽视、被虐待的儿童不断累积的消极反馈使其内化形成消极的自我概念，并影响个体对自身的态度以及心理和行为动向。④ 另外，有研究证实无条件自我接纳是影响个体焦虑、抑郁及其他心理健康指标的一个重要因素⑤，自我接纳程度高者，焦虑、抑郁水平更低，幸福感更高。⑥ 此外，自

---

① CALVETE E. Emotional abuse as a predictor of early maladaptive schemas in adolescents: Contributions to the development of depressive and social anxiety symptoms [J]. Child Abuse & Neglect, 2014, 38 (4): 735-746; 何全敏, 潘润德, 孟宪璋. 童年虐待和创伤经历与社交焦虑的关系 [J]. 中国临床心理学杂志, 2008 (1): 40-42; 梁洁霜, 张珊珊, 吴真. 有留守经历农村大学生社交焦虑与情感虐待和心理韧性的关系 [J]. 中国心理卫生杂志, 2019, 33 (1): 64-69.
② 丛中, 高文凤. 自我接纳问卷的编制与信度效度检验 [J]. 中国行为医学科学, 1999 (1): 20-22.
③ BRIERE J, RUNTZ M. Differential Adult Symptomatology Associated With Three Types of Child Abuse Histories [J]. Child Abuse & Neglect, 1990, 14 (3): 357-364.
④ GESINDE A M. The Impact of Seven Dimensions of Emotional Maltreatment on Self Concept of School Adolescents in Ota, Nigeria [J]. Procedia-Social and Behavioral Sciences, 2011 (30): 2680-2686.
⑤ POPOV S, RADANOVIĆ J, BIRO M. Unconditional Self-Acceptance and Mental Health in Ego-Provoking Experimental Context [J]. Suvremena psihologija, 2016, 19 (1): 71-81.
⑥ CHAMBERLAIN J M, HAAGA D A F. Unconditional Self-Acceptance and Psychological Health [J]. Journal of Rational-Emotive and Cognitive-Behavior Therapy, 2001, 19 (3): 163-176.

我接纳还能直接负向预测大学生的社交焦虑水平。① 据此，本研究提出假设二：自我接纳在情感被忽视、被虐待与农村留守大学生社交焦虑之间起中介作用。

（三）自尊的中介作用

自尊通常是指人们对其自身价值和自我能力的感知和评价。已有研究发现，童年期情感被忽视、被虐待经历与自尊呈显著正相关；② 情感虐待经历对个体的低水平自尊有预测作用，那些在儿童期有情感受虐经历的个体其自尊水平会更低，其中母亲的情感忽视虐待是最重要的预测因素。③ 几乎所有的自尊理论认为，自尊和情绪相关密切。④ 高水平自尊常常与乐观、高效能感等心理和行为等有关，而低水平自尊则与焦虑抑郁、攻击等心理和行为有关。⑤ 自尊不仅与大学生的社交焦虑呈显著负相关，⑥ 自尊在童年情感忽视、虐待经历与大学生焦虑症状之间的中介作用也已经得到证实。⑦ 因此，本研究提出假设三：自尊是情感忽视、虐待与农村留守大学生社交焦虑之间的重要中介。

（四）自我接纳和自尊的链式中介作用

自我接纳和自尊的概念相似，但内涵不同。自我接纳是欣然接受现实自我的一种积极的态度，自尊是基于对自身进行总体性的评价后产生的价值感。自我接纳是影响自尊众多因素中的一个关键因子。既往研究表明，自我接纳

---

① 张伟玲. 大学生自尊在自我接纳和社交焦虑间的中介作用 [J]. 中国学校卫生，2016，37（9）：1354-1357.

② 卜钰，陈丽华，郭海英，等. 情感虐待与儿童社交焦虑：基本心理需要和自尊的多重中介作用 [J]. 中国临床心理学杂志，2017，25（2）：203-207.

③ AL-FAYEZ G A, OHAERI J U, GADO O M. Prevalence of Physical, Psychological, and Sexual Abuse Among a Nationwide Sample of Arab High School Students: Association with Family Characteristics, Anxiety, Depression, self-esteem, and Quality of Life [J]. Social Psychiatry and Psychiatric Epidemiology，2012，47（1）：53-66.

④ PYSZCZYNSKI T, GREENBERG J, SOLOMON S, et al. Why Do People Need Self-Esteem? A Theoretical and Empirical Review [J]. Psychological Bulletin，2004，130（3）：435-468.

⑤ BAUMEISTER R F, CAMPBELL J D, KRUEGER J I, et al. Does High Self-Esteem Cause Better Performance, Interpersonal Success, Happiness, or Healthier Lifestyles? [J]. Psychological Science in the Public Interest，2003，4（1）：1-44.

⑥ 吴桐，杨柠溪，蔡丽，等. 自悯对社交焦虑的影响：自尊和评价恐惧的中介作用 [J]. 中国临床心理学杂志，2021，29（1）：169-172，178.

⑦ 朱相华，赵后锋，王成东，等. 儿童期虐待、自尊、自我效能感对医学生焦虑抑郁影响的路径分析 [J]. 临床精神医学杂志，2012，22（3）：155-157.

与自尊呈显著正相关，① 自我接纳不仅可以直接影响自尊，还可以通过提高人们对自己能力的预测及自信程度来提升其自尊水平。② 自我接纳对自尊的作用也在实验研究中得到了验证，当启动无条件自我接纳时，被试自尊水平升高；启动有条件自我接纳后，自尊水平则显著降低。③ 当自我接纳发挥保护性因素作用时，自尊可以担任中间变量的角色，如自我接纳可以通过自尊的部分中介作用影响大学生的社交焦虑。④ 据此，本研究提出假设四：在情感忽视、虐待与农村留守大学生社交焦虑之间，存在自我接纳和自尊的链式中介作用。

二、研究方法

（一）研究对象

采用方便取样法，选取湖南地区8所大学共680名农村留守经历大学生为研究对象，进行纸质问卷调查。剔除随机作答、信息不全等无效问卷后，最终有效问卷为624份，有效率为91.76%。其中男生252人（40.38%），女生372人（59.62%）；独生子女129人（20.67%），非独生子女495人（79.33%）。调查对象平均年龄19.69±1.67岁。

（二）研究工具

1. 儿童期虐待问卷

由赵幸福等人修订。⑤ 参考已有研究，选用情感忽视、情感虐待2个分量表测量农村曾留守大学生16岁以前遭受情感忽视和虐待的情况。共10个项目，采用5点计分，得分越高表明儿童期受情感虐待越严重。本研究中情感忽视、情感虐待分量表的Cronbach's α系数分别是0.832、0.818。

---

① 陈欣，蒋艳菊. 大学生自我接纳与交往焦虑的关系：身体自尊的中介作用［J］. 心理研究，2014, 7（4）：91-96.
② 张琪，张雅文，吴任钢，等. 大学生自我接纳与自尊的关系：自我效能与领悟社会支持的双重中介［J］. 中国健康心理学杂志，2019, 27（12）：1879-1884.
③ DAVIES M F. Irrational Beliefs and Unconditional Self-Acceptance. II. Experimental Evidence for a Causal Link between Two Key Features of REBT［J］. Journal of Rational Emotive Cognitive Behavior Therapy，2008, 26（2）：89-101.
④ 胡毅涛. 哈萨克族大学生自我接纳、社交焦虑与自尊三者间的相关性［J］. 中国健康心理学杂志，2020, 28（7）：1081-1085.
⑤ 赵幸福，张亚林，李龙飞，等. 中文版儿童期虐待问卷的信度和效度［J］. 中国临床康复，2005（20）：105-107.

2. 自我接纳问卷

由丛中、高文凤编制，包括自我评价和自我接纳两个维度。[①] 共 16 个项目，采用 4 级计分，得分越高，代表自我接纳程度越高。本研究中，该问卷的 Cronbach's α 系数为 0.704。

3. 自尊量表

由罗森伯格（Rosenberg）编制，[②] 共 10 个条目，采用 4 级评分，1 表示非常符合，2 表示符合，3 表示不符合，4 表示很不符合。得分范围是 10~40 分，分值越高，表示自尊程度越高。本研究中，总量表的 Cronbach's α 系数为 0.788。

4. 社交回避及苦恼量表

由马弘修订，[③] 包括社交回避和社交苦恼两个维度，共 28 个条目，采用是/否计分。得分越高，回避社会交往的倾向以及真实社交情境中的苦恼情绪越严重。在本研究中，总量表的 Cronbach's α 系数为 0.860。

（三）数据分析方法

采用 SPSS 20.0 软件包进行相关分析，采用 Hayes 编写的 PROCESS 宏程序进行中介效应检验。

三、结果分析

（一）共同方法偏差检验

采用 Harman 单因素法进行共同方法偏差检验，对所有变量的项目进行探索性因素分析。结果显示，在未旋转情况下特征值大于 1 的因子有 18 个，首因子解释的变异量为 14.58%，小于 40% 的临界值标准，表明本研究不存在明显的共同方法偏差问题。

（二）描述性统计与相关分析

通过描述性统计计算出情感忽视虐待（情感虐待和情感忽视的总分）、自

[①] 丛中，高文凤. 自我接纳问卷的编制与信度效度检验［J］. 中国行为医学科学，1999（1）：20-22.

[②] 汪向东，王希林，马弘. 心理卫生评定量表手册［M］. 北京：中国心理卫生杂志社，1999：318-320.

[③] 汪向东，王希林，马弘. 心理卫生评定量表手册［M］. 北京：中国心理卫生杂志社，1999：241-243.

我接纳、自尊和社交焦虑的平均数和标准差。在控制性别、独生子女两个变量后进行相关分析，结果发现，情感忽视虐待与社交焦虑呈显著正相关，与自我接纳、自尊呈显著负相关；自我接纳与自尊呈显著正相关，与社交焦虑呈显著负相关；自尊和社交焦虑呈显著负相关（见表5-4）。

表5-4　各变量的平均数、标准差和相关系数（$n=624$）

变量	M	SD	1	2	3	4
情感忽视与虐待	18.21	5.97	—			
自我接纳	39.77	5.48	-0.23***	—		
自尊	28.05	3.78	-0.32***	0.61***	—	
社交焦虑	12.80	6.12	0.19***	-0.45***	-0.38***	—

注：* $p<0.05$，** $p<0.01$，*** $p<0.001$。

（三）中介效应检验

将所有连续变量标准化处理后，以情感忽视虐待为自变量，社交焦虑为因变量，自我接纳和自尊为中介变量，在控制性别和独生子女的条件下，采用PROCESS中的模型6，并采用偏差矫正的Bootstrap法抽样5000次进行中介效应检验。结果发现（见表5-5），情感忽视虐待影响社交焦虑的总效应极其显著（$\beta=0.20$，$p<0.001$），加入中介变量后，情感忽视虐待负向预测自我接纳（$\beta=-0.23$，$p<0.001$），负向预测自尊（$\beta=-0.19$，$p<0.001$），同时正向预测社交焦虑（$\beta=0.08$，$p<0.001$）；自我接纳正向预测自尊（$\beta=0.55$，$p<0.001$），负向预测社交焦虑（$\beta=-0.32$，$p<0.001$）；自尊负向预测社交焦虑（$\beta=-0.16$，$p<0.001$）。

表5-5　模型中变量关系的回归分析（$n=624$）

回归方程		整体拟合指数			回归系数显著性	
结果变量	预测变量	R	R^2	F	β	t
自我接纳	情感忽视虐待	0.26	0.07	14.48	-0.23	-6.18***
自尊	情感忽视虐待	0.64	0.41	104.69	-0.19	-6.08***
	自我接纳				0.55	17.28***

续表

回归方程		整体拟合指数			回归系数显著性	
结果变量	预测变量	R	R^2	F	β	t
社交焦虑	情感忽视虐待	0.48	0.23	36.29	0.08	2.06*
	自我接纳				-0.32	-6.81***
	自尊				-0.16	-3.33***

注：* $p<0.05$，** $p<0.01$，*** $p<0.001$。

中介效应检验结果显示（如图5-2和表5-6所示），自我接纳和自尊在情感忽视虐待和社交焦虑之间的中介效应显著。该中介效应由三个间接效应构成：间接效应1为情感忽视虐待→自我接纳→社交焦虑；间接效应2为情感忽视虐待→自尊→社交焦虑，间接效应3为情感忽视虐待→自我接纳→自尊→社交焦虑，三个间接效应置信区间均不包括0。直接效应占总效应的38.12%，总间接效应占总效应的61.88%，三个间接效应占总效应比分别为36.63%、14.85%、10.40%。

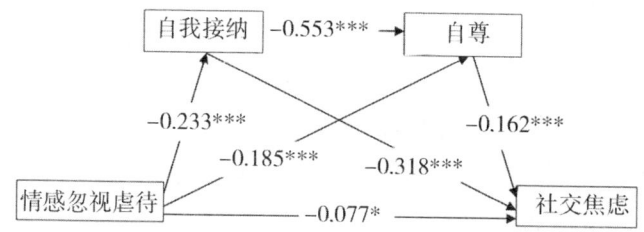

图5-2 自我接纳和自尊在情感忽视虐待与社交焦虑间的链式中介效应

表5-6 中介效应分析（$n=624$）

	效应值	Boot SE	Boot CI 下限	Boot CI 上限
情感忽视虐待→自我接纳→社交焦虑	0.074	0.018	0.043	0.111
情感忽视虐待→自尊→社交焦虑	0.030	0.011	0.010	0.053
情感忽视虐待→自我接纳→自尊→社交焦虑	0.021	0.008	0.006	0.038

续表

	效应值	Boot SE	Boot CI 下限	Boot CI 上限
总间接效应	0.125	0.023	0.081	0.173
直接效应	0.077	0.037	0.004	0.150
总效应	0.202	0.039	0.126	0.278

四、讨论

本研究的四个假设均得到验证，童年期情感忽视虐待不仅能够直接影响农村留守经历大学生的社交焦虑，还通过自我接纳和自尊来影响其社交焦虑。其中，间接影响的作用路径包括自我接纳、自尊的单独中介作用和自我接纳—自尊的链式中介作用。

研究发现，情感忽视虐待与社交焦虑呈显著正相关，儿童期情感忽视虐待能够直接正向预测农村留守经历大学生的社交焦虑，这与已有的研究结果相一致。个体的焦虑症状可以追溯到儿童期创伤经历上，[1] 个体在儿童期情感忽视与虐待经历对其未来及成年后的社交焦虑水平存在着直接的影响，这种影响可能与其在经历虐待时所形成的早期适应不良图示（Early Maladaptive Schemas，EMS）有关，这些不良图示是受虐待个体在当前或未来产生各种情绪障碍的一个重要原因。[2]

研究发现了自我接纳在情感忽视虐待与农村留守经历大学生的社交焦虑之间的中介作用，儿童期遭受情感忽视虐待的个体，对自我有更低的接纳和认可度，并由此影响其在社交情境中的情绪感受和行为表现。个体在早期环境中遭受情感忽视、情感虐待等创伤经历，会导致其形成适应不良图示，这些图式主要涉及受虐待个体对自我的消极认知，以及对与他人关系的消极认

---

[1] 胡岳，张玉婷，陈毅文. 焦虑障碍患者童年创伤经历与成人依恋的关系 [J]. 中国心理卫生杂志，2020，34（9）：729-735.

[2] YOUNG J E, KLOSKO J S, WEISHAAR M E. Schema Therapy: A Practitioner's Guide [M]. New York: Guilford Press, 2003: 37-41.

知。① 在本质上，这类适应不良图式不仅会影响个体面对自我时情绪反应的信息处理方式，还会影响其面对人际交往中情绪反应的信息处理方式，并导致情绪和人际方面的困扰。② 已有研究发现，儿童期经历创伤的个体在成年后的人际互动中有着更为显著的高敏感性，③ 对于人际中的拒绝也显得格外敏感，④ 这可能是留守经历大学生社交焦虑的根源之一。总之，这些适应不良图式或消极认知会让其难以接纳现实层面的自我，并会增加其对自我表现的关注和对他人评价、态度的关注，从而加剧其社交时的焦虑感。

研究发现自尊在情感忽视虐待和农村留守经历大学生社交焦虑之间存在中介作用，这表明早期的情感忽视虐待会削弱农村留守经历大学生的自尊，从而影响其在人际中的情绪感受，这与以往研究结论相一致。情感忽视与虐待会导致个体较低的自尊水平，并会进一步增强其社交焦虑水平。⑤ 研究也证明了肯达尔·塔克特（Kendall-Tackett）的观点，即儿童期虐待能够通过降低个体的自尊，从而影响其身心健康⑥。

研究还发现自我接纳—自尊在情感忽视虐待与农村留守经历大学生社交焦虑之间存在链式中介作用。在缺乏抱持、稳定的养育环境下，个体的情感需求不被接纳和尊重，他们会不断积累来自父母及主要抚养者的消极反馈，并内化为对自我的消极评价和低自我接纳度，进而降低自我价值感和自尊体验，最终增加其在人际互动时的焦虑情绪体验。童年的情感忽视和虐待经历

---

① YOUNG J E, KLOSKO J S, WEISHAAR M E. Schema Therapy: A Practitioner's Guide [M]. New York: Guilford Press, 2003: 37-41.
② DOZOIS D J A, MARTIN R A, BIELING P J. Early Maladaptive Schemas and Adaptive/Maladaptive Styles of Humor [J]. Cognitive Therapy and Research, 2009, 33 (6): 585-596.
③ KARATZIAS T, JOWETT S, BEGLEY A, et al. Early Maladaptive Schemas in Adult Survivors of Interpersonal Trauma: Foundations for a Cognitive Theory of Psychopathology [J]. European Journal of Psychotraumatology, 2016, 7 (1): 30713.
④ BUNGERT M, LIEBKE L, THOME J, et al. Rejection Sensitivity and Symptom Severity in Patients with Borderline Personality Disorder: Effects of Childhood Maltreatment and Self-Esteem [J]. Borderline Personality Disorder and Emotion Dysregulation, 2015, 2 (1): 1-13.
⑤ 卜钰，陈丽华，郭海英，等. 情感虐待与儿童社交焦虑：基本心理需要和自尊的多重中介作用 [J]. 中国临床心理学杂志, 2017, 25 (2): 203-207.
⑥ KENDALL-TACKETT K. The Health Effects of Childhood Abuse: Four Pathways by Which Abuse Can Influence Health [J]. Child Abuse & Neglect, 2002, 26 (6-7): 715-729.

是个体早期适应不良图式的重要来源之一。[①] 早期适应不良图式不仅让个体产生较低的自我接纳度和低自尊体验，还会影响个体对外界信息的处理模式和人际互动的情感反应，即对自我及其表现、对他人负性评价的过度担忧和焦虑，从而引起社交焦虑。

五、结论

在童年负性家庭环境中，情感忽视与虐待是留守儿童常常面对和承受的处境不利。情感虐待和忽视是青少年社交焦虑情绪的重要风险因素之一。成长过程中的情感虐待和忽视不仅可以直接影响农村留守经历大学生社交焦虑，还可以通过自我接纳和自尊的独立中介作用和链式中介作用间接影响其社交焦虑。

第三节　父母心理控制与青少年消极冒险

一、问题提出

青少年期是个体从儿童向成年人过渡的转折阶段，其自我意识和独立意识明显增强。在此阶段，青少年易于受到生理、人格、同伴、环境等因素的影响而实施各种消极冒险行为。消极冒险行为如喝酒、打架、考试作弊、逃课、涉入危险境地等危害自身和他人身心健康的行为，亦称适应不良的冒险行为或危险行为。[②] 关注冒险行为年龄特征的研究发现，相比较成年后期，青少年时期消极冒险行为发生频率最高[③]；并且，青少年晚期（18~20岁）的

[①] YOUNG J E, KLOSKO J S, WEISHAAR M E. Schema Therapy: A Practitioner's Guide [M]. New York: Guilford Press, 2003: 37-41.

[②] DUELL N, STEINBERG L. Differential Correlates of Positive and Negative Risk Taking in Adolescence [J]. Journal of Youth and Adolescence, 2020, 49 (6): 1162-1178.

[③] FRYT J, SZCZYGIEŁ M, DUELL N. Positive and Negative Risk Taking in Adolescence: Age Patterns and Relations to Social Environment [J]. New Directions for Child and Adolescent Development, 2021, 179: 127-146.

消极冒险行为显著高于青少年中期和早期。① 大学生正处于少年晚期及向成年期过渡的关键时期，其消极冒险行为亦是被社会广泛关注的问题之一。

已有研究较多关注家庭因素与青少年早期和中期消极冒险行为的关系，并发现父母心理控制与青少年早期和中期消极冒险存在显著的正相关。同时有研究者提出，父母心理控制与青少年消极冒险既存在线性关系，也存在非线性关系。② 相比中学生，大学生与父母的物理距离更远，独立自主性更强，自我控制水平也更高。对于逐渐脱离家庭而独立的大学生群体，父母心理控制与其消极冒险行为存在何种关系？自主性和自我控制在两者关系间起何种作用？这是本节关注的问题。

（一）父母心理控制与消极冒险行为

父母心理控制（parental psychological control）是指父母通过诱发内疚、爱的撤回以及施加权威等方式试图对孩子的情绪情感、想法、行为和亲子关系进行控制的一种消极教养方式。③ 抗拒理论（reactance theory）认为，限制青少年自由的禁令和规则反而会增加其从事被禁止行为的可能性，如父母教条式的语言会引起青少年的抗拒，抗拒最明显的后果是"回旋镖效应"，即个体倾向于做与要求完全相反的事情。④ 研究显示，抗拒倾向在青春期达到顶峰，⑤ 抗拒倾向高的人对自由的威胁更敏感。⑥ 叶理丛、陈晓等人研究发现，

---

① 刘金平，韩菁，刘亚丽. 青少年冒险行为及其与人格、依恋的关系［J］. 心理学探新，2008（3）：77-81.

② 刘艳春，陈姣. 父母心理控制与青少年冒险行为的非线性关系：自尊的调节作用［J］. 心理发展与教育，2019，35（4）：401-410.

③ BARBER B K. Parental Psychological Control: Revisiting a Neglected Construct［J］. Child Development，1996，67（6）：3296-3319.

④ QUICK B L，STEPHENSON M T. Examining the Role of Trait Reactance and Sensation Seeking on Percived Threat，State Reactance，and Reactance Restoration［J］. Human Communication Research，2008，34（3）：448-476；RAINSS A. The Nature of Psychological Reactance Revisited：A Meta-Analytic Review［J］. Human Communication Research，2013，39（1）：47-73.

⑤ GRANDPRE J，ALVARO E M，BURGOON M，et al. Adolescent Reactance and Anti-Smoking Campaigns：A Theoretical Approach［J］. Health Communication，2003，15（3）：349-366.

⑥ CHARTRAND T L，DALTON A N，FITZSIMONS G J. Nonconscious Relationship Reactance：When Significant Others Prime Opposing Goals［J］. Journal of Experimental Social Psychology，2007，43（5）：719-726.

父母心理控制可以正向预测个体的烟酒使用、危险行为。① 此外也有研究者证实父母心理控制与外化问题行为（如违规、攻击、违法等）呈正相关②，且吸毒、吸烟喝酒、攻击等这些都是消极冒险行为的指标。父母心理控制限制了大学生自由，对其自主需要产生威胁，于是大学生会产生更多的抗拒体验，做出危险行为来使自己的需求得到满足。③ 基于此，本研究提出假设一：父母心理控制能够正向预测大学生消极冒险行为。

（二）自主性的中介作用

自主性反映了自我认可的独立，即通过表达个人属性和差异获得自我认同，而不依赖他人而独立行动的表现。④ 根据自我决定理论（self-determination theory），心理控制不仅包括父母将要求和意愿强加给子女的外在压力，还包括子女为避免父母指责和失去关爱而不得不遵守父母意愿的内在压力。⑤ 父母心理控制下的内外双重压力阻碍了大学生基本心理需要和自主需求的满足，进而会限制大学生自主性的发展。伯恩特·托马斯（Thomas J. Berndt）也认为大学生自主性的发展与家庭环境紧密相连。⑥ 由此可见，父母心理控制作为一种消极的家庭教养方式，可能会使大学生自主性发展受损。心理动力学的观点将自主性定义为与父母的分离，认为与父母的情感距离在青春期的健康发展中起着关键作用。⑦ 研究显示，分离个体化是青少年在与父母建立亲密的

---

① 叶理丛. 父母控制对中学生烟酒使用的影响：一个有调节的中介模型 [D]. 南昌：江西师范大学，2015.
② SYMEOU M, GEORGIOU S. Externalizing and Internalizing Behaviours in Adolescence, and the Importance of Parental Behavioural and Psychological Control Practices [J]. Journal of Adolescence, 2017, 60: 104-113.
③ XIANG S Y, LIU Y. Understanding the Joint Effects of Perceived Parental Psychological Control and Insecure Attachment Styles: A Differentiated Approach to Adolescent Autonomy [J]. Personality and Individual Differences, 2018, 126: 12-18.
④ YEH K H, YANG Y J. Construct Validation of Individuating and Relating Autonomy Orientations in Culturally Chinese Adolescents [J]. Asian Journal of Social Psychology, 2006, 9 (2): 148-160.
⑤ DECI E L, RYAN R M. Levels of Analysis, Regnant Causes of Behavior and Well-Being: The Role of Psychological Needs [J]. Psychological Inquiry, 2011, 22 (1): 17-22.
⑥ BERNDT T J. Developmental Changes in Conformity to Peers and Parents [J]. Developmental Psychology, 1979, 15 (6): 608-616.
⑦ FREUD A. Adolescence [J]. Psychoanalytic Study of the Child, 1958, 13: 255-278.

情感联结基础上寻求独立性、自主性和自我感的过程。① 大学生正处于渴望与父母保持距离从而实现自我独立的"分离—个体化"时期,父母过度的心理控制可能使得青少年无法顺利实现分离个体化,从而导致自主性的发展受阻对其发展带来消极影响。② 有研究表明,大学生自主性越强,饮酒频率越低。③ 有关成年期冒险行为的研究也显示,个体自主越强,其冒险行为越少。④ 基于此,本研究提出假设二:自主性在父母心理控制与大学生消极冒险的关系中起中介作用。

(三) 自我控制的中介作用

自我控制是指个体为了实现长远目标,有意识地克服冲动、习惯或自动反应,调整自己行为的过程。⑤ 较多研究证实消极的养育(如强制的养育、消极的控制)和脆弱的亲子关系与童年早期和中期较低的自我控制能力有关。⑥。相比较西方文化下的父母,中国文化背景下的父母更倾向于对子女进行心理控制⑦;父母通常采用引发内疚等心理控制的方式,以此影响子女自我

---

① 王树青,佟月华. 分离一个体化对大学生自我同一性状态的影响:因果取向的中介作用[J]. 中国特殊教育,2018(8):91-96.
② 雷雳. 青少年"网络成瘾"探析[J]. 心理发展与教育,2010,26(5):554-560.
③ WONG M M, ROWLAND S E. Self-Determination and Substance use: Is Effortful Control a Mediator? [J]. Alcoholism Clinical and Experimental Research, 2013, 37 (6): 1040-1047.
④ ANTON L R. Autonomy, Risk Perception, and Risk Taking in Emerging Adulthood [D]. San Francisco: San Francisco State University, 2015.
⑤ TANGNEY J P, BAUMEISTER R F, BOONE A L. High Self-Control Predicts Good Adjustment, Less Pathology, Better Grades, and Interpersonal Success [J]. Journal of Personality, 2004, 72 (2): 271-324.
⑥ DAVIS M, BILMS J, SUVEG C. In Sync and in Control: A Meta-Analysis of Parent-Child Positive Behavioural Synchrony and Youth Self-Regulation [J]. Family Process, 2017, 56 (4): 962-980; PALLINI S, CHIRUMBOLO A, MORELLI M, et al. The Relation of Attachment Security Status To Effortful Self-Regulation: A Meta-Analysis [J]. Psychological Bulletin, 2018, 144 (5): 501-531.
⑦ AHMAD I. Mothers' Parenting Styles as Predictors of Palestinian Children's Peer Victimization and Aggression [D]. Indiana: Indiana University, 2009.

控制能力的发展①。研究显示，青少年自控能力越低，越容易进行消极冒险活动，② Pit-wan Pung 等人的研究也证明，自我控制能够显著负向预测消极冒险行为。③ 另有研究显示，父母心理控制给大学生造成的压力会损耗其自我控制资源，而自我控制资源的缺乏又会导致个体出现外在问题行为。④ 据此，本研究提出假设三：自我控制在父母心理控制与大学生消极冒险行为的关系中起中介作用。

（四）自主性与自我控制的链式中介作用

如上所述，自主性强调个体对父母或重要他人依赖降低的独立性，自我控制强调对自己行为的自我管理与调整。自主性与自我控制均可能是父母心理控制与大学生消极冒险行为之间可能的中介变量。根据自我决定理论，个体处于一个连续的动机中，⑤ 具有内在动机的个体出于个人兴趣或意愿而从事某项行为，而外在动机是指出于外部环境原因而做某事。并且个体完成任务的动机是可以改变的，在更具控制性的情境下（例如，截止日期、外部奖励或潜在惩罚）可能会减少内在动机。当个体在社会环境中对自主性、能力和关系的基本心理需求得到满足时，自主动机应该会得到增强，支持自主的情况会鼓励更多的内在动机。此时，个体的自主感在决定自我控制活动的消耗程度方面发挥重要作用；⑥ 有研究者在操纵自主感的实验中发现，在感觉被强迫或迫于压力施加才得以自我控制的情况下可能会导致自我控制资源的更大

---

① LI J B, WILLEMS Y E, STOK F M, et al. Parenting and Self-Control Across Early to Late Adolescence: A Three-Level Meta-Analysis [J]. Perspectives on Psychological Science, 2019, 14 (6): 967-1005.

② LIU L, WANG N, TIAN L. The Parent-Adolescent Relationship and Risk-Taking Behaviors among Chinese Adolescents: The Moderating Role of Self-Control [J]. Frontiers in Psychology, 2019, 10: 542.

③ PUNG P W, YAACOB S N, BAHARUDIN R, et al. Low Self-Control, Peer Delinquency and Aggression among Adolescents in Malaysia [J]. Asian Social Science, 2015, 11 (21): 193-202.

④ 张晔，刘勤学，隆舟，等. 大学生特质焦虑与网络成瘾的关系：一个有调节的中介模型 [J]. 心理发展与教育，2016, 32 (6): 745-752.

⑤ DECI E L, RYAN R M. The "what" and "why" of Goal Pursuits: Human Needs and the Self-Determination of Behavior [J]. Psychological Inquiry, 2000, 11 (4): 227-268.

⑥ DECI E L, RYAN R M. Intrinsic Motivation and Self-Determination in Human Behavior [M]. New York: Plenum, 1985: 154-157.

消耗,而自主做出选择会导致更少的消耗和更好的自我控制表现。① 有研究亦显示,获得自主支持的个体其主观活力会得到增强,因为它可能涉及较少的内部冲突,活力的增强可能有助于补充失去的自我力量,从而导致更好的自我控制表现。② 大学生的自主感决定了其自我控制活动的消耗,在父母心理控制的施压环境下,大学生的自主性降低,其自我控制资源损耗更多,从而使得自我控制表现更差,最终增加了大学生消极冒险的频率。基于此,本研究提出假设四:自主性和自我控制在父母心理控制与大学生消极冒险行为的关系中起链式中介作用。假设模型如图5-3所示。

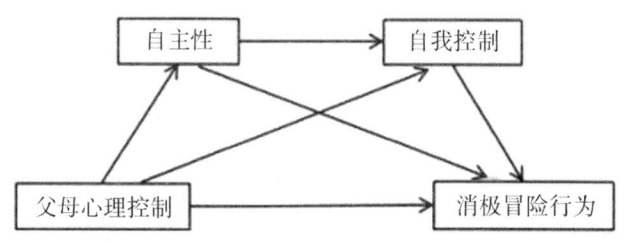

图5-3 假设模型图

二、研究方法

（一）研究对象

本研究采用方便取样法,通过在线发放问卷的方式施测,在湖南省5所高校发放1300份问卷,剔除作答时间过短、有规律作答以及不认真作答的无效问卷后,回收整理有效问卷1170份,有效率为90%。被试平均年龄为20.46岁（$SD = 0.85$）,年龄范围为17~24岁。其中男生690人（占58.97%）,女生480人（占41.03%）；家庭居住城镇681人（58.21%）,居住农村489人（41.79%）。

（二）研究工具

1. 父母控制量表

采用Wang等人编制的父母控制量表中的心理控制量表测量大学生感知到

---

① MOLLER C, DECI E L, RYAN R M. Choice and Ego Depletion: The Moderating Role of Autonomy [J]. Personality and Social Psychology Bulletin, 2006, 32 (8): 1024-1036.
② MURAVEN M, GAGNÉ M, ROSMAN H. Helpful self-control: Autonomy support, vitality, and depletion [J]. Journal of Experimental Social Psychology, 2008, 44 (3): 573-585.

的父母心理控制程度。① 该量表分为三个维度,共18个题目。所有题目均为5点计分,从1到5分别为完全不符合、比较不符合、有点符合、比较符合、完全符合。计算所有项目总分,分数越高代表父母心理控制程度越高。在本研究中,该量表的Cronbach's α 系数为0.96。

2. 青少年自主性量表

采用叶光辉等人编制的青少年自主性量表中的个体化自主性分量表测量大学生的自主性。② 共6个题目,采用6点计分,总分越高,表示自主性越高。该量表被多次运用在中国青少年群体中。在本研究中,该量表的Cronbach's α 系数为0.91。

3. 简式自我控制量表

罗涛等人修订的简式自我控制量表中文版,共7个条目,包括两个维度,自律性(self-discipline)及冲动控制(impulse control)。③ 量表采用5点计分,得分越高表示自我控制水平越高。在本研究中,该量表的Cronbach's α 系数为0.62。

4. 冒险行为自我报告问卷

采用改编自娜塔莎·迪尤尔(Natasha Duell)和劳伦斯·斯坦伯格(Laurence Steinberg)的冒险行为自我报告量表(Positive Risk Taking Scale,PRTS)中的消极行为分量表测量大学生消极冒险经历。④ 共11个条目,采用4点计分,分数越高,表示被试消极冒险行为越多。在本研究中,该量表的Cronbach's α 系数为0.84。

(三)研究程序与数据处理

本研究获得了笔者所在大学心理学系的伦理审查委员会的审查。所有数

---

① WANG Q, POMERANTZ E M, CHEN H. The role of parents' control in early adolescents' psychological functioning: A longitudinal investigation in the united states and China [J]. Child Development, 2007, 78 (5): 1592-1610.

② YEH K H, YANG Y J. Construct validation of individuating and relating autonomy orientations in culturally Chinese adolescents [J]. Asian Journal of Social Psychology, 2006, 9 (2): 148-160.

③ 罗涛,程李梅,秦立霞,等. 简式自我控制量表中文版的信效度检验 [J]. 中国临床心理学杂志, 2021, 29 (1): 83-86.

④ DUELL N, STEINBERG L. Differential correlates of positive and negative risk taking in adolescence [J]. Journal of Youth and Adolescence, 2020, 49 (6): 1162-1178.

据整理和分析均在 SPSS 26.0 软件中进行，中介检验采用 PROCESS 宏程序进行分析。

三、结果

（一）共同方法偏差检验

采用 Harman 单因素因子分析法检验是否存在进行共同方法偏差。结果显示，特征根大于 1 的因素共 9 个，其中第一个因素解释的累计变异量为 25.60%，小于临界值 40%，说明本研究不存在严重的共同方法偏差问题。

（二）描述性统计与相关分析

表 5-7 列出了各研究变量的平均数和标准差以及相关矩阵。从相关矩阵表中可以看出，大学生的父母心理控制、自主性、自我控制和消极冒险行为之间均显著相关（$p<0.01$）。

表 5-7　各变量的平均数、标准差和相关系数（$n=1170$）

变量	M	SD	1	2	3	4
父母心理控制	45.51	16.84	—	—	—	—
个体化自主性	24.47	6.28	−0.12***	—	—	—
自我控制	21.78	4.06	−0.21***	0.40***	—	—
消极冒险行为	13.84	4.30	0.23***	−0.06***	−0.24***	—

注：*$p<0.05$，**$p<0.01$，***$p<0.001$。

（三）链式中介效应检验

使用 SPSS 插件 PROCESS 中的模型 6，考虑到已有研究中性别与家庭社会经济地位等变量与消极冒险行为显著相关，[①] 家庭居住地是反映经济地位的重要指标之一，因此本研究在控制性别和家庭居住地的情况下对个体化自主性和自我控制的中介效应进行检验。

回归分析结果显示（如表 5-8），父母心理控制可以正向预测消极冒险行

---

① 贾晓珊，朱海东，孙桂芹．主观社会地位与青少年消极冒险行为的关系：自我控制的中介作用和性别的调节作用［J］．中国健康心理学杂志，2022，30（2）：232-237.

为（$\beta=0.20$, $t=7.85$, $p<0.001$），将个体化自主性与自我控制纳入回归方程后，父母心理控制负向预测个体化自主性与自我控制（$\beta=-0.13$, $t=-4.39$, $p<0.001$；$\beta=-0.18$, $t=-6.40$, $p<0.001$）；个体化自主性可以正向预测自我控制（$\beta=0.39$, $t=13.95$, $p<0.001$），但对消极冒险行为的预测作用不显著（$p=0.10$）；自我控制可以负向预测消极冒险行为（$\beta=-0.19$, $t=-7.31$, $p<0.001$）。

表 5-8　链式中介模型中变量关系的回归分析（$n=1170$）

回归方程		整体拟合指数			回归系数显著性	
结果变量	预测变量	R	R^2	F	β	t
消极冒险行为	性别	0.26	0.07	29.02***	-0.24	-4.65***
	家庭居住地				0.05	1.01
	父母心理控制				0.20	7.85***
个体化自主性	性别	0.19	0.03	13.89***	-0.23	-3.94***
	家庭居住地				-0.15	-2.66**
	父母心理控制				-0.13	-4.39***
自我控制	性别	0.43	0.19	67.59***	-0.05	-0.91
	家庭居住地				-0.03	-0.64
	父母心理控制				-0.18	-6.40***
	个体化自主性				0.39	13.95***
消极冒险行为	性别	0.33	0.11	29.41***	-0.25	-5.09***
	家庭居住地				0.03	0.77
	父母心理控制				0.16	6.29***
	个体化自主性				0.04	1.30
	自我控制				-0.19	-7.31***

注：*$p<0.05$，**$p<0.01$，***$p<0.001$。

中介效应分析结果显示（如表 5-9 所示），总效应值为 0.21，95%置信区间不包含 0，表明总效应显著。直接效应值为 0.16，95%置信区间不包含 0，表明父母心理控制对消极冒险行为的直接效应显著。总中介效应值为 0.05，

95%置信区间不包含0，表明个体化自主性、自我控制在父母心理控制与消极冒险行为间的中介效应显著。采用偏差校正非参数百分Bootstrap检验，重复取样5000次，进行中介效应检验与置信区间的估计，结果表明：间接效应1为父母心理控制→个体化自主性→消极冒险行为，置信区间包含0，说明该路径的间接效应不显著；间接效应2为父母心理控制→自我控制→消极冒险行为，该路径的间接效应显著（0.03）；间接效应3为父母心理控制→个体化自主性→自我控制→消极冒险行为（0.01），这条路径的间接效应显著（见图5-4）。

表5-9 个体化自主性和自我控制的中介效应分析

效应	路径关系	效应值	相对中介效应	95%CI 下限	95%CI 上限
直接效应	父母心理控制→消极冒险行为	0.16	76.19%	0.15	0.26
中介效应	父母心理控制→个体化自主性→消极冒险行为	-0.01	4.76%	-0.02	0.01
	父母心理控制→自我控制→消极冒险行为	0.03	14.29%	0.02	0.06
	父母心理控制→个体化自主性→自我控制→消极冒险行为	0.01	4.76%	0.01	0.02
总中介效应		0.05	23.81%	-0.14	-0.02
总效应		0.21	100%	0.02	0.06

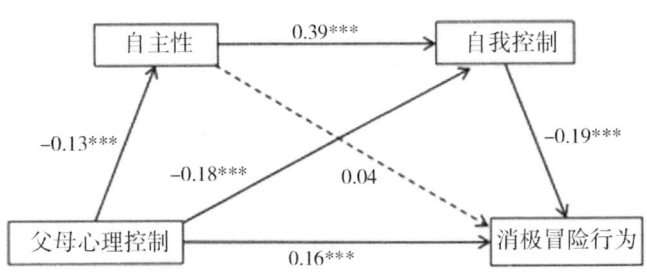

图5-4 自主性、自我控制在父母心理控制与大学生消极冒险行为之间的链式中介

四、讨论

(一) 父母心理控制与大学生消极冒险行为

研究结果显示,父母心理控制可以直接正向预测大学生消极冒险行为,验证了假设一。这与国内以往以中学生为样本的研究结果相一致。[①] 父母心理控制不仅是初高中生进行消极冒险行为的重要影响因素,也是大学生冒险行为的重要预测因子。家庭是个体成长和生活的第一环境,处于成年早期的大学生虽然已经进入大学生活,但作为消极教养方式之一的父母心理控制对大学生消极冒险行为的影响依然具有连续性和长效性。父母的心理控制未能充分满足大学生的自主需要,对其自由产生威胁,使得大学生更容易发生消极冒险行为,研究结果符合抗拒理论。[②] 大学生在成长过程中感受到父母心理控制程度越高,其进行消极冒险行为的概率越大。本研究不仅丰富了父母心理控制与消极冒险行为关系的研究内容,还为今后大学生消极冒险行为的有效干预提供了实证依据。

(二) 自主性与自我控制的中介作用

研究结果发现,自我控制在父母心理控制对大学生消极冒险行为的影响中起到中介作用,验证了假设三。具体表现为:自我控制显著负向预测消极冒险行为,自我控制程度越低的大学生越容易发生消极冒险行为。父母消极的教养方式提供了一种阻碍青少年自我控制发展的环境,这反过来又成为冒险行为的主要原因,即采用心理控制的消极教养方式更容易剥夺大学生独立发展自我控制能力的机会。研究表明,在青少年难以抑制自己的冲动时,父母对其行为的监控管教或调节指导不一定有效,反而可能加剧青少年冒险行

[①] 范翠英,张孟,何丹. 父母控制对初中生网络欺负的影响:道德推脱的中介作用 [J]. 中国临床心理学杂志,2017,25 (3):516-519,523;叶宝娟,杨强,胡竹菁. 父母控制、不良同伴和感觉寻求对工读生毒品使用的影响机制 [J]. 心理发展与教育,2012,28 (6):641-650.

[②] VAN PETEGEM S, SOENENS B, VANSTEENKISTE M, et al. Rebels With a Cause? Adolescent Defiance From the Perspective of Reactance Theory and Self-Determination theory [J]. Child development, 2015, 86 (3):903-918.

为的发生。① 父母心理控制的消极养育方式不仅会给大学生造成内外压力，还会消耗其自我控制资源，自我控制水平低的大学生更倾向于冲动做出冒险行为，符合自我控制能量模型。② 这提示父母应给予子女足够的信任理解和积极的肯定支持，降低对子女的过高控制感，尊重与尽量满足其内心需求，给子女创建一个充满爱与理解、平等与民主的家庭氛围，建立更加亲密和谐的亲子关系，以此降低大学生消极冒险行为的发生概率。

此外，本研究还发现，自主性和自我控制在父母心理控制与大学生消极冒险行为之间起链式中介作用，故假设四成立。大学生自主性降低，其得到的自主支持也会相应减少，在此状态下，大学生感觉到被强迫或压力施加，自我控制的情况可能会导致自我控制资源的更大消耗，其执行自我控制的成功性也随之降低，进而增加了消极冒险行为发生的频率，符合自我控制强度模型。③ 父母过度心理控制的消极教养方式通过影响孩子的自主性和自我调节间接地塑造孩子的社会行为。④ 这提示我们可以鼓励父母采取适当的养育方式来防止大学生的消极冒险行为，具体来说，降低对大学生的心理控制，转变自主支持式的教养方式，给予他们情感上的关注与意志上的尊重，满足其对关系自主的需要，进而提高大学生的自我控制水平，从而进一步防止大学生的消极冒险行为，促进大学生积极发展与社会适应。

(三) 研究不足与展望

本研究构建了一个链式中介模型，探讨了父母心理控制对大学生消极冒险行为的影响及其作用机制，为预防与减少大学生消极冒险行为提供了理论与实践参考。但研究仍存在局限与不足。首先，本研究采用横向设计，未能明确研究变量间的因果关系，后续可以采用追踪设计进一步探究各变量间的方向性以及消极冒险行为的发展状况。其次，本研究对消极冒险行为的数据

---

① LI J B, WILLEMS Y E, STOK F M, et al. Parenting and Self-Control Across Early to Late Adolescence: A Three-Level Meta-Analysis [J]. Perspectives on Psychological Science, 2019, 14 (6): 967-1005.
② BAUMEISTER R F, HEATHERTON T F, TICE D M. Losing Control: How and Why People Fail at Self-Regulation [J]. Clinical Psychology Review, 1995, 15 (4): 367-368.
③ BAUMEISTER R F, HEATHERTON T F, TICE D M. Losing Control: How and Why People Fail at Self-Regulation [J]. Clinical Psychology Review, 1995, 15 (4): 367-368.
④ SCHNEIDER B H, ATKINSON L, TARDIF C. Child-Parent Attachment and Children's Peer Relations: A Quantitative Review [J]. Developmental Psychology, 2001, 37 (1): 86-100.

收集采用自我报告的方式,后续研究可使用情境化的实验方法,如"危险驾驶游戏""BART 任务"等,以获得更为生态化的研究结果。

五、结论

父母心理控制既是"以爱为名"的教养模式,也是另一种隐性的情感忽视。父母心理控制是青少年不良行为的家庭风险因素之一,不仅可以直接正向预测青少年学生的消极冒险行为,还通过削弱青少年学生的自主性和自我控制水平对消极冒险行为产生影响。

第四节 累积家庭风险与青少年自残行为[①]

一、问题提出

自残行为又称非自杀性自伤行为(Non-Suicidal Self-Injury,简称为 NSSI),是不以自杀为目的、直接故意损伤自己身体组织且不被社会认可的行为。[②] 根据系统理论(Systemic Model),自残可能是环境或家庭功能失调的症状之一。[③] Piquero 等人对童年期风险因子与成年后异常心理的相关性进行 Meta 分析发现,环境层面的风险因素几乎都来自家庭,[④] 故自残行为需要放入家庭系统中进行理解。现实中单一风险发生单独作用的情况极为少见,更多的是多种风险共同作用;累计家庭风险对青少年自残行为的影响也已得到了证实。在相同的家庭风险下,个体呈现出的心理问题也会因人而异,即家庭风险因素对个体心理的作用可能受其他个体因素的影响。因此,有必要考

[①] 张珊明,刘嘉慧,尹美,等.累积家庭风险与大学生自伤行为:一个有调节的中介模型[J].中国临床心理学杂志,2023,31(3):562-567,573.

[②] 于丽霞,凌霄,江光荣.自伤青少年的冲动性[J].心理学报,2013,45(3):320-335.

[③] SUYEMOTO K L, MACDONALD M L. Self-Cutting in Female Adolescents [J]. Psychotherapy, 1995, 32 (1): 162-171.

[④] PIQUERO A R, FARRINGTON D P, FONTAINE N M G, et al. Childhood Risk, Offending Trajectories, and Psychopathy at Age 48 Years in the Cambridge Study in Delinquent Development [J]. Psychology, Public Policy, and Law, 2012, 18 (4): 577-598.

察累积家庭风险对青少年自残行为的影响机制。因自残在大学生中也具有较高发生率,故本研究以大学生为研究对象。

在累积家庭风险和大学生自残行为之间,抑郁可能发挥着某种作用。一方面,已有大量研究证实累积家庭风险与青少年抑郁的高相关性。如在以中学生为对象的研究中发现,家庭结构缺陷、家庭资源匮乏、家庭氛围不良等家庭风险的累积对中学生的抑郁情绪或症状有显著的正向预测作用。[1] 另一方面,抑郁在自残行为发展和持续过程中发挥着重要作用。抑郁不仅与留守儿童和流动儿童的自残行为存在高相关性,[2] 还是大学生自残行为的高风险预测因素,[3] 一项Meta分析也证明了确诊的抑郁症以及抑郁症状在预测自残行为中的重要作用。[4] 根据自残的情绪调节模型(Affect-Regulation Model),焦虑、抑郁等负性情绪往往先于自残之前产生,自残被当作一种能暂时缓解当下抑郁情绪的功能性应对方式。[5] 此外,Wang和Lin还发现抑郁等消极情绪中介了父母照顾不足对留守中学生自残行为的影响。[6] 据此,本研究提出假设一:抑郁在累积家庭风险和大学生自残行为之间起着中介作用。

累积家庭风险可能通过抑郁影响大学生的自残行为,但并非所有经历多重家庭风险的大学生都会产生较高水平的抑郁和较多的自残行为,即在累积家庭风险影响自残行为的过程中可能会受到其他个人因素的调节。Tie等人的

---

[1] 徐文明,叶彩霞,方烨仪. 早期累积家庭风险对青少年内化问题的影响:弹性双重机制[J]. 心理与行为研究,2020,18(3):361-368.

[2] LAN T, JIA X, LIN D, et al. Stressful Life Events, Depression, and Non-Suicidal Self-Injury among Chinese Left-Behind Children: Moderating Effects of Self-Esteem [J]. Frontiers in Psychiatry, 2019, 10: 244; WANG Q, LIU X. Peer Victimization, Depressive Symptoms and Non-Suicidal Self-Injury Behavior in Chinese Migrant Children: The Roles of Gender and Stressful Life Events [J]. Psychology Research and Behavior Management, 2019, 12: 661-673.

[3] 赵颖,江敏敏,王静,等. 抑郁对大学生自伤行为的影响:睡眠质量的中介作用及性别的调节作用[J]. 中国健康心理学杂志,2021,29(6):922-926.

[4] VALENCIA-AGUDO F, BURCHER G C, EZPELETA L, et al. Non-Suicidal Self-Injury in Community Adolescents: A Systematic Review of Prospective Predictors, Mediators and Moderators [J]. Journal of Adolescence, 2018, 65: 25-38.

[5] KLONSKY E D. The Functions of Deliberate Self-Injury: A Review of the Evidence [J]. Clinical Psychology Review, 2007, 27 (2): 226-239.

[6] WANG Y, LIN F. Parental Care Deficiency and Non-Suicidal Self-injury among Chinese Rural Left-Behind Adolescents: The mediating Role of Negative Emotion and the Moderating Role of Emotion Regulation Ability [J]. Infant and Child Development, 2021, 31 (4): 2244.

研究发现,除抑郁之外,自悯(self-compassion)也是影响大学生自残的重要变量。① Neff 认为,自悯是人们在遭遇困境、苦难、失败时,对自我表达怜悯、友善、非评判态度的能力,具体包括在情感上的自我友善、在认知上的普遍人性感和正念;Neff 在其自悯理论中提出,自悯对心理健康有着特殊的作用,其在本质上与个体的情绪调节相关。② 高水平自悯者会以更宽容的态度面对自己的不幸际遇,并更能坦然接受伴随而来的痛苦感受,既不回避逃离也不冗思沉溺,因此自悯在累积家庭风险影响自残的直接或间接过程中可能发挥着长效而有益的调节作用。

首先,自悯可能在累积家庭风险与大学生自残之间起调节作用(假设二a)。研究发现,自悯与青少年自残行为显著负相关,③ 高自悯的儿童和青少年尝试轻生的可能性较小。④ 个体—环境交互作用理论认为,⑤ 人们的行为会受环境因素、个人因素以及两者交互作用的影响,因而大学生自残可能受累积家庭风险、其他个人因素及其交互效应影响。Neff 指出,由于高自悯的个体面对困难挫折时有着更为精准的认知,这种认知的核心并非苛责自我,而是关怀自我,故自悯发挥着缓冲作用以帮助个体面对负性家庭因素及其负面影响,削弱自残冲动。⑥ 其次,自悯可能在累积家庭风险与大学生抑郁之间起调节作用(假设二 b)。在非临床的青少年样本中,高水平自悯与低水平的抑郁

---

① TIE B, TANG C, ZHU C, et al. Body Dissatisfaction and Nonsuicidal Selfinjury Among Chinese Young Adults: A Moderated Mediation Analysis [J]. Eating and Weight Disorders-Studies on Anorexia, Bulimia and Obesity, 2022, 27 (6): 2051-2062.

② NEFF K D. Self-compassion: An Alternative Conceptualization of a Healthy Attitude Toward Oneself [J]. Self and Identity, 2003, 2 (2): 85-101.

③ JIANG Y Q, REN Y X, ZHU J J, et al. Gratitude and hope relate to adolescent non-suicidal self-injury: Mediation Through Self-Compassion and Family and School Experiences [J]. Current Psychology, 2020, 41 (2): 935-942.

④ VETTESE L C, DYER C E, LI W L, et al. Does Self-Compassion Mitigate the Association between Childhood Maltreatment and Later Emotional Regulation Difficulties? A Preliminary Investigation [J]. International Journal of Mental Health and Addiction, 2011, 9 (5): 480-491.

⑤ LERNER R M, LERNER J V, ALMERIGI J, et al. Dynamics of Individual Context Relations in Human Development: A Developmental Systems Perspective [M] //THOMAS J, SEGAL D. Comprehensive Handbook of Personality and Psychopathology. New York: John Wiley, 2006. 23-43.

⑥ NEFF K D. Self-Compassion: An Alternative Conceptualization of a Healthy Attitude toward Oneself [J]. Self and Identity, 2003, 2 (2): 85-101.

症状相关,① 自悯不仅可以显著预测青少年的抑郁,② 还可以削弱困境遭遇和抑郁之间的关系,即自悯作为青少年遭遇负性压力事件时的缓冲因子,调节了困难遭遇和抑郁之间的关系。③ 因此,自悯也可能调节累积家庭风险对抑郁的影响。最后,自悯还可能在大学生抑郁与自残之间起调节作用(假设二c)。如前所述,青少年抑郁与自残行为之间相关密切,自残可能是克服抑郁痛苦的一种不良应对方式;而自悯作为一种积极的自我构建和有效的情绪调节策略,④ 不仅调节了中学生抑郁症状和自残行为之间的关系,⑤ 还作为保护性因素削弱了焦虑抑郁等心理障碍与自残及轻生风险的相关关系,⑥ 故亦可能调节大学生抑郁与自残行为的关系。

二、研究方法

(一) 研究对象

研究在征得所在单位伦理委员会的同意下开展。采用方便抽样法,招募自愿参加的在校本科生,在知情同意情况下参与纸笔问卷调查,并给予适当报酬。共发放1300份问卷,剔除随机作答、漏填错填等无效问卷后,有效问卷1183份,有效率为91.00%。其中男生338人(28.57%),女生845人(71.43%);独生子女292人(24.68%),非独生子女891人(75.32%);家

---

① MURIS P, MEESTERS C, PIERIK A, et al. Good for the Self: Self-Compassion and Other Self-Related Constructs in Relation to Symptoms of Anxiety and Depression in Non-Clinical Youths [J]. Journal of Child and Family Studies, 2016, 25 (2): 607-617.

② NEFF K D, MCGEHEE P. Self-Compassion and Psychological Resilience among Adolescents and Young Adults [J]. Self and Identity, 2010, 9 (3): 225-240.

③ LAHTINEN O, JRVINEN E, KUMLANDER S, et al. Does Self-Compassion Protect Adolescents Who are Victimized or Suffer from Academic Difficulties from Depression? [J]. European Journal of Developmental Psychology, 2020, 17 (3): 432-446.

④ NEFF K D. Self-Compassion: An Alternative Conceptualization of a Healthy Attitude Toward Oneself [J]. Self and Identity, 2003, 2 (2): 85-101.

⑤ XAVIER A, PINTO-GOUVEIA J, CUNHA M. The Protective Role of Self-Compassion on Risk Factors for Non-Suicidal Self-Injury in Adolescence [J]. School Mental Health, 2016, 8 (4): 476-485.

⑥ KANIUKA A R, KELLIHER-RABON J, CHANG E C, et al. Symptoms of Anxiety and Depression and Auicidal Behavior in College Students: Conditional Indirect Effects of Non-Suicidal Self-Injury and Self-Compassion [J]. Journal of College Student Psychotherapy, 2020, 34 (4): 316-338.

庭居住城镇560人（47.34%），居住农村623人（52.66%）。年龄范围为16~23岁，平均年龄为19.07±1.03岁。

（二）研究工具

1. 累积家庭风险

家庭结构风险主要考察家庭的基本结构，家庭资源风险主要考察父母文化程度、家庭经济状态，家庭养育风险则考察家庭矛盾冲突、童年虐待经历以及父母心理控制。由于累积风险模型采用二分编码的严格标准，仅将中高分段的风险编码为"有风险"，对于真正的风险因素识别具有更高的敏感性，故采用二分编码计算多重风险，有风险和无风险分别计为1和0，将所有因子得分相加即为累积家庭风险指数。[1]

（1）家庭结构。采用董奇和林崇德的方法，通过1道多选题即"与家里哪些人住在一起"进行测评。[2] 选项包括：亲生父亲、亲生母亲、继（养）父、继（养）母、祖父母、外祖父母、兄弟姐妹、其他人。若没有与亲生父母共同生活编码为1，评为有风险；其他情况无风险，编码为0。

（2）父母文化。采用Gerald和Buehler的方法，采用2个条目以分别测量父亲和母亲的受教育情况。[3] 7点计分，受教育水平为"文盲"计1，"研究生及以上"计7。当父母双方受教育水平同时低于且不包括"高中或中专、技校"时编码为1，其余情况编码为0。

（3）家庭经济。采用王建平等人的经济压力问卷评定家庭经济状况。[4] 共4道题目，5点计分，1为"从不"，5为"总是"，分数越高表明家庭经济越困难。得分高于或等于第75百分位数编码为1，其余编码为0。本研究中，该问卷的Cronbach's α系数为0.81。

（4）家庭矛盾。采用费立鹏等人修订的家庭环境量表（FES-CV）矛盾

---

[1] EVANS G W, LI D P, WHIPPLE S S. Cumulative Risk and Child Development [J]. Psychological Bulletin, 2013, 139 (6): 1342-1396.

[2] 董奇, 林崇德. 中国儿童青少年心理发育标准化测验简介 [M]. 北京：科学出版社, 2011: 79-82.

[3] GERARD J M, BUEHLER C. Cumulative Environmental Risk and Youth Maladjustment: The Role of Youth Attributes [J]. Child DeveloPment, 2004, 75 (6): 1832-1849.

[4] 王建平, 李董平, 张卫. 家庭经济困难与青少年社会适应的关系：应对效能的补偿、中介和调节效应 [J]. 北京师范大学学报（社会科学版）, 2010 (4): 22-32.

性分量表测量①。共9个条目，2点计分，1为"否"，2为"是"。总分越高，家庭及成员之间的矛盾冲突越大。得分高于或等于第75百分位数编码为1，其余编码为0。本研究中，量表的Cronbach's α系数为0.73。

（5）童年虐待。采用赵幸福等人修订的儿童创伤问卷简化版（Childhood Trauma Questionnaire Short-Form，CTQ-SF）进行测量②。共有28道题，包括情感虐待、情感忽视、躯体虐待、躯体忽视和性虐待五个维度。5点计分，1为"从来没有"，5为"总是"，总分越高表示受虐待程度越严重。得分高于或等于第75百分位数编码为1，其余编码为0。研究中总量表的Cronbach's α系数为0.88。

（6）父母控制。采用Wang等人编制的父母控制量表（Parental Control Scale）中的心理控制分量表进行测量③。共18道题，包括引发内疚、爱的撤回和权利专断三个维度。5点计分，1为"完全不符合"，5为"完全符合"。总分越高，父母心理控制水平越高。得分高于或等于第75百分位数编码为1，其余编码为0。研究中，总量表的Cronbach's α系数为0.95。

2. 自残行为

采用刘霞等人修订的简版自我伤害问卷（Deliberate Self-Harm Inventory，DSHI）评定自残行为，④ 现已多次用于中国青少年样本中，有较好的信效度。共9道题，包括量割伤、撞伤、戳伤、烫伤、咬伤等多种自残行为，通过计算次数来评估自残程度，分为0次、1次、2次、3次、4次、5次、5次以上7个等级，0次计0分，5次以上计6分。项目计总分，得分越高表示自残程度越严重。本研究中该卷的Cronbach's α系数为0.88。

---

① 汪向东，王希林，马弘. 心理卫生评定量表手册 [M]. 北京：中国心理卫生杂志社，1999：134-141.
② 赵幸福，张亚林，李龙飞，等. 中文版儿童期虐待问卷的信度与效度 [J]. 中国临床康复，2005（20）：105-107.
③ WANG Q, POMERANTZ E M, CHEN H. The Role of Parents' Control in Early Adolescents' Psychological Functioning: A Longitudinal Investigation in the United States and China [J]. Child Development, 2007, 78 (5): 1592-1610.
④ LAN T, JIA X J, LIN D H, et al. Stressful Life Events, Depression, and Non-Suicidal Self-Injury among Chinese Left-Behind Children: Moderating Effects of Self-Esteem [J]. Frontiers in Psychiatry, 2019, 10: 244.

3. 抑郁

流调中心用抑郁量表评定抑郁情绪。① 共 20 个题项，4 点计分，1 表示"没有或基本没有"，4 表示"几乎一直有"。本研究中总量表 Cronbach's α 系数为 0.93，计算总分，分数越高抑郁情绪越严重。

4. 自悯

采用陈健等人修订的自悯量表评定自悯水平。② 共 26 个条目，采用 5 点计分，1 为"从不"，5 为"总是"。包括自我友善、自我评判、普遍人性感、孤立感、正念和过度沉迷六个维度。总分计算六个维度得分的平均分。参考已有研究，本研究计算总分，分数越高表明自悯水平越高。总量表 Cronbach's α 系数为 0.91。

（三）数据处理

采用 SPSS 20.0 检验共同方法偏差，并对各变量进行描述性统计和相关分析，采用 Hayes 编制的 SPSS 宏程序 PROCESS 进行中介和调节效应检验。回归系数的显著性检验均采用 Bootstrap 方法进行。

三、研究结果

（一）共同方法偏差

本研究采用 Harman 单因素因子分析法检验是否存在共同方法偏差。纳入累积家庭风险、自残行为、抑郁和自悯的所有条目进行探索性因子分析，第一个因子的方差解释量为 23.58%，小于 40% 的临界值，故本研究不存在严重的共同方法偏差问题。

（二）描述性统计与相关分析

控制人口学变量性别、独生子女和家庭居住地，对主要变量进行相关分析。表 5-10 为各研究变量的平均数、标准差和相关系数矩阵。结果发现，累积家庭风险与自残行为、抑郁呈显著正相关，与自悯呈显著负相关；抑郁与自悯呈显著负相关，与自残行为呈显著正相关；自悯与自残行为呈显著负相关。

---

[1] RADLOFF L S. The CES-D Scale: A Self-Report Depression Scale for Research in the General Population [J]. Applied Psychological Measurement, 1977, 1 (3): 385-401.

[2] 陈健, 燕良轼, 周丽华. 中文版自悯量表的信效度研究 [J]. 中国临床心理学杂志, 2011, 19 (6): 734-736.

表 5-10 各变量的平均数、标准差和相关系数（$n=1183$）

变量	M	SD	1	2	3	4
累积家庭风险	1.63	1.32	—			
抑郁	40.63	0.42***	9.33	—		
自悯	19.34	2.60	-0.31***	-0.66***	—	
自残行为	11.45	0.33***	6.06	0.35***	-0.27***	—

注：*$p<0.05$，**$p<0.01$，***$p<0.001$。

（三）累积家庭风险与大学生自残行为的关系：有调节的中介模型检验

首先，采用 Hayes 插件中的模型 4，在控制性别、独生子女、家庭居住地的情况下对抑郁的中介效应进行检验。结果表明（见表 5-11）：累积家庭风险可以显著预测自残行为（$\beta=0.34$，$p<0.001$）；放入中介变量抑郁后，累积家庭风险显著预测抑郁（$\beta=0.43$，$p<0.001$），抑郁显著预测自残行为（$\beta=0.26$，$p<0.001$）。基于偏差校正的 Bootstrap 法检验发现，直接效应为 0.23，95%置信区间为 [0.17, 0.29]，抑郁的中介效应显著，ab=0.11，SE 为 0.02，95%置信区间为 [0.08, 0.15]，中介效应占总效应（0.34）的 32.35%。

表 5-11 抑郁的中介模型检验

预测变量	方程1：自残行为 β	SE	t	方程2：抑郁 β	SE	t	方程3：自残行为 β	SE	t
性别	0.06	0.06	0.93	0.05	0.06	0.88	0.04	0.06	0.74
独生子女	-0.12	0.07	-1.85	-0.01	0.06	-0.04	-0.12	0.07	-1.90
家庭居住地	-0.31	0.06	-5.21***	-0.13	0.06	-2.29*	-0.27	0.06	-4.78***
累积家庭风险	0.34	0.03	11.85***	0.43	0.03	15.75***	0.23	0.03	7.43***
抑郁							0.26	0.03	8.82***
R^2		0.11			0.18			0.17	
F		37.50***			63.75***			47.54***	

注：男=1，女=2；独生子女=1，非独生子女=2；城镇居住=1，农村居住=2。

其次，采用Hayes插件中的模型59，在控制性别、独生子女、家庭居住地的情况下检验自悯的调节效应。结果表明（见表5-12），将自悯放入模型后，自悯可以显著预测自残行为（$\beta=-0.08$，$p<0.05$），累积家庭风险与自悯的交互项对自残行为的预测作用显著（$\beta=-0.07$，$p<0.05$），抑郁与自悯的交互项对自残行为的预测作用显著（$\beta=-0.08$，$p<0.01$）；自悯显著负向预测抑郁（$\beta=-0.59$，$p<0.001$），累积家庭风险与自悯的交互项对抑郁的预测作用显著（$\beta=-0.05$，$p<0.01$）。这表明自悯在累积家庭风险对自残行为的预测、抑郁对自残行为的预测、累积家庭风险对抑郁的预测中均起调节作用，即自悯不仅调节了直接路径，还调节了中介模型的前半段和后半段路径。

表5-12 有调节的中介模型检验（$n=1183$）

预测变量	方程1（因变量：抑郁）			方程2（因变量：自残行为）		
	β	SE	t	β	SE	t
性别	0.004	0.05	0.08	0.03	0.06	0.55
独生子女	0.11	0.05	2.10*	-0.11	0.06	-1.75
家庭居住地	-0.06	0.04	-1.41	-0.24	0.06	-4.32***
累积家庭风险	0.23	0.02	9.95***	0.20	0.03	6.45***
自悯	-0.59	0.02	-26.77***	-0.08	0.04	-2.32*
累积家庭风险×自悯	-0.05	0.02	-2.62**	-0.07	0.03	-2.41*
抑郁				0.21	0.04	5.47***
抑郁×自悯				-0.08	0.02	-3.09**
R^2	0.49			0.19		
F	187.91***			34.41***		

注：*$p<0.05$，**$p<0.01$，***$p<0.001$。

为了更清楚地揭示调节效应的具体模式，以自悯得分正负一个标准差为标准，将被试分为高自悯组和低自悯组，进行简单斜率检验。结果发现：（1）当个体的自悯水平较低时，累积家庭风险会对大学生自残行为产生显著的正向预测作用（$\beta_{simple}=0.27$，$t=6.89$，$p<0.001$）；当个体自悯水平较高时，累积家庭风险对自残行为的预测作用明显减弱，但仍然显著（$\beta_{simple}=0.13$，$t=$

2.71，p<0.01）。（2）自悯水平较低时，抑郁对大学生自残行为有着显著的正向预测作用（β_{simple}=0.28，t=6.55，p<0.001）；当自悯水平升高时，抑郁对自残行为的预测作用亦明显减弱，这种效应仍然显著（β_{simple}=0.11，t=2.74，p<0.01）。（3）自悯水平较低时，累积家庭风险对抑郁有着显著的正向预测作用（β_{simple}=0.29，t=10.39，p<0.001）；自悯水平较高时，累积家庭风险对抑郁的预测作用有所减弱（β_{simple}=0.18，t=5.16，p<0.001）。

四、讨论

本研究发现，累积家庭风险能正向预测大学生的自残行为，这与以往以中学生为样本的研究结果一致。累积家庭风险不仅是初中生自残的重要影响因素，也是大学生自残的重要预测因子。家庭是个体成长和生活的第一环境，处于成年早期的大学生虽然已经进入大学生活，但家庭环境中各类风险的累积对其心理和行为问题的影响依然存在且极为显著。研究结果符合累积风险模型，[1] 家庭结构不良、经济压力、家庭冲突矛盾、虐待创伤以及不良的教养方式等各类风险因素会以叠加的方式对个体的心理健康产生长远影响，大学生在成长过程中经历的家庭风险越多，其实施自残行为的概率越大。

研究还发现抑郁在累积家庭风险与大学生自残行为之间的中介作用，验证了假设一。累积家庭风险是抑郁情绪的显著预测因子[2]，而抑郁则是自残行为的高风险预测因子[3]，累积家庭风险通过提升个体的抑郁水平进而增加其自残风险。多重家庭风险的累积提高了大学生抑郁的概率，而处于抑郁中的个体，可能会通过割、撞、烫、咬等自残形式来缓释抑郁带来的痛苦感受。研究结果符合自残的情绪调节模型，[4] 当个体身处生活困境和压力下且难以承受时，重性负性情绪先于自残之前产生，自残之后的负性情绪会有所减少，因而自残行为被当作一种能缓解负性情绪的调节策略。那些承受抑郁情绪或症

---

[1] EVANS G W, LI D P, WHIPPLE S S. Cumulative Risk and Child Development [J]. Psychological Bulletin, 2013, 139 (6): 1342-1396.
[2] 徐文明, 叶彩霞, 方烨仪. 早期累积家庭风险对青少年内化问题的影响：弹性双重机制 [J]. 心理与行为研究, 2020, 18 (3): 361-368.
[3] 赵颖, 江敏敏, 王静, 等. 抑郁对大学生自伤行为的影响：睡眠质量的中介作用及性别的调节作用 [J]. 中国健康心理学杂志, 2021, 29 (6): 922-926.
[4] KLONSKY E D. The Functions of Deliberate Self-Injury: A Review of the Evidence [J]. Clinical Psychology Review, 2007, 27 (2): 226-239.

状的学生，通过实施自残行为，以将自己从负性情绪和反刍思维中抽离出来，① 并慢慢形成一种固化的情绪调节方式，以减轻痛苦。然而，自残虽然让情绪的痛苦暂时得到了缓解，但最终可能导致更多的悲伤、内疚等负性情绪。② 对那些反复实施自残的人而言，自残并不能真正意义上减轻抑郁，反而会增加负性情绪以及轻生风险。③

本研究证实了自悯在中介模型直接路径和间接路径前半段和后半段的调节作用，即自悯不仅可以调节累积家庭风险对自残行为以及抑郁的影响（假设二a和二b），而且能调节抑郁对大学生自残行为的预测作用（假设二c），研究结果符合Neff的自悯理论和观点。④ 相比较低自悯水平大学生，累积家庭风险对高自悯水平大学生的自残行为和抑郁情绪的预测作用更弱。究其原因，自悯可能提升了个体在面对压力源和痛苦情绪时的适应性自我调节水平。⑤ 在陷入沉重的生活困境或抑郁情绪时，自悯则可能作为一种适应性应对机制起作用，不仅有效地减少抑郁情绪困扰，还在一定程度上避免个体将自残作为一种固化的应对模式。与此同时，相比较低自悯个体，抑郁对高自悯水平大学生的自残行为的预测作用更弱。作为一种善意、非批判的自我关怀的态度和能力，自悯可以让个体接受并处理抑郁等负性情绪和情感，而不是简单地通过自我伤害来暂缓痛苦或暂时抽离、逃避。以高度的自我评判、对困难情绪的过度认同（即"我感觉不好，所以我不好"）以及痛苦时期的孤

---

① BENTLEY K H, NOCK M K, BARLOW D H. The Four-Function Model of Non-Suicidal Self-Injury: Key Directions for Future Research [J]. Clinical Psychological Science, 2014, 2 (5): 638-656.
② NIXON M K, CLOUTIER P F, AGGARWAL S. Affect Regulation and Addictive Aspects of Repetitive Self-Injury in Hospitalized Adolescents [J]. Journal of the American Academy of Child and Adolescent Psychiatry, 2002, 41 (11): 1333-1341.
③ KANIUKA A R, KELLIHER-RABON J, CHANG E C, et al. Symptoms of Anxiety and Depression and Auicidal Behavior in College Students: Conditional Indirect Effects of Non-Suicidal Self-Injury and Self-Compassion [J]. Journal of College Student Psychotherapy, 2020, 34 (4): 316-338.
④ NEFF K D. Self-Compassion: An Alternative Conceptualization of a Healthy Attitude Toward Oneself [J]. Self and Identity, 2003, 2 (2): 85-101.
⑤ BREINES J G, THOMA M V, GIANFERANTE D, et al. Self-Compassion as a Predictor of Interleukin-6 Response to Acute Psychosocial Stress [J]. Brain, Behavior, and Immunity, 2014, 37 (3): 109-114.

立感为特征的低自悯水平则可能会增加个体自我伤害的可能性。① 更重要的是，自悯作为一种应对策略，在缓冲或抵消个体对困境、压力及抑郁等消极情绪的心理生理反应的同时，还可以促进积极情绪的产生。②

五、结论

家庭环境中的累积风险是青少年心理行为显著的预测因素之一。累积家庭风险不仅可以直接负向预测青少年的自残行为，还可以通过抑郁情绪对自残行为产生间接影响。自悯是青少年在家庭逆境中积极成长的重要保护因素，在累积家庭风险对青少年抑郁情绪的影响、累积家庭风险对青少年自残行为的影响、抑郁情绪对青少年自残行为的影响过程中均起到缓冲作用。

---

① XAVIER A, PINTO GOUVEIA J, CUNHA M. Non-Suicidal Self-Injury in Adolescence: The Role of Shame, Self-Criticism and Fear of Self-Compassion [J]. Child Youth Care Forum, 2016, 45 (4): 571-586.

② BENTLEY K H, NOCK M K, BARLOW D H. The Four-Function Model of Non-Suicidal Self-Injury: Key Directions for Future Research [J]. Clinical Psychological Science, 2014, 2 (5): 638-656.

第六章

学校情境因素与青少年成长关系的调查研究[①]

与第五章一样,本章亦呈现4个独立的调查类实证研究,以探索学校情境相关因素与青少年成长的关系,最终旨在探明影响青少年发展与成长的学校情境因素以及相关积极成长因素。第一节采用校园被欺凌问卷、流调中心抑郁量表、自尊量表以及学生感知教师支持行为问卷,以616名寄宿中学生为调查对象,探讨园被欺凌对寄宿中学生抑郁情绪的影响,以及自尊在其中的中介作用和教师支持的调节作用。第二节采用同伴依恋问卷、自尊量表、社交回避及苦恼量表以及情绪调节问卷,以1870名中学生为调查对象,探讨同伴疏离对中学生社交焦虑的影响,以及自尊的中介作用和认知重评的调节作用。第三节采用校园被欺凌问卷、广泛性焦虑障碍量表、自尊量表和心理弹性问卷,以1174名中学生为调查对象,探讨校园被欺凌与焦虑情绪的关系以及自尊的中介作用和心理弹性的调节作用。第四节采用学校联结性量表、越轨同伴交往问卷、自尊量表,以865名中学生为调查对象,探讨学校联结与越轨同伴交往的关系,并分析自尊在两者之间的中介作用和留守经历的调节作用。

本章通过4个调查研究发现,校园被欺凌、同伴关系疏离、校园联结是影响青少年成长的3个重要学校情境因素。在影响过程中,自尊常常发挥着中介作用,学校情境因素常常通过影响青少年的自尊,进而影响其负性情绪和消极行为。此外,来自教师的支持,青少年的心理弹性和认知重评情绪调节策略等均是其积极成长重要的保护性因素。

[①] 本章所有研究在征得所在单位伦理委员会的同意下开展,并获得调查对象及其监护人的知情同意。

<<< 第六章 学校情境因素与青少年成长关系的调查研究

第一节 校园被欺凌与青少年抑郁情绪

一、问题提出

抑郁是一种充满不适与沮丧感的心理状态。如果个体长期处于该状态，则可能引发心理障碍相关综合征，进而导致抑郁症。因此，抑郁情绪通常被视为是抑郁症的初期表现。[①] 不同程度的抑郁情绪会对青少年的学习以及生活产生不同的影响，有的抑郁情绪仅会简单伴随个体产生不愉快、持续低迷的消极情绪；而有的抑郁情绪会严重影响青少年的正常学习生活，使得青少年对学习毫无兴趣，对学习任务的坚持性降低，并长时间处在消极的自我认知和自我评价中。处于抑郁状态的青少年在思维和行为上容易陷入习得性无助的陷阱，更严重的抑郁情绪可能会对青少年的生命安全造成威胁。

（一）校园被欺凌与青少年抑郁情绪的关系

青少年的抑郁情绪受多种因素的影响，其中同伴关系是较为重要的环境影响因素之一。积极的同伴关系能够推动青少年的健康成长，而消极的同伴关系则可能严重影响青少年的身心状态。校园欺凌是主要发生在校园情境中青少年之间的一种恶劣同伴关系。《现代汉语词典》中，"欺凌"主要指的是"以强制手段压迫和侮辱"；校园欺凌中的欺凌者和受害者都是未成年人。本研究中，校园被欺凌是指学生之间故意、恶意的，通过身体、口头和互联网等途径，对学校内外的其他人采取的强硬的压迫、侮辱和其他形式的威胁，引发了对学生个人或整个团队的身心伤害、经济损失以及心理上的打击等事件。已有较多研究证实了校园被欺凌经历对青少年的抑郁情绪有着负面影响；对于两者关系之间的内在机制，研究者们进行了较多的理论推测与实证探索，并提出被欺凌者在遭受欺凌事件后的认知模式是影响其情绪的重要原因。

（二）自尊的中介作用

人的本质是一切社会关系的总和，"群体"这个概念对于人们非常重要，

[①] 蒋索，丁金琦，刘艳，等. 青少年早期网络欺凌/受欺凌对睡眠质量的影响：社交焦虑和抑郁情绪的链式中介作用 [J]. 心理发展与教育，2023，39（1）：85-96.

而青少年们正处于学习、交友的人生黄金时间段,在此期间他们需要在群体中发展出一些相适应的社会性与亲密性技能。只有习得人际关系技巧,才能获得情绪支持,找到归属感和自我价值感。同时,通过与同伴相处,青少年能够学会如何更好地认知自我、接纳自我,进而学会尊重和欣赏他人。但是,在校园欺凌事件中,被欺凌者长期遭受他人蓄意伤害和刻意攻击的行为和言语,这种负性成长经历可能会削弱他们的自尊水平,出现恐惧、忧郁等不良反应,有的还会出现创伤后应激障碍。已有研究发现,传统被欺凌和网络被欺凌均与中学生自尊存在显著负相关。[1] 在澳大利亚中学生样本中,有40%~50%的人曾经遭受过欺凌,并且受欺凌学生的自尊水平明显低于未受欺凌的学生。[2]

自尊与个体的抑郁情绪密切相关。抑郁情绪的引发受个体的低自尊影响,这可以从人际交往途径和个人内在途径两个方面进行分析。从人际交往途径的角度来看,自尊低的青少年更有可能激发社会回避,对拒绝更敏感,并且倾向于更负面地看待他们与同伴之间的行为,由此破坏了亲密关系中的依恋和满意度,阻碍来自朋友和同伴的社会支持,从而增加他们抑郁的风险。[3] 从个人内在途径的角度来看,自尊低的青少年倾向于反刍自己的消极方面,这也与抑郁密切相关。许多纵向研究证实,自尊显著负向地预测了随后的青少年抑郁,[4] 即使在控制了几个相关的变量之后,这种影响仍然存在。[5]

根据需要层次理论,归属与爱、尊重是青少年重要的心理需求。在校园欺凌事件中,校园被欺凌者在长期遭受欺凌的过程中,归属与爱、尊重的需

---

[1] 刘琳. 中学生传统欺凌、网络欺凌及其与自尊的关系 [D]. 沈阳:沈阳师范大学, 2014.

[2] DELFABBRO P, WINEFIELD T, TRAIOR S, et al. Peer and Teacher Bullying/Victimization of South Australian Secondary School Students: Prevalence and Psychosocial Profiles [J]. British Journal of Educational Psychology, 2006, 76: 71-90.

[3] OTTENBREIT N D, DOBSON K S. Avoidance and Depression: The Construction of the Cognitive-Behavioral Avoidance Scale [J]. Behavior Research and Therapy, 2004, 42 (3): 293-313.

[4] SOWISLO J F, ORTH U. Does Low Self-Esteem Predict Depression and Anxiety? A Meta-Analysis of Longitudinal Studies [J]. Psychological Bulletin, 2013, 139 (1): 213-240.

[5] JOHNSON M D, GALAMBOS N, KRAHN H. Vulnerability, Scar, or Reciprocal Risk? Temporal Ordering of Self-Esteem and Depressive Symptoms Over 25 Years [J]. Longitudinal and Life Course Studies, 2016, 7 (4): 304-319.

求缺乏，其自尊心不断受到打击，对自我产生怀疑、否定，从而引发或增强负性情绪体验。因此，被欺凌经历通常会削弱青少年的自我价值感和自尊体验，并继而让其产生抑郁、低落情绪。据此，本研究提出假设一：自尊可能在校园被欺凌与抑郁情绪之间存在中介作用。

（三）教师支持的调节作用

在父母、教师及朋友这三类社会支持中，教师支持在中学阶段起着主导性作用。[1] 教师支持包含了教师在情感上、求学上乃至日常生活上对学生的积极援助。有研究者基于教师支持的概念提出了感知教师支持的概念。感知教师支持是指学生感受或体验到的教师对自己的支持，并能够从中获取有价值的信息、情绪上的认同及压力的缓解，主要由学习支持、能力支持和情感支持组成。[2] 感知教师支持是学校社会环境影响学生心理行为结果的重要因素之一。研究发现，中学生的自我认识与教师支持之间存在着显著关联，[3] 个体感知到的社会支持越多，其自尊水平越高。[4] 另有研究证实，学生感知教师支持还会影响其心理健康，[5] 教师支持有助于中学生体验更多积极情绪和更少消极情绪，[6] 教师支持干预训练能有效缓解大学生抑郁情绪，提升其心理健康水平。[7] 如上所述，感受到不同教师支持水平的学生，其自尊和抑郁水平均存在差异；在校园被欺凌通过自尊影响抑郁的过程中，教师支持可能发挥着重要

---

[1] MURRAY C, KOSTY D, HAUSER-MCLEAN K. Social Support and Attachment to Teachers: Relative Importance and Specificity among Low-Income Children and Youth of Color [J]. Journal of Psychoeducational Assessment, 2016, 34 (2): 119-135.

[2] 薛璐璐，姜媛. 高中生自我调节学习与自尊：感知教师支持及性别的调节作用 [J]. 心理学探新，2020, 40 (6): 562-567.

[3] 张畅. 教师期望对学生的学业自我概念的影响：一项大学英语课堂的实证研究 [D]. 长沙：中南大学，2007.

[4] YARCHESKI A, MAHON N E, YARCHESKI T J. Social Support and Well-Being in Early Adolescents: The Role of Mediating Variables [J]. Clinical Nursing Research, 2001, 10 (2): 163-181.

[5] KASHY R G, KAPLAN O, ISRAEL C Y. Predicting Academic Achievement by Class-Level Emotions and Perceived Homeroom Teachers' Emotional Support [J]. Psychology in the Schools, 2018, 55 (7): 770-782.

[6] 郝阳，吕行，黄长海，等. 教师支持与中学生情绪体验：有调节的中介模型 [J]. 中国健康心理学杂志，2021, 29 (4): 629-634.

[7] 胡义秋，刘正华. 抑郁大学生心理健康的干预研究：不同类型学校支持的差异化影响 [J]. 湖南师范大学教育科学学报，2019, 18 (5): 120-125.

的保护作用,缓冲了自尊对抑郁情绪的影响;当学生感知到更高水平的教师支持时,其抑郁水平可能会更低。基于此,本研究提出假设二,在校园被欺凌经历通过自尊影响青少年抑郁的过程中,教师支持可能调节自尊对抑郁的影响。

由于寄宿学生长时间生活在学校情境中,相对远离家庭环境,故探索校园欺凌事件对寄宿学生心理健康的影响尤为重要。分析影响过程中的内在机制对于被欺凌寄宿学生心理健康的维护和发展亦有着重要的理论和实践意义。本节中的研究以寄宿中学生为调查对象进行展开。

二、研究方法

(一)研究对象

采用方便取样抽取湖南省某3所中学寄宿中学生700人,年级跨度从初一至高三,施测方式为集体填写问卷,现场指导与回收。回收问卷657份,剔除重要个人信息缺乏、条目回答有误或未作答的问卷,得到有效问卷610份,问卷有效回收率为92.85%,初一42人(6.89%),初二47人(7.70%),初三128人(20.98%),高一160人(26.23%),高二118人(19.35%),高三115人(18.85%)。其中,男生292人(47.87%),女生318人(52.13%)。

(二)研究工具

1. 流调中心抑郁量表

采用Radloff编制的中文修订版的流调中心抑郁量表[1]测查被试的抑郁情绪。共20题,包括抑郁情绪、积极情绪、躯体症状与活动迟滞、人际四个分维度。4点计分,1表示"没有或很少有(少于1天)",4表示"绝大多数或全部(5~7天)",得分越高代表抑郁情绪越严重。在本研究中,该量表的Cronbach's α系数为0.87。

2. Olweus欺凌问卷

采用张文新等翻译修订的Olweus欺凌问卷(Olweus Bully/Victim Questionnaire, OBVQ)中的被欺凌问卷测查被试在一年内被欺负的频率,包括言语、

---

[1] RADLOFF L S. The CES-D Scale: A Self-Report Depression Scale for Research in the General Population [J]. Applied Psychological Measurement, 1977, 1 (3): 385-401.

关系、身体以及网络被欺负的情况。① 4点计分,得分越高代表个体的受欺凌程度越严重。在本研究中,被欺凌问卷的Cronbach's α系数为0.76。

3. 自尊量表

采用汪向东等翻译修订的Rosenberg自尊量表测量被试的自尊水平。② 共10个条目,4点计分,4表示"很不符合",3表示"不符合",2表示"符合",1表示"非常符合"。得分越高,代表个体的自尊程度越高。在本研究中,该量表的Cronbach's α系数为0.89。

4. 学生感知教师支持行为问卷

采用欧阳丹基于Babad关于教师差别行为的条目基础上所编制的"学生感知教师支持行为问卷"测查学生在学习生活中感知到的教师对其支持的态度和行为。③ 共19个题目,包含学习支持、情感支持、能力支持三个维度。6点计分,得分越低表示感知到的教师支持水平越低。该问卷在本研究中的Cronbach's α系数为0.79。

(三) 数据处理

采用SPSS 26.0及宏程序PROCESS对研究数据进行分析与处理。在分析中介效应和有调节的中介效应前,将除人口学变量以外的其他变量进行标准化处理。

三、研究结果

(一) 共同方法偏差检验

采用Harman单因子检验法对4个问卷的所有自评项目进行探索性因子分析,结果提取特征根大于1的因子共9个,第一个因子解释了25.87%的变异量(小于40%),故推测本研究不存在显著的共同方法偏差问题。

(二) 各变量的相关分析

对4个主要变量进行相关分析。表6-1列出了各变量的平均数、标准差

---

① 张文新,武建芬. Olweus儿童欺负问卷中文版的修订[J]. 心理发展与教育,1999(2): 8-12, 38.
② 汪向东,王希林,马弘. 心理卫生评定量表手册[M]. 北京:中国心理卫生杂志社,1999: 218-320.
③ 欧阳丹. 教师期望、学业自我概念、学生感知教师支持行为与学业成绩间的关系研究[D]. 桂林:广西师范大学,2005.

以及各变量之间的相关系数。相关分析结果见表6-1。

表6-1 各变量的平均数、标准差和相关系数

变量	M	SD	1	2	3	4
被欺凌	1.40	0.59	1	—	—	—
自尊	2.74	0.54	-0.16***	1	—	—
抑郁	1.96	0.58	0.37***	-0.56***	1	—
教师支持	4.65	1.09	-0.08*	0.26***	-0.21***	1

注：* $p<0.05$，** $p<0.01$，*** $p<0.001$。

（三）被欺凌与寄宿中学生抑郁情绪的关系：有调节的中介模型检验

中介效应的检验采用SPSS宏程序PROCESS的模型4进行。结果如表6-2所示，在控制性别和年级的影响后，被欺凌能显著正向预测抑郁情绪（$\beta=0.33$，$SE=0.03$，$p<0.001$）。当被欺凌和自尊同时进入回归方程时，被欺凌能显著正向预测抑郁情绪（$\beta=0.27$，$SE=0.03$，$p<0.001$），显著负向预测自尊（$\beta=-0.12$，$SE=0.03$，$p<0.001$），自尊能显著负向预测抑郁情绪（$\beta=-0.54$，$SE=0.03$，$p<0.001$）。数据分析结果表明，寄宿中学生被欺凌与抑郁情绪的关系受自尊的中介作用影响，假设一得到验证。总效应为0.33；直接效应为0.27，95%置信区间为[0.21，0.32]；自尊的中介效应为0.06，95%置信区间为[0.02，0.11]，占总效应的比例为18.18%。

表6-2 自尊的中介模型检验（$n=610$）

预测变量	方程1 抑郁 β	SE	t	方程2 自尊 β	SE	t	方程3 抑郁 β	SE	t
性别	0.19	0.07	2.52*	-0.36	0.08	-4.79***	-0.01	0.06	-0.11
年级	0.08	0.03	3.04**	-0.04	0.03	-1.44	0.06	0.02	2.69**
被欺凌	0.33	0.03	9.91***	-0.12	0.03	-3.51***	0.27	0.03	9.43***
自尊	—	—	—	—	—	—	-0.54	0.03	15.95***

续表

预测变量	方程1 抑郁			方程2 自尊			方程3 抑郁		
	β	SE	t	β	SE	t	β	SE	t
R^2		0.16			0.08			0.41	
F		38.62***			15.09***			104.72***	

注：*$p<0.05$，**$p<0.01$，***$p<0.001$。

采用Hayes插件中的模型14，在控制性别、年级的情况下检验教师支持的调节效应。结果表明（见表6-3），将教师支持放入模型后，教师支持可以显著预测抑郁情绪（$\beta=-0.08$，$p<0.05$），自尊与教师支持的交互项对抑郁的预测作用显著（$\beta=0.08$，$p<0.01$），这表明教师支持在自尊对抑郁的预测中起调节作用，假设二得到验证。

为了更清楚地揭示调节效应的具体模式，以教师支持得分正负一个标准差为标准，将被试分为高教师支持组和低教师支持组，进行简单斜率检验。结果发现，教师支持水平较低时，自尊对抑郁有着显著的负向预测作用（$\beta_{simple}=-0.61$，$t=-13.58$，$p<0.001$）；教师支持水平较高时，自尊对抑郁的预测作用有所减弱（$\beta_{simple}=-0.44$，$t=-9.77$，$p<0.001$）。

表6-3 有调节的中介模型检验（$n=610$）

变量	方程1（因变量：抑郁）			方程2（因变量：自尊）		
	β	SE	t	β	SE	t
性别	-0.02	0.06	-0.24	-0.35	0.07	-4.54***
年级	0.06	0.02	2.51*	-0.04	0.03	-1.49
被欺凌	0.27	0.03	9.46***	-0.12	0.03	-3.50**
自尊	-0.53	0.04	-14.94***			
教师支持	-0.08	0.03	-2.97*			
自尊×教师支持	0.08	0.03	2.95**			
R^2		0.43			0.06	
F		71.64***			12.41***	

注：*$p<0.05$，**$p<0.01$，***$p<0.001$。

当教师支持调节中介路径时，在教师支持水平低的寄宿中学生中，"被欺凌→自尊→抑郁"的中介效应量为 0.07，95%置信区间为 [0.02, 0.13]；在教师支持水平高的寄宿中学生中，中介效应量为 0.05，95%置信区间为 [0.02, 0.10]。表明"被欺凌→自尊→抑郁"的中介路径在不同的教师支持水平下存在显著差异，教师支持水平越强，被欺凌经过自尊对抑郁的中介效应越弱，即教师支持可以较好缓冲自尊对抑郁的影响。

四、讨论

研究发现，在校园被欺凌与寄宿中学生抑郁情绪之间，自尊发挥了显著的中介作用。验证了假设一。被欺凌经历是个体成长过程中较为负性的创伤经历之一，在身心发展的关键阶段，儿童青少年时期的负性生活经历可能会损害其认知、情感和行为发展，并致使其成为抑郁的高风险群体。[1] Liff 根据抑郁的认知模型指出，从出生伊始人们就会根据生活经验形成自己对自我和对世界的看法，早期的处境不利会导致个体形成对自我否定的核心信念，并在认知、情感、动机和行为方面表现出抑郁倾向或症状。[2] 一方面，抑郁的发生主要源于人们的思维方式。校园被欺凌可能促使被欺凌者曲解和误解所受到的欺凌伤害，并形成一贯错误的思考问题模式，从而诱发消极情绪。而另一方面，长时间处于高强度被外界压迫的被欺凌环境中，会破坏其建立自我感知的能力，[3] 产生负面、消极、无能的自我认识和低自尊体验；并且，被欺凌者可能将被欺凌归因于自身不可控的、内部的能力因素，从而形成习得性无助，进而在以后的生活中倾向于做出更多自暴自弃的反应，产生更多抑郁情绪[4]。

---

[1] MANDELLIL L, PETRELLI C, SERRETTI A. The Role of Specific Early Trauma in Adult Depression: A Meta-Analysis of Published Literature. Childhood Trauma and Adult Depression [J]. European Psychiatry, 2015, 30 (6): 665-680.

[2] LIFF Z A. Depression: Clinical, Experimental and Theoretical Aspects by Aaron T. Beck [J]. International Journal of Group Psychotherapy, 1969, 19 (2): 246-246.

[3] JUDITH B C, ALICE D, KATHRYN H, et al. Abuse and Violence History of Men and Women in Treatment for Methamphetamine Dependence [J]. The American Journal on Addictions, 2003, 12 (5): 377-385.

[4] 张怡宁. 青少年自闭特质影响抑郁、社交焦虑的追踪及干预研究 [D]. 漳州：闽南师范大学，2022.

研究还发现，感知教师支持在被欺凌寄宿中学生自尊水平与抑郁情绪之间存在显著的调节作用，验证了假设二。研究结果与以往相关研究结论一致，教师对学习者的支持本质上是主动的教学行为，对学习者的学习及其心理发展会产生重大的影响力。[①] 在寄宿制校园中，教师的帮助对于学生的学业进步以及精神成长起到了不可替代的作用。很多被欺凌的学生因为无能、无助、羞耻不敢向家人求助，但当更近距离的教师能够给予学习、情感和能力方面的支持时，这些因被欺凌而产生低自我价值感的孩子，会在学习上有更多的动力，情感上有更多的理解和接纳，能力上会有更多的肯定和鼓励，这在一定程度上降低了当前或未来的抑郁风险。

五、结论

校园被欺凌是青少年学生在校园中带有创伤性质的负性不利处境或经历。在寄宿中学生样本中，校园被欺凌不仅可以直接影响其抑郁情绪，还可以通过自尊间接影响其抑郁情绪。学生感知到的教师支持能够缓冲受欺凌学生自尊对抑郁的影响，因此，教师支持是寄宿学生积极发展和成长的重要保护因素。

第二节　同伴疏离与青少年社交焦虑[②]

一、问题提出

社交焦虑（social anxiety）是指对某一种或多种人际处境有强烈的忧虑、紧张不安或恐惧的情绪反应和回避行为。[③] 随着科技的进步和社交媒体的普及，越来越多的青少年陷入了社交焦虑的困扰中。一项针对1023名初中学生

---

① 刘海波. 初中生感知到的教师支持、自尊与数学学习期望—价值关系及对策［D］. 郑州：河南大学，2018.
② 叶坤，张珊明，刘嘉慧. 中学生被欺凌与非自杀性自伤的关系：一个有调节的中介模型［J］. 心理技术与应用. 2023，11（9）：559-568.（本节研究与该论文采用了相同样本。）
③ 郭晓薇. 大学生社交焦虑成因的研究［J］. 心理学探新，2000（1）：55-58.

社交焦虑的调查研究显示,该样本的社交焦虑检出率为 11.24%,且女生的社交焦虑程度明显高于男生。① 此外,在针对两所职业中专学生社交焦虑特征的调查中发现,在 259 名学生之中,47 人被筛查出社交焦虑,其比例约为 18.1%。② 青少年正处于人生发展的关键时期,过度的社交焦虑情绪不利于青少年的正常社交活动,甚至会发展成社交障碍,阻碍青少年的发展。③

(一)同伴疏离与青少年社交焦虑

Zalk 等学者在一项探讨社会焦虑是否更容易被社会化的研究中发现,与激进的同伴群体(如哥特风和朋克风)结伴的青少年更容易受到同伴社交焦虑的影响,即此类青少年在人际关系的选择上,会限制自己的伙伴关系,进而通过双向的过程将社交焦虑社会化。④ 由此可知,良好同伴关系的塑造和培养对青少年的发展至关重要,且利于青少年的身心健康和社会人际关系网的良好发展。同伴疏离(peer alienation)是指个体从同伴群体中孤立出来的体验和状态,它直接反映了青少年与同伴建立有效联结的程度或状态。⑤ 有研究者基于马斯洛需要层次理论提出,若个体经历同伴疏离,则不利于其获得情感上的支持和安全感,由此产生社会负性环境的排斥影响,并对其社会化产生消极作用。⑥ 个体与他人通过互动从而建立情感联结,情感联结的密度、积极性等不同,其依恋关系的安全性不同,在婴儿、青少年及成人身上均会如此。玛丽·安斯沃思(Mary Ainsworth)指出,不安全依恋的个体更易于感到焦虑,⑦ 因为人际关系中的疏离会让个体难以感知对方的反应,这会让个体产生不确定感和不安全感,从而产生焦虑情绪。较多研究证实,同伴疏离与青

---

① 宋雪迎. 初中生学习焦虑和社交焦虑对躯体症状的影响:自责和孤独的调节作用[D]. 天津:天津师范大学,2023.
② 彭纯子,邓盘月,马惠霞,等. 大中学生社交焦虑特征初探[J]. 中国健康心理学杂志,2004(4):241-243.
③ 赵程,戴斌荣. 大学生负面评价恐惧和社交焦虑[J]. 中国健康心理学杂志,2016,24(11):1746-1749.
④ ZALK N V, VAN ZALK M H W, KERR M. Socialization of Social Anxiety in Adolescent Crowds[J]. Journal of Abnormal Child Psychology, 2011, 39(8):1239-1249.
⑤ 王玉洁,窦凯,聂衍刚. 同伴疏离与青少年社交焦虑:情绪调节效能感的中介效应[J]. 教育导刊,2020(7):39-43.
⑥ 钱佳,郝以谱,李豪. 留守会导致同伴关系疏离吗?——基于 CEPS 数据的实证分析[J]. 教育与经济,2021,37(4):48-55,80.
⑦ AINSWORTH M. The Bowlby-Ainsworth Attachment Theory[J]. Behavioral and Brain Sciences, 1978, 1(3):436-438.

少年社交焦虑呈正相关，且同伴疏离对青少年社交焦虑具有正向预测作用。[1]对于两者关系间的内在作用机制，还有待于进一步探索。

（二）自尊的中介作用

在同伴疏离与社交焦虑之间，抑郁可能发挥着重要的作用。结合埃里克·埃里克森（Erik H Erikson）的发展八阶段理论，青少年正处于处理角色同一和角色混乱的任务期，对于自身定位和未来发展并不明晰，若青少年保持同伴疏离状态，则不能获得来自同伴的情感联结和情感支撑，不利于同一性的建立，进而影响其自尊水平。研究发现，当青少年与同伴越疏离，就越感受不到被爱与被需要，自尊水平则越低。[2]几乎所有的自尊理论认为，自尊和情绪相关密切。[3]焦虑抑郁、攻击等心理和行为常常与低水平自尊有关。[4]研究显示，自尊不仅与社交焦虑呈显著负相关，[5]自尊在童年负性经历与焦虑症状之间的中介作用也已经得到证实。[6]据此，本研究提出假设一：自尊在同伴疏离与中学生社交焦虑之间起中介作用。

（三）认知重评的调节作用

认知重评（cognitive reappraisal）是一种情绪调节策略，指的是对潜在激

---

[1] 王玉洁，窦凯，聂衍刚. 同伴疏离与青少年社交焦虑：情绪调节效能感的中介效应[J]. 教育导刊，2020（7）：39-43；蒋小兰. 依恋、家庭教养方式与青少年社交焦虑的关系研究[D]. 深圳：深圳大学，2018.

[2] 陈琦，叶晓璐. 高职生依恋与自尊的关系及对家庭教育的启示[J]. 浙江工贸职业技术学院学报，2022，22（2）：14-18；KRISTEN T，COOK-COTTONE C. Relationships among Aspects of Student Alienation and Self-Concept [J]. School Psychology Quarterly，2008，23（1）：16-25.

[3] PYSZCZYNSKI T，GREENBERG J，SOLOMON S，et al. Why do People Need Self-Esteem? A Theoretical and Empirical Review [J]. Psychological Bulletin，2004，130（3）：435-468.

[4] BAUMEISTER R F，CAMPBELL J D，KRUEGER J I，et al. Does High Self-Esteem Cause Better Performance，Interpersonal Success，Happiness，or Healthier Lifestyles? [J]. Psychological Science in the Public Interest，2003，4（1）：1-44.

[5] 吴桐，杨柠溪，蔡丽，等. 自悯对社交焦虑的影响：自尊和评价恐惧的中介作用[J]. 中国临床心理学杂志，2021，29（1）：169-172，178.

[6] 朱相华，赵后锋，王成东，等. 儿童期虐待、自尊、自我效能感对医学生焦虑抑郁影响的路径分析[J]. 临床精神医学杂志，2012，22（3）：155-157.

发情绪的刺激进行重新评估和重新解释，以减少其情绪相关性。[1] 一方面，认知重评水平是青少年社交焦虑的保护因素，缓冲了自尊对社交焦虑的影响。Gross 提出了认知重评的两个过程：前因调节和后果调节，前因调节即减少对事件的负性情绪的体验，后果调节即抑制消极情绪的外显，增加交感神经系统的活动水平，帮助个体减少社交焦虑体验，从而更好地应对和适应各种应激情况和挑战，为身体提供更好的资源和能量。[2] 另一方面，研究发现当青少年保持高认知重评水平时，其社交焦虑程度会更低；认知重评与社交焦虑呈显著负相关关系；[3] 有研究通过对 83 名高社交焦虑的参与者进行一周的认知重评练习发现，认知重评作为一种情绪调节策略，在社交焦虑的人群中具有一定的减轻焦虑的效果。[4] 基于此，本研究提出假设二：认知重评在自尊和中学生社交焦虑关系中起调节作用。

二、研究方法

（一）研究对象

本研究在湖南省、江西省、重庆市 7 所中学选取中学生进行问卷调查。共发放 2000 份问卷，剔除无效问卷后，有效问卷为 1870 份，有效率为 93.50%。其中男生 965 人（51.60%），女生 905 人（48.40%）；初一 308 人（16.47%），初二 254 人（13.58%），初三 288 人（15.40%），高一 378 人（20.22%），高二 316 人（16.90%），高三 326 人（17.43%）。被试年龄范围为 11~20 岁，平均年龄是 14.97±1.82 岁。

---

[1] GROSS J J. Antecedent- and Response-Focused Emotion Regulation: Divergent Consequences for Experience, Expression, and Physiology [J]. Journal of Personality and Social Psychology, 1998, 74 (1): 224-237.

[2] GROSS J J. Antecedent- and Response-Focused Emotion Regulation: Divergent Consequences for Experience, Expression, and Physiology [J]. Journal of Personality and Social Psychology, 1998, 74 (1): 224-237.

[3] GOLDIN P R, MORRISON A S, JAZAIERI H, et al. Trajectories of Social Anxiety, Cognitive Reappraisal, and Mindfulness During an RCT of CBGT Versus MBSR for Social Anxiety Disorder [J]. Behavior Research and Therapy, 2017, 97: 1-13.

[4] KIVITY Y, HUPPERT J D. Does Cognitive Reappraisal Reduce Anxiety? A Daily Diary Study of a Micro-Intervention with Individuals with High Social Anxiety [J]. Journal of Consulting and Clinical Psychology, 2016, 84 (3): 269-283.

(二) 研究工具

1. 同伴疏离

采用张迎黎等的修订版青少年依恋问卷（Revised Inventory of Parent and Peer Attachment，IPPA-R）中的同伴疏离维度测量被试与同伴之间的亲疏感受。[①] 共7个项目，采用5点评分，得分越高说明被试与同伴的疏离程度越高。在本研究中，总量表的 Cronbach's α 系数为 0.80。

2. 社交回避及苦恼量表

采用由 Watson 和 Friend 编制、马弘等人修订[②]的社交回避及苦恼量表测查被试的社交焦虑水平。量表包括社交回避和社交苦恼两个维度，共28个条目，采用是/否计分。得分越高，回避社会交往的倾向以及真实社交情境中的苦恼情绪越严重。在本研究中，总量表的 Cronbach's α 系数为 0.86。

3. 自尊量表

采用 Rosenberg 编制的自尊量表[③]测查被试的自尊水平。该量表共有10个项目，4级评分，分数越高，表明个人的自尊心越强。在本研究中，该分量表的 Cronbach's α 系数为 0.86。

4. 情绪调节量表

采用 Gross 和 John 编制的情绪调节量表中的认知重评分量表测查认知重评能力或水平。[④] 共6个项目，采用1（完全不同意）到7（完全同意）进行评分，得分越高表明使用此类情绪调节策略的频率越高。在本研究中，认知重评分量表的 Cronbach's α 系数为 0.88。

(三) 数据处理

使用 SPSS 20.0 整理和分析数据。首先进行描述统计和相关性分析，并使用宏程序 PROCESS 对由假定的有调节的中介模式进行验证。

[①] 张迎黎, 张亚林, 张迎新, 等. 修订版青少年依恋问卷中文版在初中生中应用的信效度 [J]. 中国心理卫生杂志, 2011, 25 (1): 66-70.

[②] 汪向东, 王希林, 马弘. 心理卫生评定量表手册 [M]. 北京: 中国心理卫生杂志社, 1999: 241-243.

[③] 汪向东, 王希林, 马弘. 心理卫生评定量表手册 [M]. 北京: 中国心理卫生杂志社, 1999: 318-319.

[④] GROSS J J, JOHN O P. Individual Differences in Two Emotion Regulation Processes: Implications for Affect, Relationships, and Well-Being [J]. Journal of Personality and Social Psychology, 2003, 85 (2): 348-362.

三、研究结果

(一) 共同方偏差控制

采用 Harman 单因素法进行共同方法偏差检验,对所有变量的项目进行探索性因素分析。结果显示,特征根大于 1 的因素有 7 个,其中第一个因素的解释变异率为 23.86%,远远低于临界点 40%。故本次研究中不存在明显的共同方法偏差。

(二) 描述统计和相关分析

各变量的描述性统计和相关分析结果见表 6-4。

表 6-4　各变量的平均数、标准差和相关系数

变量	M	SD	1	2	3	4
同伴疏离	13.23	4.80	—	—	—	—
自尊	28.59	5.69	−0.26***	—	—	—
社交焦虑	11.28	3.36	0.32***	−0.59***	—	—
认知重评	28.90	6.96	−0.17***	0.35***	−0.28***	—

注:*$p<0.05$,**$p<0.01$,***$p<0.001$。

(三) 同伴疏离与社交焦虑的关系:有调节的中介模型检验

中介效应的检验采用 SPSS 宏程序 PROCESS 的模型 4 进行。结果如表 6-5 所示,在控制性别和年级的影响后,同伴疏离能显著正向预测社交焦虑($\beta=0.31$,$SE=0.02$,$p<0.001$)。当同伴疏离和自尊同时进入回归方程时,同伴疏离能显著正向预测社交焦虑($\beta=0.19$,$SE=0.02$,$p<0.001$),负向预测自尊($\beta=-0.23$,$SE=0.02$,$p<0.001$),自尊能显著负向预测社交焦虑($\beta=-0.54$,$SE=0.02$,$p<0.001$)。数据分析结果表明,自尊在同伴疏离与社交焦虑之间起中介作用,假设一得到验证。总效应为 0.31,95% 置信区间为 [0.26,0.36];直接效应为 0.19,95% 置信区间为 [0.15,0.23];自尊的中介效应为 0.12,95% 置信区间为 [0.10,0.15],占总效应的比例为 38.71%。

表 6-5 自尊的中介模型检验（$n=1870$）

预测变量	方程1 社交焦虑 β	SE	t	方程2 自尊 β	SE	t	方程3 社交焦虑 β	SE	t
性别	0.26	0.04	5.96**	-0.27	0.04	-6.15***	0.11	0.04	-4.54***
年级	0.05	0.01	3.26**	-0.08	0.01	-5.96	0.00	0.01	8.52**
同伴疏离	0.31	0.02	13.00***	-0.23	0.02	-9.45***	0.19	0.02	9.14***
自尊	—	—	—	—	—	—	-0.54	0.02	-27.72***
R^2		0.13			0.11			0.38	
F		90.83***			75.97***			288.99***	

注：*$p<0.05$，**$p<0.01$，***$p<0.001$。

采用Hayes插件中的模型14，在控制性别、年级的情况下检验认知重评的调节效应。结果表明（见表6-6），将认知重评放入模型后，认知重评可以显著预测社交焦虑（$\beta=-0.08$，$p<0.001$），自尊与认知重评的交互项对社交焦虑的预测作用显著（$\beta=0.04$，$p<0.05$），这表明认知重评在自尊对社交焦虑的预测中起调节作用。

为了更清楚地揭示调节效应的具体模式，以认知重评得分正负一个标准差为标准，将被试分为高认知重评组和低认知重评组，进行简单斜率检验。结果发现高水平认知重评中学生中，自尊对社交焦虑有着显著的负向预测作用（$\beta_{simple}=-0.48$，$t=-18.38$，$p<0.001$）；在低水平认知重评中学生中，自尊对社交焦虑的预测作用有所增强（$\beta_{simple}=-0.55$，$t=-21.32$，$p<0.001$）。

表 6-6 有调节的中介模型检验（$n=1870$）

变量	方程1（因变量：社交焦虑） β	SE	t	方程2（因变量：自尊） β	SE	t
性别	0.12	0.04	3.16**	-0.28	0.05	-6.16***
年级	-0.002	0.01	-0.20	-0.08	0.01	-5.83***
同伴疏离	0.18	0.02	8.82**	-0.23	0.02	-9.37***
自尊	-0.52	0.02	-24.94***	—	—	—

续表

变量	方程1（因变量：社交焦虑）			方程2（因变量：自尊）		
	β	SE	t	β	SE	t
认知重评	-0.08	0.02	-3.78**	—	—	—
自尊×认知重评	0.04	0.02	2.25*	—	—	—
R^2		0.40			0.11	
F		191.41***			73.42***	

注：*$p<0.05$，**$p<0.01$，***$p<0.001$。

当认知重评调节中介路径时，在高水平认知重评中学生中，"同伴疏离→自尊→社交焦虑"的中介效应量为0.11，95%置信区间为[0.08, 0.14]；在低水平认知重评中学生中，中介效应量为0.13，95%置信区间为[0.09, 0.16]。总之，随着认知重评水平的降低，"同伴疏离→自尊→社交焦虑"的中介效应有所增强。

四、讨论

本研究发现，在同伴疏离与中学生社交焦虑之间，自尊起显著的中介作用，验证了研究假设一。疏远的同伴关系不仅直接影响中学生社交焦虑情绪，还通过自尊的中介作用间接影响其社交焦虑情绪。与同伴关系疏离，意味着缺乏来自同伴的情感支持和情感联结，会让青少年无法借助同伴人际交往这样一面镜子，通过认识、了解他人从而认知、了解自我，不仅无形之中会形成对自己片面而负性的自我认知，还会因缺乏"镜子"而难以修正对自我的负性片面认知。同伴关系疏离，还意味着无法获得高质量的同伴社会支持，同样不利于青少年获得归属的需要、自尊的需要。因此，同伴疏离会削弱青少年个体的自我价值感和自尊体验。如前所述，几乎所有的自尊理论都指出，自尊和个体的情绪情感存在显著相关性，[1] 低水平自尊的青少年更容易产生焦

---

[1] PYSZCZYNSKI T, GREENBERG J, SOLOMON S, et al. Why do People Need Self-Esteem? a Theoretical and Empirical Review [J]. Psychological Bulletin, 2004, 130 (3): 435-468.

虑抑郁、攻击等不良心理状态和行为;① 在人际疏离的关系模式中亦是如此，同伴关系疏离的青少年，其自尊被削弱，并在同伴关系中社交焦虑水平也会更高。因此，自尊是同伴疏离影响社交焦虑的重要中介因素。

本研究还发现，认知重评在自尊与社交焦虑两者关系中发挥着调节作用，验证了研究假设二。这表明，上述"同伴疏离→自尊→社交焦虑"的影响模式并不会在每位同伴疏离青少年身上呈现同样的作用效力。在同伴关系疏离的青少年学生中，其自尊负向预测社交焦虑，自尊水平越高，社交焦虑水平越低。对于认知重评水平更高的青少年，其自尊对社交焦虑的预测作用会有所减弱，因为认知重评起到了保护和缓冲作用。作为积极的情绪调节策略，认知重评策略的使用不仅会促使那些同伴疏离青少年对诱发情绪的事件进行重新评估和重新解释，还会让他们重新评估自我的消极自尊体验并直接抑制消极情绪，帮助个体减少社交焦虑体验。因此，预防社交焦虑，不仅要促进同伴之间的良性沟通和情感联结，还可以从认知层面提升青少年对认知重评情绪调节策略的使用，从而降低其社交焦虑水平。

五、结论

不良同伴关系或体验是影响青少年成长的学校情境相关因素之一。同伴疏离不仅可以直接影中学生社交焦虑水平，还可以通过自尊间接影响中学生的社交焦虑。认知重评的情绪调节策略在中介作用中起到了缓冲调节作用，是青少年在处于不利人际交往关系时重要的保护因素及积极成长的内在力量。

第三节　校园被欺凌与青少年焦虑情绪

一、问题提出

校园欺凌的频发性和危害性，已经引起社会各界的高度关注。校园欺凌

---

① BAUMEISTER R F, CAMPBELL J D, KRUEGER J I, et al. Does High Self-Esteem Cause Better Performance, Interpersonal Success, Happiness, or Healthier Lifestyles? [J]. Psychological Science in the Public Interest, 2003, 4 (1): 1-44.

主要涉及校园情境背景下中学生之间的攻击性行为。参与校园欺凌的当事人不仅包括欺凌者、被欺凌者，还包括欺凌—被欺凌者，以及旁观者。在校园欺凌事件中，欺凌者（包括个体或群体）通常在某一段时间内对被欺凌者（包括个体或群体）持续或反复实施身体上的踢打、抓咬等，言语上的嘲笑、威胁等，并造成被欺凌者在精神和身体上的损害。[1] 被欺凌者在遭受欺凌事件后，常常陷入焦虑、抑郁等负性情绪中，严重者可能会导致更为负性的结果。于士伟等人以中学生为调查研究对象，通过逻辑回归发现不管是寄宿生还是非寄宿生，在校园欺凌中被欺凌者、欺凌—被欺凌者比非参与者存在更为显著的焦虑症状，寄宿与非寄宿中学生校园欺凌不同角色与焦虑情绪均存在相关。[2] 被欺凌经历与焦虑关系之间存在何种内在机制，是否存在保护性因素，这是本研究关注的问题。

（一）自尊的中介作用[3]

在校园被欺凌与焦虑情绪之间，自尊可能存在着某种作用。一方面，已有研究发现校园欺凌经历与青少年的自尊密切相关。在自尊的社会计量器理论中，自尊发挥着衡量个体被社会接纳程度的功能，相当于一个"心理计量器"，不仅监控个体的行为以维持良好的人际关系，还激发个体为维持人际关系采取相应的行动。[4] 儿童青少年需要通过发展同伴关系以获得心理需求，实现个性和社会性发展。但是，个体在儿童青少年时期遭遇欺凌，不仅会伤害其身体，还会使其产生被同伴排斥、孤立、拒绝的感受，从而导致其产生对自我的否定、较低水平的自我评价和自我接纳。[5] 孟月海与朱莉琪在其综述总结中提出，被欺凌的确会严重影响青少年的自尊心，并且这种负面的影响后

---

[1] 操小兰，文丝莹，柯晓殷，等. 深圳市中学生校园欺凌及其与生存质量的相关性 [J]. 中国学校卫生，2019，40（11）：1679-1681.

[2] 于士伟，武春雷，王博，等. 安阳市寄宿中学生校园欺凌与焦虑症状的相关性 [J]. 中国学校卫生，2020，41（10）：1540-1543.

[3] 叶坤，张珊明，刘嘉慧. 中学生被欺凌与非自杀性自伤的关系：一个有调节的中介模型 [J]. 心理技术与应用. 2023，11（9）：559-568.

[4] LEARY M R, BAUMEISTER R F. The Nature and Function of Self-Esteem: Sociometer Theory [M] // ZANNA M P. Advances in Experimental Social Psychology（Vol. 32），San Diego: Academic Press, 2000: 1-62.

[5] 童文德，雷千乐，江琴. 初中生校园被欺凌行为与非自杀性自伤的关系：羞耻感的中介作用 [J]. 中国健康心理学杂志，2021，29（12）：1791-1796.

效是终身的。① 另有研究发现,被欺凌的频率与个体自尊水平呈显著负相关,被欺凌越频繁,个体的自我价值感越低。② 另一方面,自尊与焦虑之间也存在紧密联系。焦虑是自尊遇到危险的信号,是一个人在重要他人心目中地位遇到危险的信号。③ 研究发现,低自尊的个体更容易体验到焦虑抑郁等负性情绪和心理困扰。④ 不仅如此,自尊对外表焦虑、⑤ 社交焦虑⑥均存在负向影响。因此,被欺凌的未成年人会产生较为负面的自尊体验,从而影响其情绪情感体验。据此,本研究提出假设一:在被欺凌与焦虑情绪之间,自尊可能起中介作用。

(二) 心理弹性的调节作用

虽然被欺凌可能会通过自尊的间接路径对中学生的焦虑水平产生影响,但不能忽视这种影响可能存在个体差异。所以,有必要探讨在被欺凌对焦虑的影响过程中是否会被其他因素所调控。心理弹性是个体在面对悲剧、创伤、逆境、困难和持续的重大生活压力时的适应能力。⑦ 心理弹性促进积极情感,并利用积极情感帮助个体从负性体验和困境中恢复,因而心理弹性可以正向预测自尊。⑧ 当情感是积极的时候,人们总体上对自己感觉更好,体现为自尊

---

① 孟月海, 朱莉琪. 网络欺负及传统欺负(综述) [J]. 中国心理卫生杂志, 2010, 24 (11): 880-884.

② O'MOORE M, KIRKHAM C. Self-Esteem and its Relationship to Bullying Behaviour [J]. Aggressive Behavior: Official Journal of the International Society for Research on Aggression, 2001, 27 (4): 269-283.

③ 王立新. 精神分析的焦虑理论述评 [J]. 成都大学学报(社会科学版), 2003 (2): 15-17.

④ 高爽, 张向葵, 徐晓林. 大学生自尊与心理健康的元分析:以中国大学生为样本 [J]. 心理科学进展, 2015, 23 (9): 1499-1507.

⑤ 唐文清, 许小雪, 刘延云. 大学生自尊在自我客体化与外表焦虑间的中介作用 [J]. 中国健康心理学杂志, 2019, 27 (7): 151-155.

⑥ 张亚利, 李森, 俞国良. 自尊与社交焦虑的关系:基于中国学生群体的元分析 [J]. 心理科学进展, 2019, 27 (6): 1005-1018.

⑦ NEWMAN R. APA's Resilience Initiative [J]. Professional Psychology Research and Practice, 2005, 36 (3): 227-229.

⑧ BENETTI C, KAMBOUROPOULOS N. Affect-Regulated Indirect Effects of Trait Anxiety and Trait Resilience on Self-Esteem [J]. Personality & Individual Differences, 2006, 41 (2): 341-352.

的提高。① Wood等人的研究同样印证了这一点，对外在环境的积极方面响应性的潜在增加以及对负面事件的敏感性降低，使得个体自尊水平上升。② 同时心理弹性作为一种积极的能力特质，使人能够在逆境中摆脱困境并适应成长；心理弹性还能通过激发自身的积极情绪来调节应激的压力程度，减轻个体在应激状态下的一系列消极连锁反应，促使他们从压力情景中快速有效适应，缓解焦虑情绪。③ 所以个体的心理弹性愈强，其焦虑状况愈少。武汉医护人员的身体和精神状态的调查也表明，心理弹性是一种保护变量，可以通过刺激个人的内在潜能来减轻医护人员的焦虑。④ 在留守经历大学生中，心理弹性能显著调节自尊对社交焦虑的影响，心理弹性较高的个体，随着自尊水平的升高，其社交焦虑水平会降低。⑤ 因此，本研究提出假设二：心理弹性在被欺凌影响中学生焦虑情绪的间接路径中可能起调节作用，不仅调节中介路径的前半段，还调节中介路径的后半段。

二、研究方法

（一）研究对象

本研究通过方便抽样法对1174名自愿参加调查的中学生发放问卷，然后剔除随机作答、信息不全等无效问卷后，共收集有效问卷1148份，有效率为97.79%。被试平均年龄为15.37±1.84岁，其中，男性584人（50.87%），女性564人（49.13%）。

---

① LIU Y, WANG Z H, ZHOU C J, et al. Affect and Self-Esteem as Mediators between Trait Resilience and Psychological Adjustment [J]. Personality & Individual Differences, 2014, 66: 92-97.
② WOOD J V, HEIMPEL S A, MICHELA J L. Savoring Versus Dampening: Self-Esteem Differences in Regulating Positive Affect [J]. Journal of Personality and Social Psychology, 2003, 85 (3): 566-580.
③ 谭晟. 大学生的心理弹性、积极情绪与压力适应 [J]. 中国科教创新导刊, 2009 (16): 249.
④ 王金垚, 李丹红, 崔军, 等. 武汉火神山医院一线医务人员身心状态的结构方程模型分析 [J]. 成都医学院学报, 2021, 16 (2): 211-216, 220.
⑤ 胡悦. 留守经历大学生自尊与社交焦虑的关系研究 [J]. 黑龙江生态工程职业学院报, 2022, 35 (4): 113-116.

(二) 研究工具

1. Olweus 欺凌问卷

采用张文新等翻译修订的 Olweus 欺凌问卷中的被欺凌问卷。[①] 被试需要回答在一年内被欺负的频率（4 表示一周几次，3 表示大概一周一次，2 表示一个月两至三次，1 表示出现一两次，0 表示最近几个月都没有）。计算所有项目的均分，数值越大代表个体的被欺凌程度越严重。在本研究中，被欺凌问卷的内部一致性 Cronbach's α 系数为 0.78。

2. Connor-Davidson 韧性量表

本文选用于肖楠和张建新修订的韧性量表，共有 25 项，包含坚韧、力量、乐观三个维度。每一项按 5 个等级进行打分，总分为所有 25 道题目的平均分数。[②] 在本研究中，总量表的 Cronbach's α 系数为 0.91。

3. 自尊量表

本文选用 Rosenberg 编制的自尊量表测评被试的自尊水平。[③] 该量表共有 10 个项目。此问卷使用 4 级评分，分数越高，说明个人的自尊心越强。在本研究中，该量表的 Cronbach's α 系数为 0.83。

4. 广泛性焦虑障碍量表（GAD-7）

这一量表是由 Spitzer 等人按 GAD 诊断标准编写，[④] 7 个条目，从"从来没有"到"几乎天天有"依次计 0~3 分。在本次研究中，该量表的 Cronbach's α 系数为 0.91。

（三）数据处理

使用 SPSS 20.0 整理和分析数据。首先进行描述统计和相关性分析，并使用宏程序 PROCESS3 对由假定的有调节的中介模型进行验证。

[①] 张文新，武建芬. Olweus 儿童欺负问卷中文版的修订 [J]. 心理发展与教育，1999（2）：8-12, 38.

[②] 于肖楠，张建新. 自我韧性量表与 Connor-Davidson 韧性量表的应用比较 [J]. 心理科学，2007, 30 (5): 1169-1171.

[③] 汪向东，王希林，马弘. 心理卫生评定量表手册 [M]. 北京：中国心理卫生杂志社，1999：318-319.

[④] SPITZER R L, KROENKE K, WILLIAMS J B W, et al. A Brief Measure for Assessing Generalized Anxiety Disorder: The GAD-7 [J]. Archives of Internal Medicine, 2006, 166 (10): 1092-1097.

三、研究结果

(一)共同方法偏差控制

本研究以问卷调查的方式进行资料搜集,由于资料的同源性,很容易产生一般的方法论偏差。所以,在设计问卷时,本研究使用了具有良好信效性的量表,并以匿名形式进行问卷调查,以最大限度地减少共同方法偏差。在统计控制上,对共同方法偏差进行了检验。结果发现,特征根大于1的因素有10个,其中第一个因素的解释变异率为28.36%,远远低于临界点40%。故本次研究中不存在明显的共同方法偏差。

(二)描述统计和相关分析

在控制性别和年龄之后,被欺凌、焦虑、心理弹性和自尊的描述统计和相关矩阵如表6-7。从皮尔逊相关分析的结果来看,安全感、焦虑、心理弹性和自尊两两间相关均显著。

表6-7 各变量的平均值、标准差和相关系数($n=1148$)

变量	M	SD	1	2	3	4
被欺凌	1.38	0.49	1	—	—	—
焦虑	2.10	3.15	0.43***	1	—	—
自尊	2.88	0.41	-0.61***	-0.43***	1	—
心理弹性	3.41	0.50	-0.56***	-0.29***	0.61***	1

注:*$p<0.05$,**$p<0.01$,***$p<0.001$。

(三)有调节的中介模型检验

中介效应的检验采用SPSS宏程序PROCESS的模型4进行。结果如表6-8所示,在控制性别和年龄的影响后,被欺凌能显著正向预测焦虑水平($\beta=0.44$,$SE=0.03$,$p<0.001$)。当被欺凌和自尊同时进入回归方程时,被欺凌能显著正向预测焦虑水平($\beta=0.27$,$SE=0.04$,$p<0.001$),显著负向预测自尊($\beta=-0.62$,$SE=0.03$,$p<0.001$),自尊能显著负向预测焦虑水平($\beta=$

-0.27，SE=0.04，p<0.001）。数据分析结果表明，被欺凌与焦虑的关系受到自尊的中介作用影响，假设一得到验证。总效应为0.44，95%置信区间为[0.51，0.36]；直接效应为0.27，95%置信区间为[0.34，0.19]；自尊的中介效应为0.17，95%置信区间为[0.23，0.12]，占总效应的比例为38.64%。

表6-8 自尊的中介模型检验（$n=1148$）

预测变量	方程1 焦虑 β	SE	t	方程2 自尊 β	SE	t	方程3 焦虑 β	SE	t
性别	-0.03	0.06	-0.42	0.03	0.06	0.45	-0.02	0.06	-0.33
年龄	0.01	0.02	0.66	0.02	0.02	1.09	0.02	0.02	0.93
被欺凌	0.44	0.03	15.92***	-0.62	0.03	21.62***	0.27	0.04	-7.17***
自尊	—	—	—				-0.27	0.04	-6.77***
R^2		0.18			0.37			0.23	
F		84.58***			156.78***			59.63***	

注：*p<0.05，**p<0.01，***p<0.001。

心理弹性调节作用的检验采用SPSS宏程序PROCESS的模型58进行。结果如表6-9所示，在控制性别和年龄的影响后，方程1中，心理弹性对焦虑的负向预测作用不显著（$\beta=0.04$，p>0.05），自尊对焦虑的负向预测作用显著（$\beta=-0.28$，p<0.001），心理弹性与自尊的交互项对焦虑的影响显著（$\beta=-0.07$，p<0.01），说明在中介路径的后半段心理弹性起着调节作用。方程2中，被欺凌对自尊的预测作用显著（$\beta=-0.40$，p<0.001），心理弹性与被欺凌的交互项对自尊的预测作用显著（$\beta=-0.07$，p<0.001），说明被欺凌在对自尊的作用中，心理弹性起调节作用。由心理弹性与被欺凌的交互项、心理弹性与自尊的交互项均显著可知，有调节的中介模型成立。

为了更清楚地阐明心理弹性的调节效果，我们将心理弹性分为高低两组，按照正负一个标准差进行划分，进行简单斜率分析，探讨在不同的心理弹性水平下，被欺凌对自尊的作用以及自尊对焦虑的作用。结果发现（如表6-9所示），对于高心理弹性的中学生，被欺凌对自尊的负向预测显著（$\beta_{simple}=-0.33$，p<0.001）；对于低心理弹性的中学生，被欺凌对自尊的负向预测作用

增强（$\beta_{simple}=-0.46$，$p<0.001$）。对于低心理弹性的中学生，自尊对焦虑情绪的负向预测显著（$\beta_{simple}=-0.35$，$p<0.001$）；对于高心理弹性的中学生，自尊对焦虑情绪的负向预测作用减弱（$\beta_{simple}=-0.21$，$p<0.001$）。

表 6-9　有调节的中介模型检验（$n=1148$）

变量	方程 1（因变量：焦虑）			方程 2（因变量：自尊）		
	β	SE	t	β	SE	t
性别	-0.00	0.06	-0.02	0.10	0.05	2.07**
年龄	0.02	0.02	0.95	0.01	0.02	0.63
被欺凌	0.27	0.04	-7.75***	-0.40	0.03	15.06***
心理弹性	0.04	0.04	0.96	0.42	0.03	15.34***
心理弹性*被欺凌	—	—	—	-0.07	0.02	-3.91***
自尊	-0.28	0.04	-7.81***			
心理弹性*自尊	-0.07	0.02	3.29**			
R^2		0.24			0.48	
F		59.13***			213.90***	

注：*$p<0.05$，**$p<0.01$，***$p<0.001$。

四、讨论

（一）中学生被欺凌与焦虑情绪的关系

本研究发现，中学生被欺凌显著正向预测焦虑，这与前人的研究结果一致。[1] 作为校园中极为负性的应激事件，校园欺凌对受欺凌青少年会产生较为严重的心理伤害。由于中学生正处于生理和心理发展的高速期，对社会、对他人、对自我的认知水平有限，因此更容易受到被欺凌事件的负面影响。已有大量研究发现，青少年和成年时期的焦虑、抑郁等负性情绪，以及睡眠、网络成瘾等问题均与他们在学校期间遭遇的负性经历有关。校园欺凌可能影响了被欺凌者的自我认知以及应对模式，从而导致其在面对不利处境及负性

---

[1] 于士伟，武春雷，王博，等．安阳市寄宿中学生校园欺凌与焦虑症状的相关性［J］．中国学校卫生，2020，41（10）：1540-1543．

生活事件时，可能更倾向于进行负性的自我归因以及对自我的不自信，并由此增加对未知情境的不确定性假设与评估，从而增加焦虑水平。

（二）自尊的中介作用

研究发现，在中学生被欺凌和焦虑之间，自尊存在显著的中介作用，验证了假设一。处于青春期的中学生不仅通过获得知识文化来发展自我，还需要通过发展同伴关系以获得心理需求，实现自我和社会性的积极发展。一方面，在社会关系中，自尊是个体被社会接纳程度的重要衡量器或"指针"，监控并激发个体维持良好的人际关系。① 当个体在人际中被接纳、被认可时，则可能促使其产生肯定、积极的自我评价和自我体验，而当个体在人际中被反复排斥、拒绝时，则可能促使其产生否定、消极的自我评价和自我体验。个体遭遇欺凌，不仅会伤害被欺凌者的身体健康，还会使被欺凌者产生被孤立感、被拒绝感，从而导致其对自我的否定、不接纳以及更低的自我评价，② 并且这种消极的影响是持久的。③ 另一方面，自尊作为自我系统的重要组成部分，在个体适应外部环境的过程中发挥着关键的作用。自尊需要没有得到满足或自尊水平低，会使个体产生更多的负性情绪。④ 而自尊水平越高，对自我评价越高，越能够更好地接纳自己，在面对压力和挫折时更容易采取积极应对方式，出现焦虑、抑郁的风险越低，⑤ 这与自尊的"恐惧控制"理论相一致。⑥ 从基础需要到更高层次的需要，我们很容易了解到，在中学生被欺凌与其焦虑情绪之间的关系中，自尊起着重要的中介角色。

---

① LEARY M R, BAUMEISTER R F. The Nature and Function of Self-Esteem: Sociometer Theory [M] // ZANNA M P. Advances in Experimental Social Psychology (Vol. 32). San Diego, CA: Academic Press, 2000: 1-62.
② 童文德，雷千乐，江琴. 初中生校园被欺凌行为与非自杀性自伤的关系：羞耻感的中介作用 [J]. 中国健康心理学杂志，2021，29（12）：1791-1796.
③ 孟月海，朱莉琪. 网络欺负及传统欺负（综述）[J]. 中国心理卫生杂志，2010，24（11）：880-884.
④ 高爽，张向葵，徐晓林. 大学生自尊与心理健康的元分析：以中国大学生为样本 [J]. 心理科学进展，2015，23（9）：1499-1507.
⑤ 闫簌簌. 生存理由、应对方式与自尊对单双相抑郁症患者自杀意念影响的临床研究 [D]. 济宁：济宁医学院，2019.
⑥ GREENBERG J, SOLOMON S, PYSZCZYNSKI T, et al. Assessing the Terror Management Analysis of Self-Esteem: Converging Evidence of an Anxiety Buffer Function [J]. Journal of Personality and Social Psychology, 1992, 63: 913-922.

(三) 心理弹性的调节作用

本研究还考察了心理弹性对"受欺凌—自尊—焦虑"这一中介过程的调节作用。结果发现，中介过程的前半段路径和后半段路径的均受到心理弹性的调节，验证了假设二。相比较高心理弹性水平的中学生，被欺凌对低心理弹性水平中学生的自尊的负向预测作用更强。根据心理弹性框架理论，个体存在一个身心精神平衡状态，这一平衡状态受内外环境的压力、危机等影响，危险因素与保护因素的交互作用决定着系统失调是否会发生。[1] 心理弹性作为保护因子，当个体遭受欺凌时，高心理弹性者有更强的调控能力和适应能力以达到环境和自我的平衡；低心理弹性者更可能怀疑自己应对不利处境的能力，设想更坏的情况，缺乏应对不利处境的信心，降低自尊和自我价值感，并变得更加敏感、恐惧。

心理弹性不仅调节了被欺凌对中学生自尊水平的影响，还调节了自尊对焦虑情绪的影响。与低心理弹性水平的中学生相比较，自尊对高心理弹性水平中学生焦虑情绪的负向预测作用减弱。这种现象的产生可能是由于具有较高的心理弹性的人在处理问题时会更加主动，[2] 具有更强的抵抗挫折的能力，[3] 能够更加敏锐地感知到压力，获得应对先机，并且能够合理预计其危害。[4] 当自尊受损时，个体可以通过心理弹性调节其焦虑水平，心理弹性作为保护因子，能够更好地抵抗自尊受损带来的消极结果。

五、结论

作为与学校情境相关的负性经历，校园被欺凌不仅可以直接影中学生的焦虑情绪，还可以通过自尊间接影响其焦虑情绪。心理弹性不仅能够缓冲被欺凌对自尊的影响，还能缓冲自尊对焦虑情绪的影响。因此，心理弹性是青少年在面对校园欺凌时重要的保护因素和积极成长促进因素。

---

[1] RICHARDSON G E. The Metatheory of Resilience and Resiliency [J]. Journal of Clinical Psychology, 2002, 58 (3): 307-321.

[2] 应湘，方佳燕，白景瑞. 外来务工子女心理弹性、应对方式及其关系研究 [J]. 教育导刊，2011 (3): 27-30.

[3] 曾红，黄文庚，黎光明. 弹性心理训练改善农业院校大学生心理健康状况的效果分析 [J]. 中国学校卫生，2010, 31 (3): 309-310.

[4] 桑标，席居哲，左志宏. 心理弹性儿童的心理理论 [J]. 心理科学. 2011, 34 (3): 581-587.

第四节　学校联结与青少年越轨同伴交往

一、问题提出

越轨同伴交往主要指结交那些具有违反法律和社会道德行为的同龄友伴，也称作不良同伴交往，是青少年之间自发形成的同伴关系。[①] 通过考察同伴参与喝醉酒、考试作弊、逃课、沉迷网络、受学校处分、偷盗、勒索等行为的程度或水平，可以对青少年越轨同伴交往的状况进行评估。根据生态系统理论，学校、家庭、同伴因素是青少年直接接触、极为密切的微观生态系统。[②] 从家庭相关因素来看，越轨同伴交往不仅受父母不良教养方式的影响，[③] 还受身体虐待和情感虐待的影响。[④] 此外，越轨同伴交往还与学校情境存在相关。

（一）学校联结与越轨同伴交往

学校联结是学校情境的重要指标之一，主要是指学生从教师和同学处获得的支持程度以及学生对于学校的归属感程度。[⑤] 学校联结与越轨同伴交往之间的关系不仅体现在师生关系上，还体现在校园氛围上。有研究者通过对4411名中学生进行问卷调查，发现不良师生关系与越轨同伴交往之间有着显著的相互预测关系；[⑥] 另有研究发现，校园氛围感知不仅会影响越轨同伴交

[①] 鲍振宙，胡高喜，江艳平，等. 越轨同伴交往与青少年睡眠问题的交叉滞后分析［J］. 心理科学，2018，41（4）：862-868.

[②] BRONFENBRENNER U. Ecological Models of Human Development［J］. International Encyclopedia of Education，1994，3（2）：37-43.

[③] 王艳辉，沈梓锋，赖雪芬. 父母心理控制与青少年外化问题行为的关系：意志控制和越轨同伴交往的链式中介作用［J］. 心理发展与教育，2024，40（2）：248-256.

[④] YOON D, SNYDER S M, YOON S, et al. Longitudinal Association between Deviant Peer Affiliation and Externalizing Behavior Problems by Types of Child Maltreatment［J］. Child Abuse & Neglect，2020，109（2）：104759.

[⑤] 喻承甫，张卫，曾毅茵，等. 青少年感恩与问题行为的关系：学校联结的中介作用［J］. 心理发展与教育，2011，27（4）：425-433.

[⑥] 陈鹤天. 中学生不良师生关系与越轨同伴交往：歧视知觉和自我控制的中介作用［D］. 上海：华东师范大学，2022.

往，还会通过越轨同伴交往进而影响传统欺凌和网络欺凌。① 根据社会控制理论，学生与教师的紧密联结可以减少越轨同伴交往发生的可能性。② 据此，本研究提出假设一：学校联结能够负向预测中学生越轨同伴交往。

（二）自尊的中介作用

自尊主要是指个体基于自我评价而产生的自重、自爱、自我尊重，并且期待他人和社会给予尊重的情感体验。③ 生态系统理论的现象学理论（Phenomenological Variant of Ecological Systerms Theory，PVEST）认为，个体的自我是由其本人与他人互动中感知到的体验所塑成，④ 因此有学者根据此理论对学校联结和留守儿童自尊进行交叉滞后分析，结果表明前、后测的学校联结和自尊呈现出显著的正向相关，并且前测学校联结可以显著正向预测后测自尊。⑤ 另有学者基于自尊的价值—能力理论以及生态系统学视角探究了学校联结和学业能力对高中生自尊的影响，发现了班级层面学校联结对个体自尊具有显著正向预测作用。⑥ 对于自尊与越轨同伴交往的关系，有学者在探讨同伴关系和自尊在愤怒情绪抑制对攻击性的影响中的链式中介作用时，证实了初中生的自尊与同伴关系呈显著正相关；⑦ 另有学者发现高中生自尊水平与同伴交往亦呈显著正相关，⑧ 以中职生为调查对象的研究也得到了相同的结论。⑨ 综

---

① 石丹. 校园氛围感知与青少年欺凌的关系 [D]. 武汉：华中师范大学，2021.
② CATALANO R F, HAWKINS J D. The Social Development Model：A Theory of Antisocial Behavior [M] // HAWKINS J D. Delinquency and Crime：Current Theories. New York：Cambridge University Press, 1996：149-197.
③ 黄辉, 陈捷, 王岐富. 农村留守儿童社会支持与社会适应的关系：自尊的中介作用 [J]. 中国健康心理学杂志，2022, 30 (5)：713-717.
④ SPENCER M B. Phenomenology and ecological systems theory：Development of diverse groups [M] // LERER R M, DAMON W. Handbook of child psychology：Theoretical models of human development. New York：John Wiley&Sons, Inc, 2006：829-893.
⑤ 王玉龙, 张智慧. 学校联结与留守儿童自尊的交叉滞后分析 [J]. 集美大学学报（教育科学版），2022, 23 (5)：41-46.
⑥ 张小敏, 陈欣, 务凯, 等. 学校联结和学业能力对高中生自尊的影响：一个多层线性模型 [J]. 心理发展与教育，2022, 38 (3)：358-365.
⑦ 张景茹. 初中生愤怒情绪抑制对攻击性的影响：同伴关系和自尊的链式中介作用 [D]. 大连：辽宁师范大学，2020.
⑧ 郭卉, 夏晶. 高中生家庭社会经济地位、同伴交往和自尊的关系研究 [J]. 内江科技，2019, 40 (12)：85-86.
⑨ 郭卉. 中职生家庭社会经济地位、自尊与同伴交往的关系研究 [D]. 杭州：浙江工业大学，2020.

上，学校联结越是紧密的中学生，其自尊体验越强，而越轨同伴交往的可能性也越小。据此，本研究提出假设二：自尊可能在学校联结与越轨同伴交往之间发挥着中介作用。

（三）留守经历的调节作用

留守或留守经历是指儿童青少年以往有过或正处于父母单方或双方外出务工，只有在重大节日或有重大事情回家，将其留在家乡由父母单方或者他人监护，并且持续时间在半年以上的情况。[1] 留守经历在很大程度上意味着成长环境的不确定性和严峻性。早期环境中的严峻性和不可预测性对个体之后心理和行为的发展影响极为显著。[2] 进化心理学框架下的生命史理论认为，环境中的不确定性因素会对人的生存策略产生影响，并进而导致个体在行为上的差异；早期生活环境决定了不同的生命史策略。[3] 若生活在不良环境中（高严峻和高不可预测性），个体易于形成快策略；与慢生命史策略相比，快生命史策略的个体更多参与冒险行为，包括消极不良行为。[4] Griskevicius 等人的实验结果表明，早期处于不可预测环境中的个体可能比早期生活在富裕或相对稳定环境中的个体更具有冒险倾向。[5] Lu 和 Chang 选取中国留守儿童为研究对象来研究生命史策略与冒险行为的关系，研究结果表明，留守儿童

---

[1] 张春阳，徐慰. 大学生留守经历与攻击性：安全感与自卑感的链式中介作用 [J]. 中国临床心理学杂志，2020，28（1）：173-177.

[2] GRISKEVICIUS V, TYBUR J M, DELTON A W, et al. The Influence of Mortality and Socioeconomic Status on Risk and Delayed Rewards：A Life History Theory Approach [J]. Journal of Personality and Social Psychology，2011，100（6）：1015-1026；MITTAL C, GRISKEVICIUS V. Sense of Control Under Uncertainty Depends on People's Childhood Environment：A Life History Approach [J]. Journal of Personality and Social Psychology，2014，107（4）：621-637.

[3] BELSKY J, STEINBERG L, DRAPER P. Childhood Experience, Interpersonal Development, and Reproductive Strategy：And Evolutionary Theory of Socialization [J]. Child Development，1991，62（4）：647-670.

[4] DOOM J R, VANZOMERENDOHM A, SIMPSON J A. Early Unpredictability Predicts Increased Adolescent Externalizing Behaviors and Substance Use：A life History Perspective [J]. Development and Psychopathology，2016，28（4），1505-1516.

[5] GRISKEVICIUS V, TYBUR J M, DELTON A W, et al. The Influence of Mortality and Socioeconomic Status on Risk and Delayed Rewards：A Life History Theory Approach [J]. Journal of Personality and Social Psychology，2011，100（6）：1015-1026.

多表现为快生命史策略倾向，更容易参与攻击及冒险行为。① 此外，研究发现，留守初中生的自尊水平比非留守初中生更低。② 因此，本研究提出假设三：留守经历在学校联结影响中学生越轨同伴交往的过程中可能存在调节作用。

二、研究方法

（一）研究对象

本研究通过方便抽样法对900名自愿参加调查的农村学校中学生发放问卷，然后剔除随机作答、信息不全等无效问卷后，共收集有效问卷865份，有效率为96.11%。被试平均年龄为15.52±1.53岁，其中，男性427人（49.36%），女生438人（50.64%）；初一85人（9.83%），初二83人（9.6%），初三177人（20.46%），高一180人（20.81%），高二169人（19.53%），高三171人（19.77%）；有留守经历435人（50.29%），无留守经历430人（49.71%）。

（二）研究工具

1. 学校联结量表

采用雷斯尼克（Resnick）等人编制、喻承甫等人翻译修订的中文版学校联结量表，③ 包括6个题目，5点计分，得分越低表示学校联结性越差。在本研究中，该分量表的Cronbach's α系数为0.84。

2. 越轨同伴交往问卷

采用李董平等人编制的越轨同伴交往问卷测评中学生越轨同伴交往的程度④，共8个题目，越轨行为涉及包括考试作弊、网络成瘾、吸烟、打架斗殴等诸多方面。采用5点计分，得分越高表明结交的越轨同伴越多。

---

① LU H J, CHANG L. Aggression and Risk-Taking as Adaptive Implementations of Fast life History Strategy [J]. Developmental Science, 2019, 22（5）：e12827.
② 李莹紫. 同伴欺负对是否留守初中生抑郁影响的对比研究 [D]. 信阳：信阳师范学院，2021.
③ 喻承甫，张卫，曾毅茵，等. 青少年感恩与问题行为的关系：学校联结的中介作用 [J]. 心理发展与教育，2011，27（4）：425-433
④ LI D P, LI X, WANG Y H, et al. School Connectedness and Problematic Internet Use in Adolescents: A Moderated Mediation Model of Deviant peer Affiliation and Self-Control [J]. Journal of Abnormal Child Psychology, 2013, 41（8）：1231-1242.

3. 自尊量表

选用 Rosenberg 编制的自尊量表考察被试的自尊水平。[①] 该量表共有 10 个项目，使用 4 点评分，分数愈高，则说明个人的自尊心愈强。在本研究中，该量表的 Cronbach's α 系数为 0.82。

（三）数据处理

使用 SPSS 20.0 整理和分析数据。首先进行描述统计和相关性分析，并使用宏程序 PROCESS 对由假定的有调节的中介模式进行验证。

三、研究结果

（一）共同方法偏差检验

结果发现，特征根大于 1 的因素有 6 个，其中第一个因素的解释变异率为 20.84%，远远低于临界点 40%。故本次研究中不存在明显的共同方法偏差。

（二）描述统计和相关分析

描述性统计和各变量之间的相关分析结果见表 6-10。

表 6-10　各变量的描述统计（均值）和相关分析（n=865）

变量	M	SD	1	2	3	4
学校联结	2.72	0.78	—	—	—	—
自尊	2.76	0.52	0.26***	—	—	—
越轨同伴交往	1.73	0.62	−0.20***	−0.22***	—	—
留守经历	1.48	0.50	0.12**	0.08*	−0.12***	—

注：（1）*p<0.05，**p<0.01，***p<0.001；（2）1=有留守经历，2=无留守经历。

（三）学校联结与越轨同伴交往的关系：有调节的中介模型检验

中介效应的检验采用 SPSS 宏程序 PROCESS 的模型 4 进行。结果如表 6-11 所示，在控制性别和年级的影响后，学校联结能显著负向预测越轨同伴交

[①] 汪向东，王希林，马弘. 心理卫生评定量表手册 [M]. 北京：中国心理卫生杂志社，1999：318-319.

往（$\beta=-0.15$，$SE=0.03$，$p<0.001$），假设一成立。当学校联结和自尊同时进入回归方程时，学校联结能显著负向预测越轨同伴交往（$\beta=-0.10$，$SE=0.03$，$p<0.01$），正向预测自尊（$\beta=0.22$，$SE=0.03$，$p<0.001$），自尊能显著负向预测越轨同伴交往（$\beta=-0.21$，$SE=0.04$，$p<0.001$）。数据分析结果表明，自尊在学校联结与越轨同伴交往之间起中介作用，假设2得到验证。总效应为-0.15；直接效应为-0.10，95%置信区间办[-0.18，-0.03]；自尊的中介效应为-0.05，95%置信区间办[-0.08，-0.03]，占总效应的比例为33.33%。

表6-11 自尊的中介模型检验（$n=865$）

预测变量	方程1 越轨同伴交往 β	SE	t	方程2 自尊 β	SE	t	方程3 越轨同伴交往 β	SE	t
性别	-0.24	0.07	-3.70**	-0.25	0.06	-4.10***	-0.30	0.07	-4.54***
年级	0.21	0.02	8.40**	-0.01	0.02	-0.19	0.21	0.02	8.52**
学校联结	-0.15	0.03	-4.38***	0.22	0.03	7.26***	-0.10	0.03	-2.92**
自尊	—	—	—	—	—	—	-0.21	0.04	-5.70***
R^2		0.12			0.08			0.16	
F		38.08***			24.58***			37.79***	

注：*$p<0.05$，**$p<0.01$，***$p<0.001$。

采用Hayes插件中的模型14，在控制性别、年级的情况下检验留守经历的调节效应。结果表明（见表6-12），将留守经历放入模型后，留守经历可以显著越轨同伴交往（$\beta=-0.14$，$p<0.05$），自尊与留守经历的交互项对越轨同伴交往的预测作用显著（$\beta=0.14$，$p<0.01$），这表明留守经历在自尊对越轨同伴交往的预测中起调节作用。

为了更清楚地揭示调节效应的具体模式，将被试分为有留守经历和无留守经历组进一步分析，在有留守经历的农村中学生中，自尊对越轨同伴交往有着显著的负向预测作用（$\beta_{simple}=-0.28$，$t=-5.38$，$p<0.001$）；在没有留守经历的农村中学生中，自尊对越轨同伴交往的预测作用明显减弱（$\beta_{simple}=-0.14$，$t=-2.58$，$p<0.05$）。

表6-12 有调节的中介模型检验（$n=865$）

变量	方程1（因变量：越轨同伴交往）			方程2（因变量：自尊）		
	β	SE	t	β	SE	t
性别	-0.29	0.07	-4.36***	-0.25	0.06	-4.00***
年级	0.21	0.02	8.36***	0.02	0.02	-0.21
学校联结	-0.09	0.03	-2.64**	0.22	0.03	7.19***
自尊	-0.42	0.11	-3.69***			
留守经历	-0.14	0.07	-2.01*			
自尊*留守经历	0.14	0.07	1.99**			
R^2		0.16			0.08	
F		26.27***			22.83***	

注：*$p<0.05$，**$p<0.01$，***$p<0.001$。

当留守经历调节中介路径时，在有留守经历的农村中学生中，"学校联结→自尊→越轨同伴交往"的中介效应量为-0.06，95%置信区间为[-0.10，-0.03]；在没有留守经历的农村中学生中，中介效应量为-0.03，95%置信区间为[0.02，0.10]。表明"学校联结→自尊→越轨同伴交往"的中介路径在有留守经历和没有留守经历的农村中学生中存在显著差异，在有留守经历中学生中这种中介效应更强。

四、讨论

本研究发现，学校联结能够显著负向预测农村中学生的越轨同伴交往，验证了假设一。学生从教师和同学获得的支持程度越高，校园氛围越积极，以及学生对于学校的归属感越强，其越轨同伴交往的可能性越低。学校环境是儿童青少年成长的重要场所之一，学校联结是学校环境的重要指标之一。当学生能够融入学校环境中，意味着其学校适应良好，这包括师生关系、同伴关系、学习、日常生活等各方面能够融入学校之中，处于这种良好状态的学生较少被那些有着越轨行为、消极冒险行为的同伴所吸引。

儿童青少年的发展既离不开家庭环境的亲密感、支持度，也离不开学校环境的归属感和联结感。本研究发现，学校联结通过自尊的中介作用影响越轨同伴交往，验证了假设二。学校联结更强的农村中学生，其自尊水平更强，与不良同伴交往的概率也更低。与家庭环境影响个体自尊的发展一样，学校环境也是塑造儿童青少年自尊感和形成自我评价的重要场所之一。学生在校与同学的联结、与教师的联结、对环境的融入程度，均可能影响其自尊体验。而自尊水平也是儿童青少年同伴交往质量的重要预测因素，自尊水平越高的中学生，其越轨同伴交往的可能性也越低。自尊的本质是个体对自我价值的评价，当个体对自我有着较高自我评价时，其对自我发展的诸多方面也有较高的内在要求和外在标准，即择友的谨慎性、自律性与"洁身自好"的追求。

本研究还发现，留守经历在"学校联结→自尊→越轨同伴交往"的后半段路径存在显著的调节效应，验证了假设三。相比较有留守经历的农村中学生，自尊对无留守经历者的越轨同伴交往的负向预测作用更弱；而在有留守经历的农村中学生中，这种预测作用更强。有留守经历意味着成长环境的不确定性和高严峻性，这种不利的成长环境使得有留守经历的青少年更倾向于使用快生命史策略，更有可能接触不良同伴并参与如醉酒、逃课、抄袭、打架斗殴及一些危险行为。

综上，学校在青少年身心发展过程中起着极为重要的作用。青少年与学校的联结质量影响其同伴交往的质量，学校应该为青少年提供适宜发展的教育环境，以促进其积极成长。

五、结论

学校联结是影响青少年学生成长发展的重要环境因素之一。学校联结不仅直接影响农村中学生的越轨同伴交往，还通过自尊对其越轨同伴交往行为产生间接影响。自尊的中介作用受到了农村中学生留守经历的调节，中介效应在有留守经历的农村中学生群体中更强。

第七章

青少年积极成长的个体对策

个体负性经历的"印记"大多会长期存在。有些人可能会慢慢从处境不利的暴风雨中走出来,但有些人可能会在很长一段时间里难以抚慰那个无助无力的内在小孩。很多时候,自我的保护本能会在处境不利中自动开启防御机制将伤害封印在记忆的深海之中,似乎只要这段经历被遗忘了,它就会像随风而去的细沙一般荡然无存。但是,这往往是给内心冲突埋下了未来爆发的伏笔。面对童年所经历的逆境与伤害时,如果我们不视其为无法回顾的人生苦难与不堪,不刻意去逃避、遗忘甚至责备自我,而是去慢慢看清伤害的真相,积蓄直面逆境和伤害的勇气,接纳那个曾经无助无力的自己,最终将打破内在小孩的桎梏,成长为更好的自己。

当直面不利处境时,我们像是揭开了貌似愈合的伤疤,看到无助的自己在童年时期的挣扎、痛苦、恐惧、羞耻甚至绝望,但在不利处境中积极发展的个体往往会迸发出异于常人的复原力,去帮助我们进行自我疗愈。在疗愈的过程中,我们会逐渐了解不利处境对个人成长的影响,然后幡然醒悟:复原才是我的责任。从童年不利处境当中复原是复杂的,但个体依旧可以从认知层面、情绪层面、身体层面和行为层面入手去与负性经历和解。负性经历者需要找到一些良好且有效的自我支持方法,以满足自己因童年处境不利而未被满足的各个层面的发展模式。本章主要介绍在处境不利中积极成长的方法,分别从积极归因、情绪调节、自悯、积极行为等方面展开,以期为负性经历者的自我疗愈提供一些可能的方法或思路,进而帮助那些有过负性经历的青少年直面逆境,开启积极成长之旅。

在本章中,我们反复提到的童年负性经历者,如前言所述,是指经历一些普遍性的负性家庭境遇与学校境遇的青少年群体。

第一节 积极归因

许多童年负性经历者往往会把痛苦的遭遇归因于自身,不断地批判与否定自我,进而试图缓解由处境不利引发的一系列糟糕情绪。当铺天盖地的自我批判向负性经历者席卷而来时,一切反抗和挣扎似乎都变得脆弱无力,于是大脑开启自动攻击模式,形成错误归因——这都是我的错。而自我疗愈的第一个目标就是帮助负性经历者去识别并消除童年时被灌输的自我批判性想法和思维,并试着将大脑从批判的牢笼中解救出来,进而停止攻击自己正常的人格特质。我们需要明白,童年时期所经历的伤害并不是自己的错,而是非适应性认知绑架了我们的大脑导致消极归因,现在我们需要用积极且健康的归因来帮助自己更加准确地看待和理解处境不利之于个人的意义。于是我们可以尝试从不公允的自责裹挟当中抽身,改变对童年处境不利的消极归因,给自己一个机会,去爱、去疗愈。

一、童年处境不利的陷阱——消极归因

童年处境不利到底是如何一步步攻破个体的心墙导致消极归因的呢?这不禁引发我们的思考。似乎我们都没有意识到这些自动化的消极思维正在侵蚀着我们的积极思维,而这一切早在逆境来临时便埋下伏笔。童年的负性经历会迫使个体在早期将身份认同①与超我②融合,超我力求遵守家长和教师制定的规则,以期获得并维持他人的接纳。然而,超我在负性环境中会因无法获得自我接纳而不折不挠地去寻求"讨好"父母、教师以及同学的方式,最终完美主义策略便会在羞耻感的诱导下成为孩子试图去获得爱的救命稻草。他们在心中祈祷着,希望自己可以变得足够聪明、优秀、有用且完美,似乎只有这样才会让父母、教师以及同学们变得更加亲切一点,对自己多关注一点,而非打压、否定、蔑视和不在乎。

---

① 身份认同是指个体在与他人互动的过程中对自身的认知和描述。
② 弗洛伊德提出超我的概念,他将人格结构分为三个层次:本我、自我、超我。本我代表潜意识里的思想,自我代表自己的意识,超我则代表道德判断。

这些童年处境不利的干扰将会潜移默化地影响负性经历者的复原,其所导致的消极归因也在一定程度上增加了内化、外化问题出现的可能性。① 但挖掘消极归因的根源时,便会发现这一切都是个体对于负性境遇所形成的非适应性认知。这是一种在理解负性事件以及不利处境时所产生的不合理信念与想法,② 并且这种非适应性的认知也会在类似于创伤的情境中得到泛化。负性经历者可能会将自己童年的痛苦遭遇归因于自己或他人,进而表现出消极的自我评价和低自我价值感,并产生对他人的不信任和威胁感。这种对于自我和他人所形成的消极内部加工模式,将会对负性经历者的身心健康产生持久而深远的影响。③

当负性经历者在理解童年处境不利的过程中倾向于内归因时,便会将这个沉重而伤痛的心理负担全部扛下,认为经历伤害都是自身的缺陷和错误所导致的,并不断对自我批判的想法进行加工和内化,进而产生羞耻感、无价值感和自己不值得被爱的非适应性认知。然而对自我的极力要求与否定,并不会换来如愿的结果,这场渴望爱和关注的自我救赎已经宣告失败,而这些缺乏父母、教师和同学关注的负性经历者不得不接受一个事实——我有致命的缺陷。随着时间的流逝,个体的超我会逐渐进化为完全的、刻薄的、致使伤害的内在批判者。而当他找不到错误的承担者时,往往会形成消极的归因,即在不利处境中,个体总是被迫成为错误的替罪羊,习惯将错误归咎于自己,从而不断地否定和批评自己,觉得自己才是这一切伤害的根源。这种因不公允的对待而被迫接受的错误归因便在无形之中嵌入负性经历者的大脑中,他认为自己得不到爱的原因并不是他犯了什么错,而是他本身就是个错误。于是他拿着内在批判的放大镜不断地在自己身上寻找不足,在他眼里,自己就像一个千疮百孔的枪靶,全是弥补不了的缺陷,他在自己身上也只能看到错误或缺陷。于是寻找自身错误的感官就会被无限放大,其所思、所想、所看、所说甚至感受都因为这不明缘由的错误而蒙上了一层昏暗的面纱,而这可悲

---

① 俞国良,李森. 危机与转机:童年期虐待对青少年心理健康的影响及应对策略 [J]. 北京师范大学学报(社会科学版),2021 (1):5-15.
② VOGT D S, SHIPHERD J C, RESICK P A. Posttraumatic maladaptive beliefs scale: Evolution of the personal beliefs and reactions scale [J]. Assessment, 2012, 19 (3):308-317.
③ YOUNG J E, KLOSKO J S, WEISHAAR M E. Schema Therapy: A Practitioner's Guide [M]. New York: Guilford Press, 2006:119-123.

的一切，最终会将他拉入充满恐惧不安和自我否定的抑郁泥潭。

当我们再次回到受伤的起点，便会发现这一句句无情的批评，尤其是批评者们将自己的愤怒和蔑视化作一把把锋利的剑朝年幼无助的青少年刺去时，可想而知这对青少年的心灵和认知将会造成无法磨灭的伤害，[1] 甚至会影响青少年的大脑结构。[2] 无情的语言当中夹杂的批评信息像是不断给青少年做强化练习一般，青少年最终被迫内化并接受自己是个错误的认知。而这些持续的强化将会打通青少年有关自我厌恶和憎恨的任督二脉，在日积月累中，个体无论是从思想上还是情感和行为表达上都会越来越厌恶自己，逐渐丧失对自我的价值感。[3]

可是年幼的负性经历者并不懂得如何去识别糟糕的养育方式所导致的童年处境不利，他们失去了外界的支持，转而攻击自身，这也是内在批评者的惯用伎俩。随着批判者们的攻击愈演愈烈，内在批判者此刻正张牙舞爪地剥夺着负性经历者的自我认同并逐渐成为其心理活动的主导者。负性经历者用一种克制的、近乎完美主义的视角审视着自己，并时刻警惕且紧绷着脆弱的心弦。然而，每当负性经历者试图坦诚内心并进行自我表达时，内在批判者便会跳出来掐住负性经历者的喉咙，告诉他：这都是你的错，这一切都是因为你！于是负性经历者又陷入无休止的自我攻击与批评的不健康状态中，并最终失去了自我，也完全丧失了寻求自我支持和保护的能力。至此，在自我批判的恶性循环中，负性经历者会极力规避任何错误，力求做到完美，其试图用完美和自我批判来掩盖自己身陷童年处境不利的事实。

而当负性经历者倾向于将负性事件归因于父母或其他照料者的过错和失误时，将可能让其对父母或其他照护者产生敌对和责备情绪。在这种敌意性归因的情况下，负性经历者更容易形成非适应性认知。[4] 他们会将他人以及陌

---

[1] 李寿欣，李波. 父母教养方式对学生认知方式发展的影响 [J]. 健康心理学杂志，2004 (2)：144，156-157.

[2] BUSS C, ENTRINGER S, MOOG N K, et al. Intergenerational transmission of maternal childhood maltreatment exposure: Implications for fetal brain development [J]. J Am Acad Child Adolesc Psychiatry, 2017, 56 (5): 373-382.

[3] 李颖，楼春芳，朱莉琪. 父母严苛养育与儿童情绪和行为问题的关系 [J]. 学前教育研究，2016 (6)：25-35.

[4] 俞国良，李森. 危机与转机：童年期虐待对青少年心理健康的影响及应对策略 [J]. 北京师范大学学报（社会科学版），2021 (1)：5-15.

生环境自动划为威胁，并在脑海中不断响起"他人是危险、不可信且不可靠"的错误警报；负性经历者还会认为自己和他人的关系是不稳定且难以预测的，他人也无法给自己提供关爱、保护和同情。于是在很长一段时间里，负性经历者可能会害怕甚至厌恶一切权威人物，并笼统地将新环境等同于危险，变得一到新环境就控制不住焦虑和不安，一遇到权威人物就下意识回避和退缩。此刻他们已经闪回到伤害发生的时刻，曾经的恐惧、无助、绝望在脑海里翻江倒海，让其一时分不清现实和过去。

二、华丽的反转——积极归因

当撕下童年处境不利的伪装去进行积极归因之后，我们便会更加准确地知道那些让我们童年处境不利的人给我们的健康自我带来了多大的伤害，我们也会更有动力和信心去进行自我修复和疗愈。当能识别出更多的伤害，我们就会对自我疗愈的内容更加清楚明白。在处境不利中，生存的本能往往会左右个体的理性判断。然而心智都还未成熟的孩子，只是想躲避被抛弃和陷入困境的恐惧和绝望感，因此会麻痹自己力图将伤害合理化。所以负性经历者需要做出正确的归因判断，进而帮助自己发展正常且健全的自我和人格。当个体习惯于将童年处境不利的原因进行消极、错误归因时，其也会难以挣脱抑郁、焦虑、强迫症状的束缚。[1] 从归因的角度而言，产生童年处境不利这一负性事件的原因本身并不重要，重要的是个体对负性事件的解释与评价。积极的归因方式往往会产生积极的情绪，并且也可以帮助负性经历者进行积极的认知加工，发掘出隐藏在背后的真相，寻找促进自我疗愈的积极因素，并产生正向的情感体验。[2]

或许对糟糕的父母、可怕的教师、霸凌的同学进行指责会让负性经历者心里好受一些，负性经历者将自己的痛苦遭遇归咎于他们，希望他们能对自己的所作所为进行忏悔并道歉。敌意归因可能会使负性经历者心中产生这样一个执念：他们必须为这些伤害行为向我道歉，仿佛只要他们道歉了，这些心中难以隐去的伤痕便能减少几分。但事实上，这些施虐者往往很少会意识

---

[1] 李占江, 邱炳武, 王极盛. 青少年归因风格及其与心理健康水平关系的研究 [J]. 中国心理卫生杂志, 2001 (1): 6-8.

[2] 张晓伟. 浅论积极归因方式的培养：基于积极心理学视角 [J]. 吉林省教育学院学报（中旬）, 2013, 29 (7): 89-90.

到自己对他人所造成的无法磨灭的伤害,因此他们会选择回避和忽视,拒绝道歉,甚至会反过来攻击。道歉等同于让施虐者承认自己的负性情绪以及不合理认知、信念,甚至有些施虐者在进行伤害行为时还患有心理或精神疾病。因此,受虐者往往固执地认为自己当时的做法并没有什么问题,进而为此极力辩白。这时候负性经历者也许会幡然醒悟:需要停止对施虐者的期待,不能再指望过去伤害自己的人向自己道歉,因为很有可能无法等来想要的公道,自己反而会遭受更深的伤害。

由童年处境不利而引发的错误归因无疑是对个体脆弱的心灵进行了一场以爱之名的屠戮,而这种消极的归因方式也会一直影响个体的成长和发展。青少年可以尝试进行积极归因去寻求更多的自我支持来代替自我批判,进而减少不必要的伤害与攻击。《简·爱》一书中曾提道:"我关爱自己。我越是孤独,越是没有朋友,越是没有支持,我就得越尊重我自己。"[1] 所以当个体持续被羞耻和厌恶感攻击的时候,应该坚定地站在自己这边,成为保护自己的勇士;同时也更应该对自我有一个全方位的把握,进而了解自身的归因风格以及应对方式。如果童年处境不利所形成的归因风格和应对方式是不利于个体成长的,就要尝试去改变。然而改变的勇气和动力并不是人人都有,有些负性经历者可能会在不利处境中对自己或他人进行严苛的批判甚至人身攻击,有些则可能会陷入自我憎恨、自我厌恶的交织苦网中,最终坠入痛苦的深渊。然而,越是这种时候,越要给自己一个机会,将身上沉重的枷锁解下,给童年的负性经历一个适当的去处。多去包容、宽恕自己,给自我疗愈进程多一些缓冲的时间,让童年的霸凌者和内在批判者无法得逞,让那些残酷无情的语言利器远离自己,停止无休止地攻击和虐待。这场对抗内在批判者的拉锯之战终将结束,积极归因会化作手中的利剑,将错误归因的无助小孩解救出来。因此,处境不利青少年可以尝试用积极归因来减少自我批判性思维,加强自我保护性思维,并发展出自我关怀和自我保护的心理机制,[2] 真诚且用心地善待自己,进而以自我支持的姿态努力寻得内心的宁静与丰盈,并实现积极成长。

---

[1] 夏洛特·勃朗特. 简·爱 [M]. 祝庆英, 译. 上海: 上海译文出版社, 2010: 314.
[2] HARMAN R, LEE D. The Role of Shame and Self-Critical Thinking in the Development and Maintenance of Current Threat in Post-Traumatic Stress Disorder [J]. Clinical Psychology and Psychotherapy, 2010, 17 (1): 13-24.

第二节 情绪调节

导致童年处境不利的父母、教师、同学往往也会在情绪层面上给青少年带来持续性的伤害，其可能会通过情感虐待、情感忽视等方式致使个体的情感发展在童年时期遭受巨大的破坏。无论是在以上哪种情感伤害性环境中长大的孩子，都可能难以发展出健全的情绪智力。他们被隔离在家庭和学校关爱的栅栏之外，但渴望得到安慰和温暖的想法会近乎疯狂地折磨他们，使其心中像有个无法填补的大洞，充斥着痛苦的空虚感。同时，个体所处的社会文化有时也会伤害自身的情绪天性和情绪智力。因此，青少年需要重视童年处境不利对自身情绪方面所造成的伤害，并在此层面上进行一些建设性的疗愈工作。

一、对情绪天性和情绪智力的组合拳

情绪的产生是人类的天性，在大多数情况下不受个体的支配，变幻莫测、风云骤变也正是情绪的魅力所在。在社会文化的大背景下，人们总想表现出积极的、乐观向上的情绪，而令人失望的事实是，尽管我们在发展过程中所形成的情绪智力能够帮助我们管理情绪，但依旧无法将任何一种积极情绪一直维持下去。[1] 在许多负性经历者看来这可能将会造成情绪灾难，进而试图抛弃这类天赋，但情绪天性往往能赋予我们更加充盈且丰富的感受。心理学家丹尼尔·戈尔曼（Daniel Goleman）曾把情绪智力定义为，认识并妥善管理自己和他人的情绪进而达到自我激励与自我和谐。[2] 在学校和家庭中的不利处境往往会将损害个体情绪智力发展的恶劣手段藏在以爱为借口的"糖衣炮弹"中，施虐者一方面会因孩子的情绪表达而虐待孩子，另一方面则会用自己不合理的情绪表达方式去伤害孩子。当孩子表露出痛苦情绪时，他们往往会用蔑视的神情或语气来让孩子恰当表达痛苦情绪的能力发展陷入停滞。在不利

---

[1] 沃克. 不原谅也没关系 [M]. 严菲菲，译. 北京：北京科学技术出版社，2023：33-36.
[2] 戈尔曼. 情商：为什么情商比智商更重要 [M]. 杨春晓，译. 北京：中信出版社，2018：22-24.

处境中常会上演的一幕是孩子因学校和家庭的伤害而痛哭流涕时，施虐者们却因孩子的哭泣和求饶而加重对孩子的辱骂和惩罚。所以，当有些负性经历者回忆起这些伤害时，脑海里的魔咒便卷土重来：别哭了，越哭越烦，你再哭我就揍你！在无数次自然的情感流露中，孩子被施虐者们的情绪威胁吓得瑟瑟发抖，至此负性经历者的自动化思维便形成了：伤害→表达情绪→更严重的伤害。然而施虐者们对孩子情绪智力的攻击还远不止如此，他们还会用情感忽视这把重锁将孩子的情绪天性和情绪智力发展牢牢锁住。① 施虐者对个体的情绪表达会表现出一种逃避行为，他们会在孩子哭泣时躲到另一个房间里或者对孩子的情绪表达置之不理，仿佛受虐的孩子在进行情感表达时被关进了一个太空舱里，任凭他如何哭泣、嘶吼、绝望，施虐者们都已经屏蔽他们求助的声音，继续逍遥自在。无论是因表露情绪而被攻击，还是将表露情绪的孩子隔离起来，这些都是对孩子情绪智力发展的致命攻击，而这也无疑会泯灭孩子的情绪天性。但最令人难受的事实就是这类攻击也会被用在咿呀学语、情绪表达不全的婴幼儿身上，而由于他们太过于幼小，无法用语言表达自己的情绪，所以这些情绪攻击对婴幼儿的伤害无疑是双倍的屠戮。② 安静、乖巧、懂事这些形容词放到负性经历者身上无疑是在折射他们童年时期所遭受的情感虐待与忽视，并且也体现出其被压抑的情绪天性和未发展完全的情绪智力。

在处境不利和社会文化的组合攻击下，青少年因情绪天性难以得到充分的滋养，便会对情绪逐渐钝化，不乐意进行自我表露。当意识到需要恢复自己与生俱来的情绪天性时，负性经历者便会开始试图与自身建立良好的情感联结，而他们也必须接受一个客观的事实，即人们的感受有时会是自相矛盾的，情绪有时也会发生难以预知的变化。所以当情绪在悲伤与快乐、兴奋与沮丧、信任与怀疑、恐惧与勇敢这两类极端上反复横跳时，人们需要明白这都是非常健康且正常的。

然而，无论是在对自我的探索中，还是在与亲朋好友的交往中，正常的

---

① MORENO-MANSO J M, GARCÍA-BAAMONDE M E, DE LA ROSA MURILLO M, et al. Differences in Executive Functions in Minors Suffering Physical Abuse and Neglect [J]. Journal of Interpersonal Violence, 2022, 37 (5-6): 2588-2604.

② 祁月，张羽顿，蒋子晗，等. 2月龄时回应性照护对婴儿6个月内发育影响的出生队列研究 [J]. 中国儿童保健杂志, 2020, 28 (1): 23-27.

消极情绪往往都不容易被社会文化所接受和认可。于是抑郁、愤怒、悲伤、恐惧、嫉妒等负性情绪通通被压制于心，成为人们避而远之的情绪性体验。个体有时还会因为拥有消极情绪而去惩罚自己和他人，[①] 所以在对情绪天性的压制和排斥下，青少年的情绪园地逐渐变得贫瘠。个体主动或被迫裹在积极情绪的虚伪外壳中，矫揉造作着，就像是情绪流水线复制生产的工艺品一般，虽然表面光鲜华丽，但内心却早已是一潭死水，整个人变得麻木、乏味、死气沉沉。如果我们无法深入感受与体会内心的痛苦，就很难注意到自己所遭受的虐待与忽视，这类最基本的情绪能力被剥夺了无疑是很可悲的。面对伤害时的一味忍受和对愤怒、恐惧的无动于衷最终会让自己吞下伤害的苦果，进而产生一系列的内、外化问题。[②] 当负性经历者难以完整表达受伤的感受时，这些情感伤害便会像藤蔓一般缠住他们的心房，进而将其困在这密密麻麻的情绪苦网中。他们也只能被迫看着无法释放的情绪逐渐发酵，悲伤会逐渐恶化为忧郁，愤怒则可能会退化为闷闷不乐。

二、情绪的解放

负性经历者如果想从情绪伤害的奴役当中脱身，就要再次启动情绪脑的学习机制。情绪脑通过帮助个体调节情绪来完成情绪学习。当个体面对处境不利或者回忆负性事件时，不再随时爆发自己脱缰的情绪，并且可以用平常心态去对待伤害性记忆，逐渐发展出健全的情绪智力，克服逆境去开启生活的新篇章，这些都是情绪脑再学习的重要标志。[③] 所以在情绪调节的过程中，我们往往需要聚焦于情绪的来源，去发掘自己内心深处最真实的情绪，并找出导致该情绪的根源，结合周围的支持系统，重新构建有效的互动模式，进而去改变消极的负性情绪处理机制。[④] 我们也需要心甘情愿地去接受自己所有

---

① BERECZKEI T, BIRKAS B, KEREKES Z. The Presence of Others, Prosocial Traits, Machiavellianism: A Personality Situation Approach [J]. Social Psychology, 2010, 41 (4): 238-245.

② 俞国良，李森. 危机与转机：童年期虐待对青少年心理健康的影响及应对策略 [J]. 北京师范大学学报（社会科学版），2021（1）：5-15.

③ 戈尔曼. 情商：为什么情商比智商更重要 [M]. 杨春晓，译. 北京：中信出版社，2010：31-35.

④ 沈呈. 走进受伤女孩的内心：运用情绪聚焦疗法干预童年创伤问题 [J]. 中小学心理健康教育，2022，522（31）：52-58.

的、自然的情绪，懂得情绪的潮起潮落，这样才能拥有健全的心智，进而更加坚定地去追求自尊和幸福。因此，当感受到宁静、充实和幸福时，我们会对自己感到愉悦；而当我们在生活中遇到不公、失败与伤害时，依旧能够自尊自爱，这样才表明个体的心理在深层次上是健康的，并且最终将提升情绪灵活性，收获心灵的成长。

在情绪解放之战中，不妨先尝试一下认知重评策略。该策略是指通过改变负性经历者对童年处境不利事件的信息加工模式以及对负性事件的表征，进而改变对童年处境不利的理解，减少负性情绪，修复不良心境，实现逆境后的适应与发展。① 认知重评不仅能让负性经历者感到强大并能有效控制和管理艰难情境，还可以帮助个体产生积极情绪并加强与他人和社会的互动，且不需要耗费更多的认知资源，② 是一种有益的情绪调节方式。③ 由于人们对于负性事件的认识往往是痛苦的，而情绪脑再学习时会对童年处境不利事件进行解析，所以这些不愿被再次提起的伤害会激发伤痛的回忆，并且在回忆过程中，负性经历者往往会产生比较负性的情绪，其情绪反应也会比较大。然而在疗愈初期，负性经历者不得不去正视这些残忍、不堪却又真实发生的事情，处境或许会令负性经历者感到悲伤、恐惧、愤怒，但当负性经历者决定开启疗愈之旅时，便要有所觉悟：我需要绝处逢生，我需要让我的情绪荒漠焕发生机。同时事物的两面性也启发着负性经历者，伤害的另一面可能意味着成长，所以要拿出直面逆境的勇气：这不是洪水猛兽，负性事件已经成为过去式，童年的无助小孩现在该由自己来解救。

所以负性经历者可以对童年处境不利进行积极的认知重评，修正错误观念，并逐渐认识到童年处境不利具有自然性、普遍性、恒久性等特点，并激发个体的自理性和积极性。④ 在疗愈之旅上，负性经历者对修复的勇气和决心可能会受到恐惧、羞耻、焦虑、抗拒等情绪的侵扰，而这可能会使负性经历

---

① GROSS J J. Emotion Regulation: Affective, Cognitive, and Social Consequences [J]. Psychophysiology, 2002, 39 (3): 281-291.
② RICHARDS J M, GROSS J J. Emotion Regulation and Memory: The Cognitive Costs of Keeping one's Cool [J]. Journal of Personality and Social Psychology, 2000, 79 (3): 410-424.
③ 王振宏，郭德俊. Gross 情绪调节过程与策略研究述评 [J]. 心理科学进展，2003 (6): 629-634.
④ 刘丽. 童年创伤后成长的变化及认知策略的研究 [J]. 大连教育学院学报，2020, 36 (2): 56-59.

者的疗愈之旅停滞不前。这时，负性经历者需要发觉这些不利处境所引起的正常情绪，是个体回应当时痛苦经历所出现的基本且正常的生理和心理反应，负性经历者只需让这些反应自由展现并真诚接受，便能有效缓解对负性记忆袭来的恐惧感。同时，在积极重评的过程中，负性经历者会惊喜地发现童年处境不利原来普遍存在，他们并不是唯一的负性经历者。所以在疗愈之旅中，负性经历者可以去寻找与自身有类似经历的人互帮互助，如加入一些互助小组或者治疗团体等。弗洛伊德曾提出："人的创伤经历，尤其是童年处境不利，会影响人的一生。"① 对许多负性经历者而言，童年的不幸似乎从未远去，它将负性经历者框在一个对生活感到不适的模具里难以挣脱。即便负性经历者在成长的过程中会接触到很多不同的人，对自己形成更加全面的认识，然而童年处境不利早就给这幅本该绚烂的人生画作涂上了一层灰暗的底色，影响了整幅画的基调。负性经历者的内心深处也会一直强调自己是不够好的，自己一定做错了什么，负性经历中所形成的不合理认知会让青少年在很长一段时间里觉得自己是没有价值、不重要的，似乎从遭遇不利处境起，便停止了对自己的爱，将自己困在痛苦的童年里。当保护机制被自动重启时，大多数负性记忆便被压抑到潜意识之下了，但当痛苦记忆被唤醒时，童年处境不利便会半路跳出来将负性经历者再次推入痛不欲生的深渊。由于童年处境不利对于个体的影响深刻而久远，个体停止疗愈进程可能会加剧痛苦，所以需要负性经历者将这段漫长的疗愈之旅坚持走完，在漫漫的人生旅程中逐渐康复与成长。

同时，积极的认知重评策略让负性经历者发掘出逆境对于个体自理性和积极性的激励作用。心理学家埃里克森曾强调：成年后的任务之一，恰恰是弥补童年缺失的品质，让自己成为一个更完整的人。② 那些能从逆境中积极成长的人往往都具有内控型的人格特质，即便童年处境不利在很长一段时间里裹挟了他们翱翔的双翼，并在很大程度上影响了他们成年后的生活，但其依旧愿意积极尝试，从童年处境不利及其负性影响中夺回命运的方向盘。他们相信决定自己人生未来走向的人始终是自己，而不是外在环境，无论何时，

---

① FREUD S. The Neuro-Psychoses of Defence [J]. The Complete Psychological Works, 1894, 3: 45-61.
② ELKIND D. Erik Erikson's Eight Ages of Man [J]. New York Times Magazine, 1970 (5): 25-27.

自己都可以改变命运,而不是等待着被拯救。① 所以负性经历者既可以自助也可以去积极寻求专业人员的帮助,但他们需要认识到如何去转变对处境不利的不合理认知。负性经历者作为自己的解救者与疗愈者,接下来的康复之旅会走向何处都由自己决定。并且从能动性和趋向性来看,人类天生便是有着内在生长力量的生物,天生便能维持自我认知统一,调节心理体验并以现实的眼光看待世界。所以面对已经发生的事情,负性经历者可能会爆发出惊人的心理复原力,并用难以想象的方式穿透童年悲剧,用爱和善意滋养脆弱、敏感的心,进而能够重新抚育自己,获得心灵的成长。在疗愈的平台期,我们也不用心急,思考疗愈的整个过程,我们会发现自己已经向前跨越了一大步。我们也会逐渐意识到逆境带来的伤痛是在提醒自己需要一个被爱和被温暖的机会,所以我们为何不去尝试找到新的意义去复原,进而走出逆境呢?这也是负性经历者成功进行认知重评的标志。

再者,我们在叙述童年处境不利时还可以借助哀悼来摆脱负性影响,这将可能会成为我们逃离负性阴影的钥匙。哀悼是一种情绪智力,它可以帮助我们唤醒被压制的情绪天性,并重新联结完整的情绪,而这恰恰能帮助我们打开情感宣泄的阀门。负性经历者终于可以重拾泯灭的情绪天性,自由地哭泣、愤怒、难受,不再被过去的痛苦经历紧紧裹挟;同时也不用对施虐者们的情感酷刑感到恐惧,也无须在每次午夜梦回时不自觉地抽泣。当负性经历者学会有效哀悼后,便无需克制,允许自己为童年时期施虐者们的情感虐待和情感忽视给自己带来的可怕伤害感到由衷难过,也允许自己哀悼自己不被接受、认可和关爱的童年时期。于是由负性经历者到哀悼者的积极转变使他们开始憧憬未来,而不是停留在过去对情感伤害不知所措的无助甚至麻木的窒息感中。尝试哀悼过去受伤的身体和心灵,哀悼会逐渐让情绪重生。哀悼会进化为健康的发泄——哭泣,这是极为有效的情绪疏导方式,饱含真情实感的眼泪往往是疗伤的良药。哭泣会不假思索地切断负性情绪的供应燃料,在恐惧进化为灾难化思维时将其释放,进而让个体的情绪得到释放。

---

① KEHINDE A C, TOLULOPE A. Resilience and Locus of Control as Predictors of Delinquent Behaviour among Secondary School Students in Ado-Ekiti [J]. International Journal of Educational Research and Management Technology, 2019, 4 (4): 117-125.

此外，哀悼最直接的方式便是口头宣泄，口头宣泄也能治愈情绪创伤。[①]有时，我们只需学会感受和接纳自己的痛苦情绪，而有时我们会渴望向人倾诉和宣泄。尽管在谈论童年的不幸时可能会饱含愤怒和泪水，但我们依旧渴望能获得一个安心宣泄的机会。宣泄也不一定都是愤怒的、难受的、害怕的，我们也可以借助这个宝贵的机会来分享兴奋与快乐，而分享重要的情绪体验往往能帮助我们与他人建立起有疗愈意义的情感联结。童年处境不利经历对情绪情感的迫害是持续性的、打击性的，个体会在情感虐待和情感忽视的双重恐吓下放弃表达真实且完整的自我，也会习惯性地认为别人对自己所说的内容不感兴趣，别人也不在意自己的情绪表达。当表现出快乐时可能还会遭到不怀好意的攻击，诸如此类的思维早已内化为负性经历者的情绪表达准则，情绪调节器也每天被迫超负荷运转，最终只能宣告罢工。所以我们必须摒弃童年处境不利对个体的破坏性影响，在宣泄的哀悼中修复童年时期未能满足的情感方面的伤害。选择一个安全舒适的环境进行口头宣泄，可以帮助我们短暂地退行[②]至婴幼儿时期去触碰内心的柔软直至寻找到温暖的抚慰。而这种行为训练也能帮助个体去建立良好的亲密关系，并在亲密关系当中用恰当的语言表达情绪，用心去感受和体会他人的情绪。

由于真诚的分享和宣泄可能会重新唤醒负性经历者的痛苦经历，所以投入这类练习往往需要一定的勇气和毅力，或许当负性经历者遇到拒绝练习或者半途而废的心理阻抗[③]时可以寻求个人治疗或者团体治疗，进而去克服并解决这些阻碍疗愈进程的困难，更加真实且充满自信地去表达自己。对于口头宣泄而满溢出来的情感，则需要我们积极地去用心体会和感受。细致入微的感受往往能帮助我们进入意识的桃花源，当我们敏锐地去察觉并感受自己的情绪时，便能将主动和被动的哀悼结合起来，相得益彰，并逐渐瓦解负性影响。因此，在疗愈阶段，负性经历者往往能够通过感受和表达情绪来有效处理如悲伤、愤怒、恐惧、羞耻等负性情绪体验。负性经历者还可以进行感受

---

① 沃克. 不原谅也没关系［M］. 严菲菲，译. 北京：北京科学技术出版社，2023：241-247.
② 退行是由弗洛伊德提出的一种心理防御机制，指当我们遇到难以克服的困难时会选择退回到孩童时期，放弃成人的处事原则和方式来回避现实、摆脱焦虑，进而保护自己。
③ 心理阻抗：当个体感知到自由受到威胁时所产生的保护自己、选择以及重建自由的动机。

练习，将意识集中并感受头部、脸部、肌肉等身体各个部位的紧绷感，之后再将情绪表达出来。而当负性经历者能够在感受与表达情绪这两者当中灵活变换时，哀悼也会更加深入人心且动人心弦。

第三节 自悯的力量

与童年处境不利和解，从来就不是一件易事。那些隐秘而深远的伤害深深地烙印在大脑和心海中，即便负性经历者已经离当初的受伤小孩愈来愈远，但内心深处的自我依旧在不断地发出求助。或许负性经历者也曾经试图去勇敢回应来自童年的"我"的求助，但在完美主义和内在批判者的强压下，负性经历者对负性经历的救赎之路变得步履维艰。所以青少年需要寻找更加强有力的核心力量来帮助自己彻底告别伤害。自悯在这场无声战争中脱颖而出，它能给个体的对抗提供源源不断的生命力量，而这股源自内心的强大的、温和的力量将帮助个体在疗愈过程中从认知层面和情绪层面都发自内心地去学会宽容、友善并真诚地接纳自我。请不要停止爱自己，学会自悯，和童年处境不利挥手告别吧！

一、自悯的对抗之战

童年处境不利对无助青少年的惯用伎俩往往先从认知层面开始，在处境不利中成长的青少年会逐渐形成不正确的认知图式以及不健康的信息加工模式。[1] 内在批判者会让负性经历者极度关注负面信息并保持持续的过度警觉，以此来应对脑海中随时可能发生的灾难性情节。而完美主义则是不断地鞭策孩子去追求认可和关爱，并美化所隐藏的恐惧和羞耻感。个体会认为如果不完美便会被抛弃，而这种对遗弃的恐惧和厌恶感将会演变成对自我的遗弃，最终让自己将有关恐惧和羞耻的胜利之歌单曲循环着。在摔入完美主义与内在批判者的陷阱之后，施虐者对负性经历者身体、认知、情感等方面的伤害便变得顺理成章了。负性经历者可能会合理化施虐者们的伤害，并用镜像模

---

[1] 任凌雪，杨洋，张绍波，等. 童年期虐待与初中生抑郁的关系：述情障碍与自我怜悯的链式中介 [J]. 中国健康心理学杂志，2022，30（11）：1734-1740.

仿的方式来重现这些伤害行为。最常见的负性思维便是负性经历者相信他们所受到的伤害都是由于自己不够优秀、不够完美，所以理应受到惩罚。他们会习惯批判、攻击、责备自己，[1] 甚至还会因责备虐待者而感到羞耻，[2] 进而导致自尊感降低，并逐渐丧失对自我的控制以及对未来的期待。因此，当个体的伤痛回忆被重新唤醒时，自我责备、羞耻、过度沉思等负性情绪便会让其逐渐感受到窒息般的沉溺。童年处境不利所带来的负性情绪体验可能会让负性经历者有很多不好的感受，他们对自己的批评和苛责会逐渐膨胀为羞耻感，于是脑海中的定时炸弹便自动设定程序：我真糟糕、我真愚蠢、我一无是处……停下来吧！快停下来吧！受伤小孩的求助最终还是叫醒了被伤痛麻木的负性经历者，他们抓住自悯这根"救命稻草"，开启了救赎之战。

自悯是如何在这场救赎之战中打赢翻身仗的呢？它的神奇力量不禁令负性经历者感叹这是其疗愈过程中出现的曙光。自悯是对自我的同情与怜悯，主要包括三个内在联系部分：自我友善、普遍人性、正念。[3] 它涉及"以开放性的心态去应对自身的困难与痛苦，对自己的失败与不足秉持理解、非评判性的态度，将自身的痛苦经历归于人类共同经历的一部分，并友善、关切地对待自己"[4]。这也是一种健康的自我观念，是一种对伤痛表现出友善和宽容的态度倾向。[5] 当负性经历者学会自悯时，便不再下意识地回避心理和生理上的痛苦，也不会过多地批判与否定自己，反倒用接纳和宽容的积极态度来进行疗愈。负性经历者会试图去理解自身的不完美以及处境不利所导致的痛苦与伤害，并用宽广的视角将自身经历置于人生发展的漫漫旅程中。自悯的三位"主帅"各展其能，其中自我友善让负性经历者在面临伤痛的折磨时学

---

[1] HAMRICK L A, OWENS G P. Exploring the Mediating Role of Self-Blame and Coping in the Relationships between Self-Com-Passion and Distress in Females Following the Sexual Assault [J]. Journal of Clinical Psychology, 2019, 75 (4): 766-779.

[2] BEDUNA K N, PERRONE-MCGOVERN K M. Recalled Childhood Bullying Victimization and Shame in Adulthood: The Influence of Attachment Security, Self-Compassion, and Emotion Regulation [J]. Traumatology, 2019, 25 (1): 21-32.

[3] NEFF K D. Self-Compassion: An Alternative Conceptualization of a Healthy Attitude Toward Oneself [J]. Self and Identity, 2003, 2 (2): 85-101.

[4] NEFF K D. Self-Compassion [M] //LEARY M R, HOYLE R H. Handbook of Individual Differences in Social Behavior. New York: The Guilford Press, 2009: 561-573.

[5] NEFF K D. The Development and Validation of a Scale to Measure Self-Compassion [J]. Self and Identity, 2003, 2 (3): 223-250.

会宽容和理解。负性经历者会逐渐识别出完美主义的陷阱，意识到自己的不完美和痛苦也是其人生的一部分，并尝试接受自己的不完美，抛弃惯用的自责和批判。而当负性经历者陷入自我伤害的循环时，脑海中便会不断重复：为什么只有我受伤害，为什么别人的童年如此幸福，而我却要用一生去治愈童年的不幸。这时自悯便会跳出来切断负性思维的供料管，普遍人性的视角将会帮助负性经历者重新审查自己。当自我觉察后，你会发现自己不是孤立无援的，有人和你经历相同，也有人会非常愿意帮助你。所以负性经历者可以积极参加一些互助小组、团体治疗等，通过与有类似经历的人交往，进而发现其实他们并不孤独，他们都是这场对抗之战的勇士。

当负性经历者掌握自悯的诀窍后，便会逐渐减少对自我的压抑与否定，尝试释放自我，进而逃出内在批判者的牢笼，友善对待自己。自悯不仅在认知层面上能给负性经历者带来疗愈的希望，还能在情绪层面的康复上助其一臂之力。负性经历者运用自悯可以自主自如地去调节情绪，减少负性情感，而这无疑是给个体的情绪添加了一个保护罩。此时此刻，自悯充当着情绪调节器的燃料泵，源源不断地输送情绪燃料，发挥着自悯的潜在心理机制。[1] 它能帮助负性经历者减少负性情绪和看法，并较少地沉溺于消极情绪或事件中，进而减少反刍思维，降低负性情绪的消极影响；也能帮助其减少对负性事件的回避倾向，从而改善内化问题。[2] 再者，从情绪调节策略的使用上，自悯能够帮助负性经历者转换看待问题的视角，降低使用不良情绪调节策略的频率，促进适应性情绪调节策略的使用，如接纳和认知重评策略，[3] 进而减少对自我

---

[1] INWOOD E, FERRARI M. Mechanisms of Change in the Relationship between Self-Compassion, Emotion Regulation, and Mental Health [J]. Applied Psychology: Health and Well-being, 2018, 10 (2): 215-235.

[2] KRIEGER T, ALTENSTEIN D, BAETTIG I, et al. Self-Compassion in Depression: Associations with Depressive Symptoms, Rumination, and Avoidance in Depressed Outpatients [J]. Behavior Therapy, 2013, 44 (3): 501-513; BAKKER A M, COX D W, HUBLEY A M, et al. Emotion Regulation as a Mediator of Self-Compassion and Depressive Symptoms in Recurrent Depression [J]. Mindfulness, 2019, 10 (6): 1169-1180.

[3] KARL A, WILLIAMS M J, CARDY J, et al. Dispositional Self-Compassion and Responses to Mood Challenge in People at Risk for Depressive Relapse/Recurrence [J]. Clinical Psychology & Psychotherapy, 2018, 25 (5): 621-633.

的羞耻感①。当负性经历者再次回忆起童年的不幸遭遇时，将逐渐减少对自我的批判和负面评价，形成积极的自我观念，提高情绪灵活性。在奋力挣脱完美的焦虑锁链后，给童年的受伤小孩一个包容友善的拥抱，从而让自己的感受变得更好。②

在自悯的训练和干预上，负性经历者有很多的选择可以去尝试，例如，正念自悯训练、怜悯聚焦疗法、慈心禅③、怜悯冥想、怜悯心培养训练以及基于认知的怜悯训练等。其中正念自悯训练包括部分冥想训练（如正念呼吸等）和日常生活中使用的非正式练习（如自悯信书写、自我拥抱等）④。在逐步训练中去帮助负性经历者唤醒自悯心，进而养成自悯的习惯。而怜悯聚焦疗法则可以帮助负性经历者减轻对高度羞耻感和自我批评的习惯性依赖。⑤ 在对怜悯属性和技能的培养中，负性经历者将逐渐建立、内化并维持对怜悯的自我认同，最终让自悯的力量渗透身体的每个细胞，用强大的精神力量去理解和应对童年处境不利。

二、正念加速对伤害的代谢

固执的内在批判者把施虐者的消极影响固化在负性经历者的心中，如果负性经历者缺乏足够的正念，便可能会对自己产生愤怒和厌恶，而有效疗愈将提醒其抛弃对自身弱点的消极关注。所以负性经历者需要去正常看待由童年处境不利所引发的痛苦与负性情绪，其核心便是培养自我同情式的正念，将自悯的态度充分融合至正念中，减少对伤害做出的习惯性反射，将"自己"留在身体最柔软的部分中，尝试去接纳自己的所有，包括情绪、内部器官以

---

① ALBERTSON E R, NEFF K D, DILL-SHACKLEFORD K E. Self-Compassion and Body Dissatisfaction in Women: A Randomized Controlled Trial of a Brief Meditation Intervention [J]. Mindfulness, 2015, 6 (3): 444-454.
② NEFF K D, KIRKPATRICK K L, RUDE S S. Self-Compassion and Adaptive Psychological Functioning [J]. Journal of Research in Personality, 2007, 41 (1): 139-154.
③ 曾祥龙, 刘双阳, 刘翔平. 慈心禅在心理学视角下的应用 [J]. 心理科学进展, 2013, 21 (8): 1466-1472.
④ GERMER C K, NEFF K D. Self-Compassion in Clinical Practice [J]. Journal of Clinical Psychology, 2013, 69 (8): 856-867.
⑤ GILBERT P. Introducing Compassion-Focused Therapy [J]. Advances in Psychiatric Treatment, 2009, 15 (3): 199-208.

及各种内在体验并进行觉察。当负性经历者尝试去将自我观察与自我同情相结合时，正念将会给其匀出一段充分进行觉察的专注时间，并不做任何判断、分析和反应，从而拥有客观、接纳的自我审视视角去更加从容地应对痛苦与逆境。再者，正念还可以通过培养洞察力去引导负性经历者进行努力而深刻的自省，这种对内在体验的良性好奇心也将增强疗愈效果。[1]

负性经历者开展感受过去伤害的旅程，最初可能会面临一些困难。一场马拉松式的拉锯战将会在其与恐惧、抑郁的对抗当中出现，负性经历者试图领先，却总是被无情地超越。所以在最初的练习中，注意力可能会像狂风中的小船不停摇摆，时而被内在批判者干扰，时而被恐惧劫持，内心充斥着大量的灾难性想象与思考。内在批判者可能会将恐惧、羞耻、怨恨进行反刍式的曲解，切断负性经历者的安全退路并让其陷入无助的绝望。于是负性经历者启动防御机制，试图逃离童年处境不利的牢笼，但却落入合理化的陷阱。此刻，出路隐藏在一片迷雾中，负性经历者的内心变成了不安、焦躁、恐惧的排练场，而关于处境不利的伤痛体验将会为内在批判者不断地提供加工素材，在心中马不停蹄地排练灾难化场景和后果，将恐惧、焦虑、不安无限放大。有时，他们可能会放弃练习或者半途而废，但对不安的克服将成为负性经历者疗愈进程的转折点。他们将会逐渐体会到童年的感受：弱小无助、孤立无援、被抛弃、不被爱，而正念则可以有效降低负性情绪反刍的频率。[2] 它像是聚集了一团蓝色的治愈之光缓缓地从头顶进入喉咙，慢慢穿过胃，再到达腹部，蓝色的光团温柔地抚摸着身体里每一块柔软的地方，仿佛自己被蓝色光亮全部填满并逐渐治愈。负性经历者也可以通过抓住一些物体来感受与现实的联结，并保持感觉与身体的同步，进而获得自我疗愈。渐渐地，新的认知将会让他们对童年那个被抛弃的孩子产生真挚且深刻的同情，并从心出发去接纳自己。

在整个对抗的过程中，疗愈进程也可能不会一帆风顺。警觉会使他们的身体时刻保持紧绷，尤其当负性回忆被唤醒时，不安、恐惧、焦虑、羞耻都将化为内在批判者和完美主义不断攻击的利器。而恐惧和害怕则会让他们身上的肌肉变得紧绷，包括面部、胸部、腹部肌肉的紧张，更强烈的感受还表

---

[1] 沃克. 不原谅也没关系 [M]. 严菲菲, 译. 北京：北京科学技术出版社，2023：32-33.
[2] ROEMER L, WILLISTON S K, ROLLINS L G. Mindfulness and Emotion Regulation [J]. Current Opinion in Psychology, 2015（3）：52-57.

现为坐立不安、呼吸急促、头痛等。此时，正念可以发挥作用。早期的正念可以帮助负性经历者聚焦于自身的感觉并对身体的过度觉醒保持觉察。糟糕处境引起的反应或情绪将随时夺走大脑的控制权，因此，攻击、责备、防卫、逃避等行动便不由自主地展现，[1] 而这些只不过是重现了负性经历者当时在负性情境中求生的思维模式罢了。所以对身体的觉察和感受便像打开潘多拉魔盒一般，将痛苦记忆如数释放，童年的负性经历开始像放电影一般一幕幕呈现。而正念将带着救赎之光向自我靠近，它需要自我去充分感受恐惧与不安，并温和地将自我从意识世界拉回现实，进而与负性情绪脱离。正念将逐渐化解并攻克羞耻和恐惧，这类身体的自省式练习能在恐惧中唤醒对潜在意识的感知，并建立与身体的联结。一开始可能只有非常细微、难以察觉的感觉，可能只是一些疲惫、沉重、空虚、酸痛的感受，并且这些感受可能与最初的恐惧感觉一模一样，让人难以专注当下，进入正念。然而随着练习次数的增多以及注意力不断被整合到意识中去时，这些不适的感受将最终被消化代谢。通过对正念的持续练习，负性经历者可以逐渐将正念扩张至认知、情绪、体验和人际关系等层面，可以识别并摆脱从负性环境中习得的不健康观念和观点，最终将自身的痛苦感受置于平衡状态中，坦然面对、接受并尝试调整，将人生未来的走向紧紧把握在自己手里。[2] 所以，当负性经历者试图去更新生活环境并与朋友取得联结时，将唤醒他们与逆境抗争的斗志，既不压抑也不否定童年的负性经历，并将其替代为自我支持的积极想法进而逐渐释怀。

当负性经历者进展到深度疗愈时，也可以经常将正念技术应用到"和解"当中。正念能让我们重拾对抗逆境的勇气和决心，并有效控制心理问题和内外化问题行为，进而缓解疗愈处境艰难的心理压力。[3] 正念的训练就像是被堆放整齐的多米诺骨牌将会引发一系列的连锁反应。频繁的正念练习将积攒疗愈的力量，当我们感到疲惫或者焦虑时，让我们也能相信自己可以表现得很好，并真诚地接纳这些疲惫、焦虑的情感体验。而当我们发自内心地去接纳

---

[1] 托利. 当下的力量 [M]. 曹植, 译. 北京：中信出版社, 2016：58-59.

[2] KEHINDE A C, TOLULOPE A. Resilience and Locus of Control as Predictors of Delinquent Behavior among Secondary School Students in Ado-Ekiti [J]. International Journal of Educational Research and Management Technology, 2019, 4 (4)：117-125.

[3] 邱平, 罗黄金, 李小玲, 等. 大学生正念对冗思和负性情绪的调节作用 [J]. 中国健康心理学杂志, 2013, 21 (7)：1088-1090.

自我时，将会把正念的潜在机制发挥到最大，进而学会自悯。于是负性经历者会理解童年处境不利对于个人的特殊意义，重新进行积极评价。对于这些伤痛的经历，负性经历者可以接受，可以反抗，也可以寻找伙伴并肩作战，在正念的加持下负性经历者将会变得越来越内心平和、状态松弛且自由。或许负性经历者也能尝试去更新对抗内在批判者的极端计划，放下对不完美小孩的苛责，让正念得到充分的练习，最终发展成为阻断内在批判性思维的终极武器。

童年处境不利让负性经历者自我怀疑，并陷入"自己是不是做得不够好、别人是不是不喜欢我"的焦虑怪圈中。扭转自我否定的消极思维将会是一项艰难的任务，通常需要负性经历者付出异于常人的努力。或许负性经历者也可以尝试将自己的担忧、焦虑写在或画在纸上，然后放在一个安全的并且能够再次找到的地方。例如，放在专门的抽屉或者盒子里面，在放松、吃饭或睡觉的时候，你不需要时刻挂念着你的忧虑，当你不再想起这些忧虑时，你便可以抛弃它了。① 关于正念的练习，负性经历者也可以多参照《正念小孩》一书，该书可以帮助我们从认知、行为、身体、情绪等方面让正念得到充分的练习和发展。当我们习惯用积极语言取代内在批判者不断自动循环的消极语言时，疗愈进程便又向前跨越了一大步。而随着练习完成度的逐渐提高，恐惧、忧虑、责备、怀疑都将会逐渐淡化为平静、松弛而又自由的内在状态。这时，我们将再次启发情绪天性的天赋能量，在正念的引导下，放下心理防备，回到身体的母亲那里去休息，找到内在小孩的归属之地。

第四节　积极的行为

随着疗愈的进展，负性经历者也可以尝试一些积极行为来增强疗愈效果。从处境不利中一路走来，我们有多久没有拥抱过自己了，试着去爱护并照顾好自己的身体；全然地安于当下并寻找积极意义；尝试袒露内心并积极寻求社会支持；感恩并帮助他人。这些积极行为将会让你感受到前所未有的身心

---

① 斯图尔特，布劳恩. 正念小孩：收获平静、专注与内在力量的50个正念练习［M］. 韩冰，祝卓宏，译. 北京：中国青年出版社，2020：106-107.

放松,这便是在向童年的受伤小孩释放出良好的解救信号;解救受伤小孩的主力军一直都是我们自己,当我们意识到这一点并开始尝试用一些积极行为去自救时,你会发现自己与童年的内在小孩一拍即合。觉察自己、帮助自己,甚至从体内长出一个新的自己,每一步都很不容易。所以如果你正在向那个受伤小孩挥手告别,那个小孩也一定会为现在的你而骄傲。告诉自己,现在的你已经有能力去抱抱那个受伤的小孩,然后告别。

一、身体的抚育

对身体的抚育是疗愈的关键,处境不利儿童及青少年有许多的生长发展需求未得到满足,而身体抚育的主要目标便是满足其在童年时期发展受挫的需求。对负性经历者来说,最基本的需求便是爱与保护,在童年时期为得到他人的爱与保护,他们做了自己力所能及的努力来寻求,但唯独忘记了要爱护并照顾自己的身体——当自己的父母。即负性经历者需要平衡母亲与父亲的角色,做到自我母育和自我父育,该行为的初衷便是要去满足童年时所缺乏的母爱与父爱。当对母爱的需要得到满足时,负性经历者就会由衷地产生自我同情;而当其能被父爱充分抚育时,其又会发展出自我保护意识,由此自我同情与自我保护便根植于负性经历者的内心。[1] 如果以上两种原始本能皆无法获得时,负性经历者就会对这个世界感到不安与恐惧。而当负性经历者下定决心去进行自我抚育时,疗愈进程将会如同电影倍速一般加速进展。所以不如就趁现在,将自我同情和自我保护转化为复原完整自我的力量源泉。

自我母育意味着对自己无条件的爱,其发展的最根本任务便是在心中建立起清晰且深刻的"我们可爱并且值得被爱"的感受。而做自己身体的母亲往往对负性经历者的要求是比较高的,它会要求个体在身体、情绪甚至精神层面都尝试接受并深爱自己的内在小孩;始终无条件地积极关注自己,学会自我同情,并且坚决抛弃自我遗弃和自我厌恶的消极情绪,能清醒地意识到频繁的自我惩罚只会让自己产生更多的不合理信念,让结果变得更坏。相比较自我否定和自我批评的双倍攻击,对自己的鼓励和耐心会让疗愈进程更加顺利。当感受到不安和害怕时,我们可以回到自己身体的母亲那里去休息,在那片安全之地里,我们与内在小孩永远可以被接纳。这份真切的温暖也将

---

[1] 沃克. 不原谅也没关系 [M]. 严菲菲,译. 北京:北京科学技术出版社,2023:63-68.

会逐渐滋养受伤的内在小孩,在这个强大而安心的保护之地中,内在小孩永远不用再畏惧会闪回到童年的慌张与害怕中。负性经历者也可以多尝试用疗愈性的话语去制止内在批判者踏足内心的安全之地,进而摆脱这一连串的负性想法,当意识到自己将要闪回到负性情境中去时,可以试着耐心地与内在小孩对话:我愿意接受你所有的感受;无论你是否完美,我都将无条件地去包容并爱你;你可以选择自己所喜欢的,不必在乎别人的想法;我将永远站在你这边;你可以犯错,其实犯错也没有关系……

对负性经历者而言,自我父育的培养也十分重要。没有发展出自我保护的负性经历者无论在儿童还是成年时期都会觉得世界是非常危险的,自己和他人都不能且不会去保护自己,进而笼统地将周围的人或事物自动归为威胁一类,时刻紧绷并警惕着。伤害可能来自父母,也可能来自教师或者同学,自我父育对那些因没有能力保护自己免受虐待的负性经历者而言无疑是一剂良药,其可以帮助负性经历者建立自尊和自信,并逐渐培养自我保护和为自己说话的能力,而这种能力也将让负性经历者在接下来的生活中学会积极维护自身权利,有效对抗内外部的虐待。为了有效增强负性经历者的自信,不妨尝试一下"时光机营救行动",这将会让他们在一定程度上感受到抚慰,这也是一次试图让负性经历者学会如何去抵抗情绪闪回时的强烈无助感的营救行动。负性经历者可以尝试与自己的内在小孩对话,当时光旅行机重启时,即将回到过去,制止那些施虐者的伤害行为,并告诉自己的内在小孩:"当他们伤害你时,我会联系儿童保护机构或者报警;如果他们要打你,我会抓住他们的手臂并反扣到背后;我也会塞住他们对你大喊大叫的嘴,让他们不能对你进行无情的批评。我会保护你,为了保护你,我什么事都可以做到。"这样的想象会为负性经历者提供挣脱羞耻与恐惧的缺口,甚至有时会让内在小孩满意地笑起来。或者也可以尝试告诉内在小孩:"如果可以的话,我会乘坐时光机,在这些可怕的事情即将到来之前,把你带到未来和我一起生活。"负性经历者需要提醒内在小孩:"现在你与我一起生活在当下,而我将做你忠诚的保护者;我们的身体比以前更加结实强壮,我们发展了自我保护的能力,也有了能够保护自己的伙伴和法律武器。"当负性经历者从各方面真诚地接纳自己的内在小孩后,则会由衷地感受到倍增的安全感,心中充满复原的动力并更喜欢自我表达。所以当负性经历者能感受到此刻有一位忠心又可靠的支持者在为自己提供保护时,自己将会感受到足够的安全,并开始尝试释放自己与生俱来的活力、热情、好奇心以及创造力。

二、关注当下的自我

无论处于何种境地,都请积极关注当下的自我。负性经历者首先需要完全放下消极情绪,如果仍然陷于消极情绪当中,将会一无所获。或许当其清除消极情绪时,恐惧会随时跳出来劫走思想,操控大脑,此时需将注意力集中在恐惧身上并与之同行,这样可以有效阻断思维与恐惧的联系,积极运用当下的力量去与恐惧对抗,这样它就难以入侵思维。又或者没有任何事情能够改变此时此刻的糟糕心情与境遇,并且其难以从这种状态当中挣脱出来,那么需放下内心的所有抗拒,全身心地接受当下的自己。虽然这时我们可能被痛苦、恐惧、怨恨等情绪充斥着,但我们并不是懦弱地臣服于逆境,而是尝试接受,更加关注当下的自己。我们可以关注当下自己的感受与情绪,关注疗愈的进展,关注自己对抗处境不利时所做出的努力与改变,关注自己身上以及身边所发生的美好与温暖。然后,我们可能会突然发现,在没做任何努力的情况下,痛苦的局面突然发生了变化。无论是哪种情况,当下的自我都将从逆境中获得自由。

而当这些痛苦的经历再次裹挟而来时,可以试着问问自己:现在的我是否能够做些事情来改变当下的状况,改善或者离开它。如果可以,则可以试着采取合适的行动,不要过多地去纠结未来需要改变的一百件事情,而将注意力放在当下需要改变的一件事情上。这时候我们须暗示自我停止播放心理电影,不要迫切地将自己投身于未来之中,从而丧失了对当下的关注。现在可以尝试去更加关注当下的自己所获得的救赎与力量,拓展自己的兴趣,去挖掘自己的内在潜能。因为负性经历者要想获得快乐感,真正地在快乐当中成长,首先要积极满足自我的心理需求。而当我们能够感受到真正被他人接受以及接纳自我,能够感受到爱和关心,便会开始在内心产生归属感与幸福感,并真正与他人建立联结,这些温暖的心灵体验往往可以满足心理需求。[1]再者,负性经历者也要为自己创造快乐,丹尼尔·吉尔伯特(Daniel Gilbert)

---

[1] 约瑟夫. 杀不死我的必使我强大:创伤后成长心理学[M]. 青涂,译. 北京:北京联合出版公司,2016:61-120.

认为每个人都有创造快乐的潜能，而快乐恰巧也是可以被制造的。① 学会自尊、自爱、乐观、活在当下、不断学习、积极投身于自己感兴趣并能有所成就的事情上去可以让负性经历者感受到成长与快乐的奇妙互动。童年处境不利的痛苦可能会暂时让负性经历者陷入对当时伤痛的梦魇中去，而关注当下的自我则可以慢慢引导负性经历者将注意力从过去的伤痛转移到自己当下与处境不利抗争所做出的积极改变上来，② 这样负性经历者便可以撕下贴在身上的另类标签，积极去拓展各方面的兴趣，及时舒缓对抗处境不利的压力，缓解负性情绪，提高应对能力和心理弹性，回归自我，回归本心，进而在疗愈过程中茁壮成长。

三、寻求社会支持

被童年伤过的青少年往往会将回避性策略作为应对策略的首选，有意地去回避引起负性回忆的刺激源，回避自己仍然身陷不利处境的事实，漠视自己的情绪，或者对童年的痛苦进行否认、弱化以及隔离。但事实是，负性经历对人有害的转折点就在于个体有意去回避伤害时，这种伤害就会变成侵害个体身心健康的毒药，③ 所以个体更应该积极转变应对策略，放弃回避，直面不利处境。

负性经历者可以通过积极寻求社会支持来进行复原，但在寻求社会支持之前，负性经历者需要打开自己的心门，将对外界的人或事物的危险警报解除，诚挚地邀请能提供帮助之人来抚平内心的伤痕。这时，负性经历者需要寻找一个合适的时机来叙述自己的故事，那个受伤的小孩过着怎样的童年，他现在还好吗？在叙述中去尝试积极地自我暴露，自然地流露出自己的悲伤、脆弱、恐惧甚至愤怒。积极地自我暴露，往往可以让负性经历者主动去寻求社会支持，也可以促进负性经历者用实际行动去应对问题。例如，通过隐喻的方式，用 15 分钟的情感日记来进行表达性的写作，这对那些很难迈出自我暴露第一步的负性经历者而言，将会是一个袒露内心的绝佳机会。其可以通

---

① GILBERT D. Stumbling on Happiness [M]. Vintage Canada, 2009: 9-18.
② FREWEN P A, EVANS E M, MARAJ N, et al. Letting go: Mindfulness and negative automatic thinking [J]. Cognitive therapy & research, 2008, 32 (6): 758-774.
③ 约瑟夫. 杀不死我的必使我强大：创伤后成长心理学 [M]. 青涂，译. 北京：北京联合出版公司，2016: 61-120.

过书写负性情绪和经历，有效改善个体的负性情绪与痛苦，进而促进负性经历者心理的健康转变。在书写的过程中，负性经历者需要注意积极与消极词语的使用频率，两种词语的比例保持在 3∶1 时为最佳。[1] 再者，负性经历者也可以精心制定疗愈的行动计划，尝试行动，提升对生活的掌控感。

越来越多负性经历者复原的证据也表明，负性经历者对自身经历的叙述将会促进康复。[2] 在叙述的过程中，可以感受到负性经历者对于自身痛苦的自我同情和自我关怀。所以负性经历者能够了解施虐者对自己造成的伤害，是康复过程中非常重要的事情。当自己又闪回到童年的糟糕情绪中时，可以将其看作童年的自己发来的一条求助信息，而你需要从中解读出自己对于这些负性情绪的否认，进而对童年的自己产生真正的同情，这样将会激发自身保护童年内在小孩和当下自我的生命力。而这种自我同情式的疗愈性体验也将给受伤的自己带来抚慰，而不是忽视与否认，并帮助自己扭转从童年时期所习得的自我遗弃的生存习惯，进而有效缓解遗弃感和羞耻感，激励负性经历者去识别和解决在疗愈过程中所遇到的困境，积极寻求自我和他人的支持。

关于情感方面的自我暴露将会让负性经历者释放一部分的心理压力，进而增强其寻求社会支持的意愿。他人的鼓励、关爱、慈悲以及支持对个体的大脑、身体发育和自身幸福感的形成起着重要作用，尤其是童年时期，个体所能感受到的仁慈和关爱可能会影响个体的基因表达方式。[3] 社会支持可以让负性经历者获得交流沟通、共享负性体验、分享应对策略的宝贵机会，将有效促进负性经历者转变不合理的认知。所以负性经历者更要去敏锐地留意自身情绪与行为的变化，当焦虑、抑郁、恐惧等情绪压得自己喘不过气而自身又无法缓解时，应当积极寻求外界帮助。除了父母、教师、朋友，还可以通过学校心理热线进行倾诉，必要时可以及时进行心理咨询或者去医院接受专业治疗。[4] 积极寻求社会支持不仅可以让负性经历者的问题得到及时缓解与帮

---

[1] 刘丽. 童年创伤后成长的变化及认知策略的研究 [J]. 大连教育学院学报, 2020, 36 (2)：56-59.

[2] 沃克. 不原谅也没关系 [M]. 严菲菲, 译. 北京：北京科学技术出版社, 2023：108-110.

[3] 恩格尔. 这不是你的错：如何治愈童年创伤 [M]. 魏宁, 译. 北京：人民邮电出版社, 2016：19-20.

[4] 赵云. 心理创伤应对中促进大学生心理成长对策研究 [J]. 湖北开放职业学院学报, 2021, 34 (23)：67-68, 71.

助,还有助于促进其心理方面的成长。家庭、学校或社会专业人士等给负性经历青少年带来的物质与精神关怀,例如,温柔的抚慰、建议、规劝等都可以有效减轻处境不利对于个体精神与心灵的冲击,与他人所创建的社会联结也将让其体会到信任、鼓励、接纳和安全等情感支持,进而让负性经历青少年能够重获社会归属感。

四、感恩的传递

在疗愈的旅程中,负性经历者崎岖前进,负性经历者也坚信终将成功与自我和解、与不利处境和解。负性经历者将不断地去治愈受伤的童年,重新建立与他人、与社会的联结,在此过程中也有过很多人向负性经历者伸出援手,将负性经历者拉出痛苦的深渊。悲伤与感激同在,痛苦与希望并存,脆弱与强大共生。不管这些善意的帮助来自何处,它都将给童年受伤的自己予以一定的慰藉。这些善意的帮助也能为负性经历者提供归属感,在漫长的疗愈之路上发现并找到和自己有类似经历与感受的伙伴,而这种温暖的陪伴也将给负性经历者指引一条发现更美好、更宏大事物的意义之路。善意的帮助将会让负性经历者打开新世界的大门,让帮助延续,让善意流淌,让感恩传递。最终,负性经历者将感受到并相信:这世界上还有足够安全、美好并值得与之交往的人。而这种心灵体验也将有效驱赶负性经历者的羞耻、恐惧、不安以及焦虑,让他们在时刻紧绷中寻觅到平静且舒心的地方。①

当有了感恩体验时,负性经历者可以及时将其记录下来。或许在某一天的清晨,伴随海边的日出,一种难以言说的体验涌上心头:你感觉到了一种纯粹的通透与轻松。周围虽然空无一人,但你依旧能感觉到自己与周围都充满了温暖的能量,它们涌动着,逐渐充斥着身体里的每一个细胞。你沦陷在这一刻的美景中,动人而深刻的感受终于让你的泪水止不住地往下流。你突然意识到,自己心中一直都被麻木充斥着,好像很久没有拥有过这种动人的感受了。但现在,你可以拥抱自己,感受自己的内在小孩,感受自己身体的情绪,即便痛苦,但很治愈。之前的生命体验让自己在此时此刻有了欣赏这份大自然的感动的深度。平静的感受如温柔的海浪一般渐渐抚平内心的伤痕。此刻,自己的生命与大自然像是有了联结一般,如同电影《阿凡达》里的

---

① 沃克. 不原谅也没关系 [M]. 严菲菲, 译. 北京:北京科学技术出版社, 2023:42-44.

"爱娃"之树一样能够感受到这个星球上所有的能量波动，万事万物都囊括在生命中，自己正在用所有的感官去捕捉和体验这份感动，而在此之前，自己的情感从未如此丰富且自然……这种深刻的感恩之情将会让负性经历者感觉自己与生命有了更深层次的联结，仿佛所有的痛苦遭遇与经历在那一刻都显得无足轻重和苍白无力，负性经历者的心中只留下了最纯真的感恩和爱。这种大自然赐予的灵性体验无疑是一种人生的恩典，尽管这感觉只有那一刻的奇妙，却能够让负性经历者从中汲取足够的希望和养分，坚持前进。当负性经历者内心被这种灵性体验充斥后，将会产生幸福满足的感受，自己也会在这一点点的感动与幸福当中得到疗愈，进而将这份感恩留存，并尝试将感恩的体验分享给与自己有类似经历的人，将感恩传递。一次灵性的疗愈之旅给自己或其他负性经历者带来了一些启发和感动，提醒他们要去关注身边的事情，积极关注当下，挖掘自己的内在潜能，进而去启动自身的复原机制，对童年处境不利进行自动修复。或许当身处不同境遇的其他负性经历者也能体会到这种感恩时，他们也能明白这份感动，并乐于将感动分享，将感恩传递，与爱同行。

学会感恩、宽恕将帮助负性经历者从利他的角度出发去追求生命意义感。当负性经历者认为至今的经历无论是快乐的，还是伤痛的都是有意义的，并愿意去追求生命意义时，他们将会拥有把自己从巨大的童年苦难当中拯救出来的内在精神力量，进而体会到由灵魂焕发出来的快乐与幸福。[①] 负性经历者有了感恩的灵性体验后愿意去追求利他的快乐，将有助于其获得心理幸福感，促进疗愈和成长。人的救赎是通过爱与被爱来实现的，将所感受到的爱通过感恩之心传递，施爱助人，不仅可以提升自己和他人的自我认同，还可以获得安全感。在感恩的传递中，负性经历者还可以改善人际关系，拓展人际资源，加强与他人的联结。童年处境不利可能会使其终生困于痛苦的折磨当中，减弱其进行抗争的勇气和力量，甚至有些非常痛苦的回忆可能还会让负性经历者失去生活的希望。但当悟得感恩的真谛后，负性经历者终将感受到神秘的美好与感动，并极大限度地去挖掘自身潜能，用足够的资源、力量以及人生智慧去唤醒隐藏在内心深处的强大力量，进而能够收获感恩与幸福。

---

① 刘丽. 童年创伤后成长的变化及认知策略的研究［J］. 大连教育学院学报，2020，36（2）：56-59.

第八章

青少年积极成长的家庭对策

在成长对策篇中,第七章聚焦于处境不利青少年自我疗愈的各种变量及其积极发展的个体策略,如积极归因、情绪调节、自悯、积极行动等,即青少年个体在不利处境下要获得积极发展,开启、挖掘、培养自我的个人优势和个人力量是首要的策略。作为青少年成长最重要的微观系统,家庭在促进青少年积极发展的过程中能够做些什么呢?家庭是青少年发展最稳定的社会支持体系,也是影响青少年心理和行为问题的重要变量。在个案研究和调查研究篇中,我们可以看到不良的家庭养育行为及父母教养方式是青少年焦虑、抑郁及负性行为显著性的风险因素。因此,在促进青少年积极发展过程中,充分调动并合理利用家庭的积极资源,如形成科学的教养观念和教养行为至关重要。

本章主要围绕父母教养意识的觉醒、看见孩子内在的需求、父母教养行为的调整三个方面的内容,从家庭层面阐述促进青少年积极发展的对策,如家长需要主动开展家庭教育反思,优化教育模式,为孩子营造安全温馨的早期发展环境,做孩子稳定的支持性客体,构建健康亲密的亲子关系等。

第一节 父母教养意识的觉醒

一、父母的觉醒意识

综合国内外文献来看,经历单一或多种类型的逆境可能会对青少年及成人的发展产生重大影响,而鉴于预防或避免处境不利并不总是有效的,故需探索更能有效预防或减少处境不利及其负面影响的因素。父母教养行为及养育子女的过程就是这样一个因素。在孩子十几岁的时候，父母采用有效的育儿方法，并与他们建立积极的关系，可以支持他们发展顺利度过生活所需的技能和属性。

(一) 觉醒意识的萌芽

"觉醒"意味着人们对于自己所经历的一切事情都保持清醒，按照事情原本的样貌去接受与应对它，而非妄图控制或者改变它。换句话说，在教养孩子的时候，觉醒意味着须依从他们的本性以及接纳他们的本真。虽然父母给予了孩子生命，但是这并不代表要掌管孩子的一切。每个孩子都应该顺应自己的生命轨迹，如果父母以爱为名，强行干涉这条轨迹，孩子就会与自己的本真偏离，自我认识受阻，内心深处找不到真实的自己。因此，父母的觉醒与改变是教育的真正开始，父母只有先安顿好自己的身心，唤醒自己觉醒的养育视角，才可能帮助孩子助力其成长为一个健全的人。

可以说，在孩子出生的那一刻，父母的身份就自然确立起来。虽然这是水到渠成的事，但我们也得承认一件事：父母们往往都是被"赶鸭子上架"的。不妨来想想，做父母的有没有经历过以下场景：当孩子害怕当众表演节目时，你埋怨他胆小；当孩子哭闹不休不想去上兴趣班的时候，你吓唬他再也不给他买玩具；当孩子没考好时，你难掩满脸的失望……如果有，那么你的潜意识可能存在一个观念：当孩子没有达到预期，我就会对他感到失望和气恼。虽然父母都是一心为孩子好，但往往凭着本能来教养孩子，只能说是一种懵懂的教育方式。而大多数父母，确实也都是从不觉醒开始起步的。

在人的毕生发展中，其中一件人生大事就是孕育一个新生命，即将另外一个生命带到人间，并且将他养育成人。不过，大多数人在这个过程中表现出的可能是一种随心的感觉，并没有完全把它当作一项严肃的工作去做。举例来说，如果我们受命于领导去经营管理一家百万资产的企业，我们一定会精心制定详细的战略规划，如目标是什么以及如何逐步实现等，努力做到心中有数。但大多数的父母往往没有仔细思考过教养孩子的方法与策略，不管是朝夕相处感情稳定或是已经离异的家长，较少有人检验过他们的教养方法会对孩子产生什么影响，更少有人会根据实际情况去做出调整和改变。或许大部分父母缺少这样的自问：在教养孩子的时候，我们是否有主动去了解他们内心所想，去理解他们的行为诉求呢？如果在教养的过程中所使用的方法见效性差，那么作为父母是否需要为此做出改变呢？当父母们有了这样的思考时，就意味着觉醒已有了开启的萌芽。

(二) 深度的反思

每个人都倾向于把自己想象成最好的家长，自认为能够对孩子任劳任怨无尽的付出，承担起做父母的责任。绝大多数父母确实做得不错，他们对自己的孩子爱之深、责之切，在其身上倾注无穷无尽的精力。而有些父母在履行父母职责时之所以会把自己的意愿强加在孩子身上，其原因绝对不是因为不够爱他们，而是由于他们缺少一种为人父母的觉醒意识。现实的情况是，大多数家长没有意识到孩子内心的发展诉求，也不太会去思考自己同孩子之间的互动，只是按照父辈传下来的普遍的教养方法去对待自己的孩子，甚至有些父母不太会愿意去主动反思自己的教养方式是否恰当合理。"反思教养方式"，大家对这个概念心怀抵触，抱有一种戒备的心态并固执己见，不愿意倾听他人评价自己的育儿风格和方法。

如果父母没有做到教养意识上的反思，那么对孩子并可能会产生一些难以估计的影响。如过度的关心和宠爱、过度的关注、过度的保护……这些"过量"的行为都有可能使孩子陷入不快乐。父母会想当然地为孩子安顿好一切，生活、学习各个方面都会考虑到，仔细分析这或许是因为在不自觉的情况下，父母会将自身的情感延续到孩子身上，把自己未曾得到满足的需求和未曾达成的期许与愿望，又或者是未实现的梦想传递给自己的下一代，希望在他们身上得以实现，就如同"望子成龙，望女成凤"。另外，在对孩子有诸多期待的背后，是一些父母不自知的情感忽视与虐待，以及躯体忽视与虐待，这对孩子的影响也是无法预估的。但是不论抱有怎样美好的动机，都称不上是一种觉醒的教养方式。因为从经验上来看，我们还是会从父母那里继承上一辈人的情感和行为模式，再将它们传递给自己的下一代，这种一代代传承下来的情感和行为模式可能会奴役孩子、削弱他们的能力以及限制他们的发展；这种潜意识如果得不到彻底清理，就会一代又一代渗透下去。唯有觉醒的力量能够制止这种回荡在各个家庭中的痛苦循环。

大多数人初为人父、人母的时候，都充满了对未来的憧憬，类似于要把自己的孩子培养成为什么样的人，这些憧憬在很大程度上都是些空泛的幻想，像是一些从来没有检验过的想法、信念、价值观、假设等。很多父母甚至认为，根本没必要对自己的世界观提出疑问，因为他们相信自己是"正确的"，于是不再反思和审视自己了。如此一来，父母自己本身就很容易形成僵化的思维模式，在没有审视自己的世界观之前，就期望孩子按照他们既有的想法去表达自己。家长们没有意识到，把自己的思维强加给后代对他们的精神其实是一种桎梏。

举例来说，如果父母在某方面能力超群，就自然而然地希望自己的孩子也能在这一领域继承发展并有所成就，又或是在别的方面拥有某种特长。如果父母是音乐或者美术教师，那么他们很有可能会让孩子去接触与艺术特长相关的内容与活动，以开发艺术类的专长，继而给孩子报绘画或者音乐之类的兴趣班；如果父母在读书方面一向做得很不错且成绩优异，那么他们极可能会一厢情愿地希望自己的孩子也聪颖善学；如果父母在学业上并不出色，付出了努力也看不到更好的结果，那么他们可能会担心孩子也和自己一样，于是竭尽所能地为孩子的学业做好细致安排。

父母总是想把自认为"最好的"教给孩子，然而在这个过程中，他们往往容易忘记最原本的道理：父母首先应当努力做到的是让孩子享有身为自己的权利，让他们在自己的命运轨迹下生活，那才是他们人格精神的真实反映。对大多数父母而言，他们似乎难以看到孩子的个体需求。相反地，他们倾向于将自己的主张和期望投射在孩子身上。可能是本着美好的期许，想要鼓励孩子做最真实的自己，但许多父母也极有可能在这个过程中没能坚持住，依旧在不经意间将自己的想法和计划强加在孩子身上。那么其结果很可能是孩子内心的需求依旧未得到满足且产生情绪问题，甚至会对孩子未来的发展产生消极影响。如前所述，更为糟糕的父母教育模式是在"一切为了孩子""把最好的给了孩子""孩子应该达到期待"的动机和要求背后，对孩子在情感上和躯体上进行不自觉的忽视和虐待。

每一个孩子体内都藏着一幅蓝图，他们早早地就开始接触最本质的自我，同时开始体会自己最想成为什么样的人。身为家长，我们要做的只是去帮助孩子实现自我。但棘手的情况在于，如果不认真观察和关注他们，父母就会剥夺天赐孩子的权利，让孩子无法走上最合适他们的发展道路。父母往往会将自己对前途的规划强加在孩子身上，这样一来，等于是用他们自己武断的想法改写了孩子的命运。

觉醒意识并非从天而降，凭空就有，它有其培养的过程和步骤。要想实施这些步骤，首先要意识到不觉醒同觉醒是不能完全割裂的，觉醒恰恰是从不觉醒中萌生出来的。这一点很关键，因为它意味着"道不远人"，觉醒是每一个人都能达到的状态。走在觉醒的康庄大路上的人，同其他人并无不同，他们只不过是在未觉醒的状态中开发出了觉醒的潜能。这意味着，觉醒的大门对我们每一个人都是敞开的。的确，在长幼关系中，最神奇的一件事情就是，不断有机会出现在我们面前，让我们获得提升，获得更深刻的觉醒。①

二、觉醒的教养之道

要做到教养意识的觉醒，第一步便是要清晰认识到，作为父母，并不是要去培养一个"迷你版"或者"进阶版"的理想自己，而是在为塑造一个具有独立特征的生命体而助力。因此，父母需要把自己与孩子本身区分开来，不能把孩子当作自己的所有物，去支配、去命令、去规划他们的人生蓝图，这是很重要的起点。父母也只有在内心深处认识到这一点，才会看到孩子内心的需求进而调整自己去积极教养他们，而非以自己的一腔意愿和想法去塑造孩子，使之成为父母心中理想化的孩子。

（一）关注孩子的本身

尽管绝大多数父母认为自己有信心、有能力教养好孩子，然而现实却大多并不如此。教养孩子的历程不应是父母"针对"孩子的模式，而应是父母"协同"孩子的模式；不是父母指挥孩子，而是孩子引领父母。孩子会引领父母发现他们的本真，在此过程中孩子成了父母获得觉醒的伟大启蒙者。如果父母不能抓住孩子的手，跟随他们的引领，穿过不断觉醒的大门，那么父母将失去觉醒的机会。如果父母能理解孩子的每一种行为都在召唤着他们走向更高层次的觉醒，那父母就会用完全不同的态度来看待孩子带给他们的机遇，机遇能促使父母学习与成长，变成孩子真正需要的父母。因此，父母不应忙着对孩子的行为做出反应，而应先检视自己，问问自己为什么要做出反应。只有通过这样的探问，才能打开内心的空间，为觉醒做出准备。

当然，做个觉醒的家长也不是一蹴而就的事，父母须学会觉醒的教养之道。如何学会觉醒的教养之道呢？答案在与之紧密联系的孩子身上。觉醒的父母需要关注的是孩子本身及自己与孩子的互动联系，在实践中学习，而不能只靠临时抱佛脚式的读书或学一些"头痛医头"的具体技巧。觉醒的方法包含着价值观，而这些价值观是在家长和孩子的关系建设中传递出来的。当

---

① 萨巴瑞. 父母的觉醒 [M]. 王臻，译. 上海：上海社会科学院出版社，2013：32.

然，如果想真的用这种方法教养孩子，家长本人必须做到全身心投入，因为只有家长主动去开发自己的觉醒意识，孩子才能在互动中发生积极转变。

在实践中学习觉醒的教养之道要求父母同儿女的关系保持真实的状态，在这种自然的状态中引入觉醒的元素。换句话说，觉醒的父母会采取寻常的、一步一个脚印的风格来建立并巩固同孩子间的关系纽带。因为互动是一种关联性很强的方法，而每一组不同的长幼关系都有各自的具体情况，所以不能一概而论地总结出一张处方。恰恰相反，这是一种哲学，它意味着每一节课在本质上同其他各节课都有关联，所以它们都是密不可分的，是家庭构造中不可孤立的元素。[1]

身为父母，我们都急切地希望孩子的行为立刻变得"妥贴""规矩"，而自己也不必再花费多的时间和精力，历尽困难地先做一番改变。这种想法是天马行空的，觉醒的教养方法不可能使一个家庭在一夜之间改天换地。而在父母觉醒的过程中，"活在每一个当下"才恰恰是关键之处，利用长幼之间的情感关系来实现更高的觉醒，使得父母能在孩子的生活出现问题的第一时间就知道如何应对。在平常的生活实践中一个个觉醒的片刻累积起来，一种更加开明觉醒的家庭互动关系也就由此建立。于是，众多家庭的基础环境将实现根本的转变。但是要想实现这样一种觉醒的互动关系是需要耐心的，绝不是一蹴而就的。

因此，改变或纠正孩子某个具体的行为不是目的。父母要关注的不是"如何哄孩子睡觉"或是"如何劝孩子好好吃饭"，而是当下的这个过程，最主要的任务是为孩子和自己的生活奠定好精神基础。只有这样我们才能在长幼关系当中实现根本的转变，孩子的行为也才能自动地与他们意识中的自己以及真实的自己相吻合。行为上的变化是长幼关系发生转型的结果。

(二) 接纳自我，接纳孩子

父母在教养意识上的觉醒源于父母本身，父母需摆脱旧日的创伤，发展成为心理功能健全的父母。很多家长养育孩子时，存在一个共性：大家都是带着"原生家庭的内伤"在养孩子。家庭就像一个陪伴孩子成长的花园，并非所有的父母都会在花园里播种高质量的爱、尊重和独立意识；相反，有些父母让花园里充满恐惧感、怀疑感和罪责感。如果一个孩子从小遭受父母的

---

[1] 萨巴瑞. 父母的觉醒 [M]. 王臻, 译. 上海：上海社会科学院出版社, 2013：45.

打骂，内心可能会变得冷漠、麻木；在他成为父母之后，对待自己的孩子往往不知如何沟通，动辄骂骂咧咧，情绪暴躁时还可能有暴力倾向；亲子关系冲突，孩子也很难做出有效的行为改变。只有父母变完整了，变成熟了，父母不再把自己的童年伤痛模式传递给孩子，不再把自己没有被满足的需求投射到孩子身上，孩子自然会随之改变，亲子关系也会变得更亲密。

每个父母内心都住着一个小孩，他们都有未得到疗愈的童年伤痛，因此育儿必须先育己，先当好自己内在小孩的父母，先把自己的内在小孩养好，先疗愈好自己的童年伤痛。① 身为父母，如果不能全面接纳真实的自己，就永远无法接纳自己的孩子。只有接纳自我的父母，才不会在孩子哭闹时，只会呵斥"闭嘴、别哭了"，而是会温和接纳孩子的痛楚，并设身处地体谅他们。因为接纳孩子与接纳自己是紧密相连的，我们每个人都有力量去选择一种方式去解读自己的生活，这种方式极大地影响着我们生活经历的性质。

被父母接纳的孩子，他们的生命力会被父母看见，被看见的生命力才是好的生命力，才会生出爱与温暖。所以先接纳自己，再接纳孩子，才能和孩子一起踏上觉醒之路。德国著名哲学家卡尔·西奥多·雅斯贝尔斯（Karl Theodor Jaspers）曾说："真正的教育，是一棵树摇动另一棵树，一朵云推动另一朵云，一个灵魂唤醒另一个灵魂。"②

（三）放下期待

觉醒的教养之道还包括很重要的一点，放下对孩子的那些伟大的期待，接受与赞美孩子的本真。孩子的平凡与不平凡，其实在于父母看待孩子的态度，每个孩子都是上天赐予我们最好的礼物，独一无二。父母都希望孩子可以成才，甚至是"望子成龙，望女成凤"。每个人都不甘于平庸，每个人都希望活得精彩，甚至对孩子的期望更大、更强烈。

这种心理其实是没有回归的，都是向外使劲的，不是回归自身去慢慢地、有的放矢地成长。作为父母，只有成长了，自己才有力量给予孩子，有力量给予孩子才可以使孩子具备力量，孩子具备了力量才有更多精彩释放。不是父母希望他们如何他们就要如何，不是父母想要他们如何他们就如何，而是父母可以给予孩子什么，可以成就他们什么，自己和孩子之间的界限是否清

---

① 萨巴瑞. 接纳是关键 [J]. 幼儿教育，2017（29）：1.
② 卡尔·雅斯贝尔斯. 什么是教育 [M]. 邹进，译. 北京：生活·读书·新知三联书店，1991：4.

晰。不是思想绑架、道德绑架，孩子生下来不是为了成全父母的心愿，否则很快就会变成恨铁不成钢的埋怨和大失所望的抱怨。

父母要审视自己的期待是否合理，思考这些期待是否基于孩子的实际情况，是否符合孩子的兴趣和能力。如果期待明显高于或低于孩子的实际水平，就需要进行调整。父母还要学会接受孩子的不足。每个孩子都有自己的优点和不足，父母要接受并理解孩子的缺点，帮助孩子正视并改进，而不是一味责备或期望孩子完美无缺。同时，父母要关注孩子的内心世界，倾听他们的想法和感受。只有了解孩子的兴趣、梦想和需求，帮助他们发现自己的潜力和特长，才能让孩子感受到父母的关爱和支持，增强自信。父母要鼓励孩子自主选择和决策，给予孩子一定的自由度和空间，让他们在实践中锻炼自己的独立思考和行动能力，这样可以培养孩子的自主性和责任感。父母要保持心态的平和与宽容，不要过度焦虑或比较，每个孩子都有自己的成长节奏和路径。尊重孩子的成长规律，给予他们足够的时间和空间，相信他们会健康地成长。

总之，父母放下对孩子不切实际的期待需要一个过程。通过审视期待、接受不足、关注内心世界、鼓励自主选择和保持平和心态等措施，父母可以逐渐调整自己的心态和教育方式，促进孩子的健康成长。

孩子首先是人，一个独立人格的人，其次才是孩子；父母首先是人，一个自我觉醒的人，其次才是父母。养育孩子的过程是人生的一次重新探究和旅行，也是父母与孩子共同成长的过程。父母也是第一次当父母，与孩子一起成长，互相成全，互相完善。孩子会占据父母人生的时间、精力、金钱、资源，但也会拓宽其生命的厚度和广度，令人生变得更有意义和圆满。

第二节 看见孩子内在的需求

一、孩子内心的需要

好的教育，不应只局限于对孩子行为层面的训练和矫正，更重要的是透过孩子的种种行为现象，看见他当下的内在及行为背后的心理活动和精神需求，从而更好地引导和帮助孩子形成积极的心理和行为应对方式。

（一）基本的需求

人本主义心理学家马斯洛提出了需要层次理论，并认为人有五个层次的需求，分别是生理需求、安全的需求、归属和爱的需求、尊重的需求、自我实现的需求。生理需求是人最原始、最基本的需求，如吃、穿、住、用、行等；安全的需求是较低层次的需求，人们需要远离痛苦和恐惧，并在有秩序的环境中有规律地生活着；归属和爱的需求是需要朋友、孩子、爱人，在社会中有一定的位置，得到团体的认可，和他人建立良好的关系；尊重的需求包括自我尊重以及希望受到他人的尊重；自我实现的需求是最高级的需求，即充分发挥个人潜能，实现个人抱负和价值，成为理想之人。在人生道路上自我实现的形式是不一样的，每个人都有机会去完善自己的能力，满足自我实现的需要。这五个层次由低到高，只有低级层次的需求得到很好的满足，才有条件去追求更高层次的需要。

对孩子来说，同样有着这五个层次的需求。在一个家庭之中，三代人的成长背景不同，自然需求也各有不同。60后、70后的童年在生理需求上经历了匮乏，80后、90后的童年在心理需求上经历了匮乏，而00后则面临自我建构的困难与阻碍。对当下父母而言，教养孩子是一个巨大的考验。一个在生理层面一度匮乏的人，较难去理解下一代人的心理需求；而一个曾经在心理层面匮乏的人，同样也很难理解下一代人对自我意识的追求和想成为自己的强烈渴望。因此，身为父母者，就需要学习、了解和看见当下孩子的需求，以便更好地支持孩子的精神成长。

（二）孩子成长过程中的需求

一个人生命的前6年需要从家庭中获取一切成长的养分，但是长大，是生命本身的需求，没有几个生命希望自己一生都依赖另一个人而活。这就意味着孩子需要脱离依赖别人养分而活的外循环系统，建构自己的内循环系统。一个在生命的初始得到过足够的爱、安全、归属感、被接纳认可的孩子会将这些美好的体验内化于心，然后成为内在创造养分的源泉，这样自我的内循环系统就出现了：自我接纳认可、自尊自爱以及自我认识等。就是凭借着自我内循环系统的成功建构，滋养、指引着孩子无论面临什么样的不利处境，都能够做出自我判断和选择，哪怕受伤，也拥有自愈和快速恢复的能力。

安全感和归属感是孩子自我建构的基础，也是他们生长与发展的内在需求。人首先追求的就是安全感，孩子也不例外。从子宫中的胎儿降生为婴儿，犹如汪洋中的一条船,如何建构安全感呢?这取决于一个人与父母、家庭的关系。一个人在生命的前3年,主要依赖于曾经共生一体的母亲。在子宫中的胎儿,深受母亲饮食、情绪、心理等方面的影响,这些会经由脐带成为他的养分。如果是情绪反常的母亲,那么他很难建构心理上的安全感。内心的紧张和恐惧会快速消耗掉孩子的内在能量。孩子最恐惧的是被忽视、被遗弃、喜怒无常、前后不一,无论你怎么满足他的吃穿住行,也无法让他感到十足的安全。

爱和归属感也同样是新生婴儿的需求。他需要归属于一个群体,对他来说,这种归属感始于亲子关系,尤其是母亲,因为母亲常常是孩子生命中第一个可以依靠的人;然后是建立于更宽泛的家庭关系中,随后扩展到家庭以外更广阔的社会关系中。让婴儿感受到爱和归属,意味着他吃喝拉撒的需求得到及时满足,他的哭声可以立马得到回应,如母亲轻柔地爱抚、安慰的话语等等。婴儿从母亲这里获得他想要的一切,并借由这种无条件的、一对一的爱,来增加自己与母亲心理上慢慢分离的能量,来获得面对这个世界的归属感。如果在生命早期未能建构归属感,那么孩子就会有强烈的孤独感和疏离感,成为一种极为痛苦的隐形体验,这种内在的孤独与无意识的疏离极有可能阻碍他与世界及他人的联系,如同过滤器的双眼所看到的世界都是充满敌意和猜忌的;同时也会在内心设下一道屏障,屏蔽掉外在和他人的善意。

一些二胎家庭中,一不小心就会上演老大充满仇恨、恐惧与担忧的"戏码"。当弟弟、妹妹的哭声成功吸引了全家注意力的时候,老大的内心给自己的讯息是,弟弟、妹妹抢走了我的位置,爸爸、妈妈不爱我了。找不到自己在家庭中的位置,慢慢会形成对家庭的疏离感,从而无法建构心理上的归属感和安全感。虽然可能源于自己的错误解读,但是伴随着这样的信念,可能终其一生都在寻找自己的定位和价值。所以二胎家庭应关注每个孩子的心理状态,可以和每个孩子安排特别时光,让他们感受到自己的重要性,满足他们的内心需求。

在0至3个月时,孩子人生中的另一个心理需求便是被无条件接纳。刚刚出生的孩子非常脆弱,他们需要父母的精心呵护,给他们吃饭、穿衣、喝水,尽管他只会哭,一个字也不会说,可是他依然有心理需求,他的需要就是父母能够无条件地接纳他。同样是在0至3个月时,孩子还需要感到"我最重要"。他需要意识到,在你(抚养他的人)的生命中,"我"是最重要的。即使你很忙，即使你的身体很不好，可是"我"很饿，"我"不舒服，"我"生病，你都能马上放下所有的一切先来满足我，那么"我"就会知道，在你的生命中，"我"是最重要的。如果在3个月内孩子没能获得上述两个心理需求，那他可能会在日后的成长过程中不断寻找另一个人来替代。他会渴望从这个人身上得到无条件的接纳，希望成为这个人生命里最重要的人。在读书阶段，他可能会在教师身上寻求这种需要，在婚姻中，他可能会向伴侣发问："我是不是你最在乎的人？"他会一直不断地去寻找这个答案。如果孩子的需求在年幼时未能得到很好的满足，这可能会导致他们在之后的人际交往中遇到很多问题，继而影响日常生活，成为其一生的困扰。

在不同的年龄阶段孩子会产生不同的内心需求，而总的来说，不管孩子多大，只要他在父母身边生活着，他就渴望获得：父母的爱护和关怀、在家里有地位、被接受和被尊重、被父母赞赏。如果这些需求能经常得到满足，孩子的成长之路会更顺利，孩子会心态积极，学业优良，也不会有太多的叛逆心理与行为。可是，如果孩子不能从父母那里获得上述的内心需要，他们就会出现这样那样的问题：有的孩子会自暴自弃、自卑；有的孩子会故意做出一些消极冒险行为、越轨行为等以获得父母更多的关注和关怀；等等。

每个孩子的心灵都是一个没有杂质的境地，他们的世界没有谎言、没有欺骗，他们喜欢直来直去，他们的行为都是基于想要满足自己某种单纯的需要所致。但是如果父母对他们的行为缺乏认识，只看到孩子表层的需求，则会给孩子带来不好的影响。那么，除归属感与安全感的基本需求外，孩子内心还有什么需求呢？孩子需要并渴望父母能够读懂自己。世界上没有轻松的职业，如果把父母也看成一种职业的话，那和其他职业相比，养育一个孩子真的可以算是世界上最困难、最需要智慧的工作了。孩子的每一丝变化、一举一动都牵扯着父母的神经，就像世界上没有相同的两片叶子，每一个孩子都是不同的独立个体，教养之道自然不能生搬硬套。因此读懂孩子，也成了每一位父母必修的一门功课。

二、读懂孩子真正的需要

我们常说家庭教育是教育的起点，那么在家庭教育中，父母应如何去看到孩子内心的需求，读懂孩子内心呢？

（一）提供安全自主的空间

提供一个安全、自主的空间，是读懂孩子真正需求的前提。一是准备适合孩子安全活动的空间，并提供给孩子和他们体格相当的实物，满足孩子想当"小大人"使用和成人一样的物品的需求。二是家庭中应过着有规律的生活，在遵守规则的条件下，孩子可以自主活动，做他想做的事情，如脱穿衣服、洗澡、吃饭、扫地等，父母需要给孩子各种选择的自由，并放手让他自己去做。需要注意的是，孩子遵守的规则，由父母和孩子一起共同制定，而不是由父母单方面制定。三是在生活中尽量给孩子提供成功的机会，父母要以步骤清晰和放慢的动作向孩子展示每件事情的正确做法，并相应为孩子提供他易于使用的物品，这样孩子便会模仿与操作。在这个过程中，他体验了成功的喜悦，增进了自信心，提升了自主探索学习的意愿。四是父母不要轻率地使用"真笨""这样做不对""你怎么总是记不住"等指责性话语，这样容易使孩子有自卑感和失去进取心。相反，父母应多以称赞鼓励的话语，多一些耐心让孩子多做尝试，即使有错误、有失误，也陪伴着孩子做试错学习。有些孩子或许动作尚不协调，做事速度自然缓慢，效率低下，父母也绝不要催促孩子，尽量给孩子充足的时间，或者强调多练习。

从另一个层面上说，了解孩子内心的需求，就要给予孩子作为一个独立的人的权利。父母需要不断地反思自己在日常生活中是怎样对待孩子的，是否粗暴地妨碍他们的活动，就像主人对待无自由权利的奴隶一样；对于自己的行为，是否有内疚和反思之心？可惜的是，许多成人都认为，对待孩子就应该是这样的态度，根本谈不上对孩子的尊重。例如，当儿童自己吃饭时，成人就会自觉或不自觉地去喂他；当儿童正努力扣外衣的扣子时，成人又会急不可耐地主动帮他扣上；当儿童考试失利时，成人会怒不可遏地责骂他不够勤奋；当儿童需要爱的拥抱支持时，成人会说"你已经是个大孩子了，你要坚强"。总之，当儿童的行为屡次受到成人的干扰时，他们就已经失去了最起码的被尊重，他们发展应对各种不利处境所需的技能的能力也因此受到损害。

我们仔细观察后还会发现，与成人相比，年长儿童更了解年幼儿童的需要和他们接受帮助的程度。儿童互相帮助的方式与成人不同，他们会尊重别人的努力，只有在对方需要的情况下，才会向别人提供帮助，因此这一点对父母来说非常具有启示意义。这正说明儿童是以直觉在尊重童年时期需要帮助的儿童，不会给予任何儿童不必要的帮助。我们的身体所需要的不仅是营养,而且还需要健康,更重要的是我们需要健康的心灵和自由的环境。当自由受到限制与束缚时,我们会感到不快乐与难受。对年幼的儿童来讲,应让他们享有更多文化与精神上的自主,因为他们正在进行更重要的创造性活动。

(二)感受孩子的需求,进行安全的互动交流

在成长过程中,孩子们希望父母能够通过他们的一些行为来了解自己的内心,而不会将自己的真实想法直接表达给父母。婴幼儿在3岁左右,常常会表现出攻击性,莫名其妙没有缘由地推搡其他小孩儿。除了一些遗传因素以及父母和家人日常生活的影响,遇到这样的情况,父母不要着急去训斥小孩儿,而是首先要学会与孩子平等对话,了解事情的因果,以及孩子内心真实的需求和想法。了解清楚之后再给小孩儿的这个行为做出评价,对孩子进行正确的引导和教育。

说谎在儿童成长过程中也算是比较普遍的现象之一。如果在一个时期之内孩子经常性地说谎话,那么可能有两个原因:第一就是希望自己的一些行为能够获得父母的注意,因此就靠撒谎来吸引父母的关注度;第二就是父母对孩子的要求过于严格,孩子害怕达不到父母的要求,从而养成了说谎的习惯。因此,在孩子出现这种情况的时候,父母不要觉得孩子的品行已经出现了问题,而是要正确地教育并鼓励孩子说实话。

做作业与娱乐是另一个亲子矛盾主题。有些父母会为此感到无奈并在旁边反复唠叨督促,反而让孩子感到厌烦。在这个时候,父母应从更细致的角度去看待孩子的需求,并引导孩子了解和接纳自己行为背后的感受。孩子想要看《动物世界》,说明孩子对各种各样的动物、对未知的世界充满着好奇心和探索欲,他可能想要更快地、更可能多地去获得这些知识。若这个行为在父母眼中,被认为是不认真写作业,心里只想着玩,那么在父母不断的否定声中,这个感受反而成了孩子的一个问题,他们会变得不敢去接受自己的这份感受。因为那份想要探索世界、探索未知的心情,已经被父母贴上了"不好"的标签。所以,孩子会陷入两难境地中,一方面,他们的天性如此,就是会想要去探索;另一方面,付诸行动后又会充满焦虑、自责和内疚。

如果在此时,父母看到孩子的这份感受与需求,并给予一定的肯定,那将会是不同的情形。父母对孩子说:"我们发现你是一个喜欢探索、有求知欲的孩子,这让我们很欣慰。"当父母如此说的时候,孩子会得到一些认可,他知道自己是好的。尔后,父母可以再跟孩子进行更深入的探讨。这个世界环

境复杂多样，有时候甚至会隐藏着一些未知的危险，怎样在保持好奇心和探索欲的同时又不让自己受伤害？当父母们如此表达自己的关心和担忧的时候，孩子们也能更主动地、有内在动机地去思考要怎样去保护自己。所以，当我们在日常生活中看到孩子有一些我们并不是特别满意和喜欢的行为表现时，我们要能够区分，这是我对他的评判还是从他的立场去得出的结论，如果我们着急去评价，并想要改变这个行为，那么无形中我们就成了替孩子做主、替孩子负责的人，忽视了从孩子角度去分析他们行为背后的心理需求。

如果把孩子比作一粒种子，要想让它生根、发芽，我们可以只给孩子阳光、空气、水，只有我们赋予种子更多营养，它才能长得更健康、茂盛。养育孩子不是一件易事，作为父母，仅注意孩子身体的成长是不够的，还要注重孩子的心理需求和心理健康。年幼的孩子通过游戏来认识世界，父母与之游戏、互动，可以满足孩子的安全感。当孩子知道父母会一直关注他，遇到挫折可以向父母请求帮助，会发展出稳定的情绪、良好的人际关系，学会独立，能够拥有面对挫折的勇气。大孩子同样需要父母的关注，但他们又希望独立，与父母保持距离，这时父母的一言一行、构造安全稳定的家庭环境，能让孩子感觉到被重视，让孩子感到自己的需求被看见了。

首先，心灵交流，用心去感知。传统的头脑教育或许已经跟不上时代的变化，父母与其被动地与孩子交流，不如用心去关心孩子的心灵，打开自己心灵的门与孩子对接，正如《父母的觉醒》一书中说道，"当父母的心灵与孩子产生共振后，自然会流淌出正确的做法"，"产生共振，解决问题的能力自然有了"[①]。其次，让孩子拥有健康的内循环系统，提升自我意识的成长，构建关注感和归属感。孩子在各种活动中，逐步发现自我，并更清楚地认识自己。学会如何尊重人和如何被人尊重，达成双赢，完成父母与孩子双方的互相激励，彼此尊重，彼此提高。只要父母有足够的耐心去看到孩子的内在需求，那么孩子会在父母的引导之下，慢慢改变。

第三节 父母教养行为的调整

在青少年成长过程中，父母扮演着至关重要的角色。父母的教养方式对

---

① 萨巴瑞. 父母的觉醒［M］. 王臻，译. 上海：上海社会科学院出版社，2013：156.

孩子的个性、情感和社会发展有着深远的影响。为了促进青少年的积极成长，父母需要审视并调整自己的教养方式。

（一）建立理想的亲子关系

美国学者尼古拉斯·萨蒙兹（Nicholas Sammond）认为接受—拒绝、支配—服从是制约亲子关系的两个基本要素，它们的结合派生出控制、无视、溺爱、放任等不同的育儿态度和方式，而理想的亲子关系则应各取以上两个基本要素的中点，这才是父母给予孩子的适中的爱。所以，父母对孩子既不能爱护有余，也不能过于严厉；既不能随心所欲地去支配孩子，也不能完全服从孩子，而是要走中庸之道，为孩子提供必要的环境和适宜的照顾。

为构建理想的亲子关系，父母应给予孩子足够的关爱和支持，让孩子感受到家庭的温暖，从而增强孩子的安全感、自尊心和自信心，帮助孩子形成积极向上的心态。通过日常的陪伴、关心和互动，父母可以了解孩子的需求和感受，为他们提供情感支持和安慰。同时，这种亲密关系可以帮助父母更好地理解孩子的个性、兴趣和能力，从而制定出更为合适的教养策略。

（二）鼓励孩子探索与发现

父母应鼓励孩子主动探索和发现，激发他们的学习兴趣。通过提供多元化的学习资源和机会，如阅读、参观、实践等，帮助孩子开阔视野，培养其综合素质。同时，父母也要注意培养孩子的学习习惯和方法，提高他们的学习效率。另外，父母也要加强自身规范，树立积极向上的形象，努力成为孩子的良好榜样，通过自身的言行影响孩子，引导孩子正确看待社会现象和价值观，帮助他们树立正确的世界观和人生观。父母应在生活中潜移默化地引导孩子以恰当的方式处理人际关系，增强他们的社交能力，加强其同理心和合作精神。父母应培养孩子的独立性，逐步放手，让他们学会自己独立完成某项任务、解决问题、承担责任。这可以帮助孩子培养自信心和自我管理能力，提高孩子的独立生活能力。父母还应鼓励孩子积极参加学校竞赛或游泳、骑车、登山、交友等集体活动，给予孩子充分的决策权，满足孩子发展的需要，培养目标感，加强孩子与社会之间的联系，增强其社会适应。

（三）关注孩子心理健康

青少年的心理健康是其积极成长的重要方面。父母应关注孩子的情绪变化和心理需求，提供情感支持和心理辅导。与孩子建立良好的沟通渠道，与孩子保持亲密的对话，积极倾听他们的心声，理解他们的感受和需求。此外，父母还应时刻注意观察孩子的情绪变化,留意孩子的情绪波动、焦虑、抑郁等情况,帮助他们调节情绪、克服困难。如果发现孩子持续处于负性情绪中,或者情绪变化过于剧烈,父母应及时与孩子沟通,给予关心和支持,必要时寻求专业心理咨询。同时,父母也要注意自身的心理健康,避免将生活中的负性情绪传递给孩子,努力营造一个和谐、温暖、支持的家庭环境,让孩子在温馨的家庭环境中成长。

(四) 适度管教,做民主型父母

管教是促进青少年积极成长的重要手段之一。父母应适度管教孩子,既不过度溺爱也不过度严苛。在家庭中建立明确的规矩和奖惩制度,引导孩子树立正确的行为规范和价值观。同时,父母也要尊重孩子的个性和权利,避免过度干涉和压制,给予孩子足够的自主权和自由度,培养孩子的自我管理和独立思考能力。

学前儿童家庭教育的众多理论研究与实践案例表明,民主型的教养模式是一种最完美、最有效的家庭教养模式,为了提高科学育儿的质量,父母要增强民主意识,平等地对待孩子,修正完善自己的教养方式。[1] 首先,父母要尊重孩子的人格,承认孩子的独立地位,接纳孩子的个性特点。其次,父母要强化孩子的自尊心。孩子最初的受人尊重的感觉是从父母那里得到的,父母对孩子的尊重可使他们形成自尊心。最后,父母要指导孩子的活动,多从正面感化孩子,少从反面影响孩子。

(五) 持续关注与陪伴

青少年的成长是一个长期的过程,需要父母的持续关注与陪伴。父母应定期与孩子交流,了解他们的生活和学习情况,提供必要的支持和帮助。同时,父母也要关注孩子的成长需求和变化,适时调整教育方式和方法,以适应孩子的不断发展和变化。

在青少年的成长过程中,父母扮演着至关重要的角色。建立理想的亲子关系、鼓励其探索关注心理健康、适度管教以及持续关注与陪伴等教养方式有益于青少年实现积极成长与发展,成长为一个健康、自信、有责任感的人。

---

[1] 李生兰. 学前儿童家庭教育 [M]. 上海:华东师范大学出版社,2000:28.

第九章

青少年积极成长的学校与社会对策

社会、人与其心理行为之间交互关联。青少年个体的成长，离不开家庭、学校以及社会。家庭、学校及社会为个体发展提供资源的同时，也不可避免会给个体成长带来一些伤害。然而，在生活逆境中，青少年并非一个被动、机械、毫无生机的个体，而是能够发现和发掘自身优势与潜能，勇于自我疗愈与自我提升，敢于面对与承担生活责任，从而实现积极成长的个体。

积极发展不仅是青少年自身的责任，也是学校和社会的责任。在第七章和第八章中，我们明确了处境不利青少年要实现积极发展，不仅需要青少年个体自身习得积极归因、情绪调节、自悯的应对方式，并采取积极行为，还需要家庭给予更为匹配的教育方式，父母实现教养行为的转变。作为个体成长另一个重要的微系统，学校也需要给青少年提供更有针对性的心理健康教育。与此同时，政府及各级社区可以建立和进一步健全全范围覆盖的促进青少年积极成长的服务体系，以促进青少年积极成长与发展。

本章的第一节，主要介绍如何更深入开展学校心理健康教育以促进青少年学生的积极发展，如开展青少年挫折教育、提供针对性的专业心理辅导等；第二节主要介绍如何更全面健全全社会范围的积极青少年成长服务体系，包括政府的规划部署、媒体的心理助力、基层社区的求真落实等。

第一节 深入开展学校心理健康教育

学校心理健康教育是中小学校素质教育的重要内容之一。学校心理健康教育的初级目标是预防学生在日常学习和生活中出现心理困惑，并引导和帮助学生积极应对；中级目标是优化学生心理素质，促进学生全面发展；终极目标是发掘学生的心理潜能，使其成为独立、有创造性、智力充分发展和品德高尚的人。① 20 世纪 80 年代以来，我国大中小学校心理健康教育开始得到各方关注，经过几十年的实践与探索，各级各类学校的心理健康教育工作获得了长足的发展。当前，学校心理健康教育已经发展了多种多样的形式和载体，包括心理健康教育课程、个体和团体心理辅导、心理健康教育主题活动等。这些心理健康教育的载体覆盖面广、受众多样、效果显著、形式丰富多彩，受到广大青少年的热烈欢迎，成为心理健康教育的重要组成部分，并在促进青少年积极成长过程中发挥着不可替代的作用。

一、青少年挫折教育

意志教育目标是当前学校心理健康教育的内容目标之一，其目的在于帮助青少年提高承受挫折的能力。② 青少年挫折教育的核心在于培养青少年儿童面对困难和逆境时内心的乐观情绪和坚毅品质，引导他们直面挫折，重新出发。③ 通过挫折教育，可以帮助青少年正确认识挫折，并且帮助他们克服不利处境中的困难，这对于培养和发展健康的心理素质具有重要的现实意义。

（一）挫折与挫折教育的含义

挫折感是既属于社会学范畴，又属于心理学范畴的一个概念，是一种内隐的社会体验和心理体验。在大多数心理学书籍中，挫折被描述为人们在采取各种行动以实现自身所追逐的目标时遭遇的各种阻碍或不利处境。在日常生活中，挫折感是一种无法避免的情感体验，它常常会导致个体无法按照预期的目标实施措施、采取行动。挫折经历是人生中不可或缺的一部分，通过体验失败才能更好调整自我的目标、行为和动机；也只有通过体验失败，才能真正融入社会，并取得接下来的成功。人生的挫折或失利具有两面性，其积极面可能使人们在克服逆境的过程中从消极情绪的量变转向积极行动的质变，其消极面可能让人积累负性情绪，然后怀疑自己，甚至永远无法康复。①不管是儿童、青少年，还是青年，面对挫折最关键的是其应对的态度和方式。树立青少年正确的失败观，培养其抵抗失败的能力，是教育发展的重中之重。挫折教育是针对失败容忍能力差、心理素质差的青少年的高质量赋能教育。

---

① 郑希付，罗品超. 学校心理健康教育 [M]. 北京：中国人民大学出版社，2022：13.
② 郑希付，罗品超. 学校心理健康教育 [M]. 北京：中国人民大学出版社，2022：15.
③ 孙胜蓝. 我国青少年挫折教育工作探索 [J]. 文教资料，2018（19）：177-178.

在此过程中，教育者有计划地开展一系列教育活动，帮助和引导受教育者面对成长过程中的失败，认真分析失败的原因，使受教育者将原来消极、压抑的心理状态转变为乐观、积极的一面，并为接下来的挑战和任务做更充分的准备。

（二）挫折教育的实施原则

在开展青少年挫折教育的过程中，需要遵循一些基本原则。不仅要遵循育人的基本要求，如以人为本、因材施教、循序渐进等，还要考虑青少年身心发展的基本规律和基本特点，尊重其主体性和自主性，并根据其挫折经历的具体情况因材施教、有的放矢。此外，还需要考虑教育的整合性，不仅要发挥青少年自身的积极潜能，还要发挥同伴的积极力量，并调动家庭和学校的积极支持，以达到合力、有效开展挫折教育的效果。

1. 主体性与引导性相结合的原则

现代教育认为，在教育与学习之间的矛盾中，学生的学习是最重要的因素之一。主体性原则是指在对青少年进行挫折教育时，要注意激发青少年的积极性，尊重青少年的主体性，并根据青少年的积极性、主动性的特点，调动其自我训练承受失败的能力。[①] 青少年的心理素质和意志品质得以发展，主要是在主客互动的过程中，其心理结构趋于健全、成熟和均衡。因此，对青少年开展卓有成效的挫折教育，最基本的原则就是看到青少年的主体性——他们是自己的主人，也是自己生活的主体。在挫折教育中，不管是家长还是教师，抑或社会，均要以学生为主体进行引导教育。学校情境下传统青少年挫折教育中，在"学生的学"与"教师的教"这一对矛盾中，师生之间就存在着"主导"和"次要"的冲突。教师和学生究竟谁是"主导"，谁是"次要"，这两者之间有着密切的联系，但也有着明显的差异，并且可以在特定的情况下发生变化。然而，新时代的挫折教育，教育者和被教育者之间的关系并不是矛盾或者对立的，应该是"引导"和"主体"的关系，而非"主导"和"次要"的关系。总之，开展挫折教育，不仅要发挥青少年的主体作用，改变传统教育中的命令式、说教式的方法，尊重其认知、情感和行为等各方面的发展特点和规律，采用探究式、发现式、体验式的方式循循善诱；教育者们还要充分发挥自身的引导作用，在思想上给予启发，在目标上予以指引，在策略上促进优化，在结果上促进反思。

---

① 朱文玉. 新时期高中生挫折教育研究[D]. 武汉：华中师范大学，2017.

2. 广泛性与重点性相结合的原则

挫折教育的对象应该是全体成员。青少年挫折教育的总原则在于，其重点应该是面向全体青少年，对所有在校青少年进行专门的、系统的、全面的挫折教育，提高他们的素质。青少年的心理健康水平、品德修养以及抗逆能力都是非常重要的。因此，在教育过程中，我们必须遵循面向全体、重点关注的原则，以便更好地帮助青少年克服困难，同时也要根据每个孩子的不同情况，采取不同的方法，以便更好地满足他们的需求。针对学生的不同年龄段，应当结合其心理发展状况，精准地设计出有效的挫折教育课程，包括但不限于课程的目标、内容、方法以及形式。比如，不同年龄的青少年，心理特点、对待挫折的反应都不一样，挫折教育要针对其特点和具体问题开展。另外，要考虑到同班不同学生之间的个体差异，特别是针对特殊青少年群体，在遇到挫折时，提供更有针对性的心理疏导。[①] 对于不同的心理和行为问题，需要采取差异化教育方式，以提高学生的抗挫折能力和素质。这需要将广泛性和重点性有机结合起来，并进行具体分析，正视个体差异。只有这样，才能真正实现差异化教育，从而帮助学生更好地应对挑战，提升他们的心理素质。通过引导和帮助，每个青少年出现的问题可以得到最有效的解决，挫折教育的针对性和实效性才能有较大的提高。

3. 灌输性与渗透性相结合的原则

在青少年挫折教育中，教师要通过知识讲授让学生掌握有关挫折防御机制、挫折心理特点、挫折应对技巧等方面的知识，同时要求学生在学习过程中能够体验和运用相关的技巧和方法，而不是仅仅停留在知识的传授上。如借助屈原因放逐写出《离骚》、司马迁遭受酷刑编写《史记》、苏轼屡次被贬却佳句频出等历史人物的挫折经历，教授有关挫折的知识策略，让学生更好地理解并应对挑战，从而培养出乐观、勇敢的心态，以便在日常生活中克服困境，取得成功。"渗透原则"涉及如何将教育内容融入课堂，以帮助学生更好地理解和接受挫折。作为心理健康教师、班主任和思想政治教育工作者，则需要不断努力，在课堂上融入挫折的概念，并通过创造有利的外部环境来促进课堂知识的内化，从而更好地发挥课堂的作用。通过加强班级氛围、改善宿舍条件和推进校园文化建设，营造一个充满努力、友爱互助的氛围，将挫折教育融入班级管理和发展之中。例如，在学校的宣传栏上展示优秀的榜

---

① 朱文玉. 新时期高中生挫折教育研究 [D]. 武汉：华中师范大学，2017.

样，普及心理健康的知识，不管是关于挫折知识的传播，还是在挫折实践活动中，坚持将灌输性和渗透性相结合，以便更好地传授有关挫折教育的知识，并将其融入实践活动中，以提高青少年的抗挫折能力。[①] 将挫折教育的内容融入活动的各个环节，可以更好地帮助他们实现自我价值，提升自身的素质，从而达到教育目标。

（三）如何开展青少年挫折教育

1. 强化学校教育，充分发挥领导、主渠道的作用

挫折事件给青少年带来的影响并非即刻发生，而是在个体心理承受能力之外才能体现出来。因此，抓住挫折事件发生的时间，抓住这一契机，对青少年进行挫折教育，将挫折教育列入学校学年或学期教学计划，对其未来的发展有着重大的意义。

营造校园文化氛围。学校应注重构建和谐、多元的校园文化，特别是校园心理健康文化，不断进行校园文化活动形式的创新。每年定期举办"心理健康日""心理健康周"和"心理健康月"活动，落实"挫折教育"宣传活动的长效化；采取各种形式加强师生之间的沟通与交流，使青少年在温暖和谐、积极的校园环境中接受挫折教育。在校内建立心理咨询与辅导机构，利用课余时间面向学生定期开放，对学生开展心理健康教育。班主任要加强班级建设，积极创造尊重、理解、信赖的班级心理氛围，努力创造一个团结互助、和谐进步的班集体。同时，要充分发挥榜样的作用，用学校里和学生身边的事例来激励全体学生奋发向上、积极进取。

构建课程体系，在课堂教学中引入挫折教育。首先，要充分发挥课堂教学主渠道作用，将挫折教育纳入学校心理健康教育的课程体系中，并对其进行专业化、系统化的设置，确保教学时间与必要的活动场地。通过开设各种形式和内容丰富的挫折教育课程，让学生们对挫折教育有一个系统的认识，形成对挫折的理性认知，认识到挫折的主要来源和意义，学习如何调整自己的情绪，有效应对挫折。其次，将学科教学与挫折教育相结合，挖掘学科课程的挫折教育资源，加强各个学科教学中挫折教育的有效渗透。针对挫折教育的内容与要求，将挫折教育内容适当地渗透到某些学科之中，让学生在潜移默化中增强其抗挫力。如在理科、工科方向的教学中，要让学生在遇到困

---

① 朱文玉. 新时期高中生挫折教育研究 [D]. 武汉：华中师范大学，2017.

难的时候，自己去思考、去解决，从而培养他们的进取心和克服困难的勇气；在人文学科的教学中，通过讲述古今中外仁人志士在逆境中拼搏奋斗的故事，培养他们坚韧不拔的精神和直面挫折的意志。同时，要把挫折教育融入德育、体育、劳动和安全教育中。最后，通过多种形式开展挫折教育，加深感性体验。组织开展挫折教育体验实践，通过主题班会课、文体活动、少（团）队活动、家务劳动竞赛、军训等挫折情境，让学生在活动中锻炼自己的意志，增强战胜挫折的能力。通过实践活动，如社会实践、志愿服务、研学旅行等，培养学生的人际交往能力和团队合作能力，引导他们在学习与生活中勇于面对种种挑战，培养他们健全的个性和良好的心理素质。

建立有效的疏导机制。首先，要做好整体规划，构建长效机制。将挫折教育纳入学校教育课程体系，明确教师职责，建立行之有效的管理体系。其次，要建立学生心理健康预警机制，并制定针对性的干预措施。在"预防为主"的原则下，建立青少年心理健康干预网络，对青少年的心理健康状况进行动态监测，防止学生在受挫后产生不良情绪和心理问题。最后，构建学生心理健康状况反馈机制。建立班内心理信息反馈系统，每个班设置一名心理信息员，对学生的心理状态进行实时掌握。建立特困生排查与辅导系统。每个学年开始，在尊重学生隐私的前提下，对所有学生进行全面排查。在开学后，对学生进行心理测评，了解其压力源及情感问题，并建立电子档案，对学生进行一对一辅导。

强化教师队伍建设，促进挫折教育水平的提高。首先，要加强师资队伍的建设。配备专职心理健康教育师资队伍、专家队伍，逐步扩大专职心理健康教育师资队伍。将心理健康教育师资培养计划列入教师培训计划，对学生心理健康教育师资的教育观念、知识结构进行更新、优化，提高其教学能力与教育质量。其次，要把学生的心理健康教育和全员的育德教育相结合；在校本培训的基础上，经常性地开展辅导员、班主任及各科教师的心理健康教育培训，以提高辅导员、班主任、各科教师的教学水平。最后，教师要在培训和自学的过程中，尽最大可能掌握挫折教育方面的专业知识，以及如何对学生进行有效的教育和引导，用自己的实际行动扮演好引导者的角色。

认识和实践相结合，进行有效的抗挫折教育。挫折教育要从青少年的身心发展规律和实际情况出发，针对学生的成长阶段特征、现实需求和个体差异因材施教，突出针对性和实用性，满足学生在安全、归属感、被尊重、爱与被爱以及自我实现等方面的需要。学校应制定科学、规范、有梯度、有层次的教学目标和内容，逐步培养学生在不同年龄段的心理素质，提高他们的抗挫力。青少年挫折教育要以实际生活与实践经验为基础，改变过去简单的理论讲解方式，运用正面引导、设置障碍、情景体验、磨难训练、活动竞技、模拟探究等多种方法，充分发挥学生的主观能动性，使他们在实践中发现解决问题的有效途径，教他们如何克服挫折，让他们学会换位思考，用积极的态度看待问题，加强归因训练。通过定期组织挫折教育主题班会（队）会、心理健康教育讲坛、辩论赛等活动，让学生有计划地面对挫折，并使他们有心理准备。

2. 引导家庭开展挫折教育，真正起到基础与枢纽的作用

加强家庭与学校之间的深度合作，健全服务机制。通过家长委员会、家长学校，开展青少年心理知识普及、个性化家庭教育咨询与辅导，通过各种平台将家庭心理健康教育的知识传送给父母，方便快捷地进行辅导；利用家长学校等阵地，组织心理学专家、医生等志愿者，开展心理健康知识讲座；利用专业资源，开发线上家教指导课程，让父母们意识到挫折教育的重要意义，掌握必要的心理健康知识，掌握对青少年不良情绪进行疏导的方法，及时发现并干预青少年的心理问题。

引导家长营造和谐的家庭氛围，促进亲子关系和谐发展。家庭是孩子的避风港和加油站，父母应该把重点放在创造温暖、融洽的家庭氛围上，给孩子充分的尊重和感情上的陪伴，重视孩子的感情需要，给孩子创造积极、充满爱心的学习氛围，让孩子在面对挫折和处境不利时，能在感情上得到鼓励和支持。

引导家长把握教育机会，把挫折教育融入生活。挫折教育应该以生活为基础，在生活中潜移默化地培养青少年的抗挫折能力，使其能够更好地承受外部压力，适应社会生活。生活就是教育，父母要从身边的小事情做起，引导孩子在学习、生活、人际关系等方面合理地处理好自己的难题。在孩子遇到挫折的时候，父母要积极鼓励和引导，同时要敢于放手，适时地监督和指导，让孩子在实践中克服懦弱，磨炼自己的意志，培养自己的自强精神。

引导家长改变教育方法，培养学生良好的心理素质，提高学生的综合素质。父母要以身作则，规范自己的言行举止，以积极乐观的态度面对挫折，沉着冷静地面对挫折。父母应该重新思考自己的家庭教育方式，将放任型、

专制型教育模式转变为民主型教育模式，持续提高共情能力，更多地关注孩子的行为与情绪反应，少做"包办"。当孩子遇到挫折时，要在情绪、认知、思维方式等多个方面给予孩子全方位的帮助，用同情心来认同孩子的感受，让孩子对负性情绪有正面的反应，让孩子对挫折和失败有正确的认识，学会控制自己的情绪，勇敢地面对问题。

3. 充分发挥青少年主体作用，提升青少年的自我教育能力

启发青少年形成对挫折的正确理解。首先，教育工作者要帮助青少年学生建立正确的挫折观，让其明确认识到挫折是一种客观而普遍的存在，任何人在不同程度上都会遇到挫折。因此，在遇到挫折的时候，最重要的是积极地调整自己的心态，寻找有效的方法来应对挫折。其次，促进青少年学生认识并了解挫折的两面性。挫折是人生道路上的"绊脚石"，它能带给人们痛苦的体验与挫折感；同时也是一种"助推器"，可以丰富情绪体验，开阔自身视野，锻炼意志。所以，青少年要用辩证的思维来看待挫折，发掘挫折的积极意义，主动向挫折发起挑战，将每次挫折都作为增强自身抗挫折能力和心理免疫力的契机，以一种乐观、积极、健康的态度面对生活中的挫折。

引导青少年接纳自我，建立健全的自我认知。家庭与学校要引导青少年进行客观全面的认识，悦纳自我，树立正确的自我意识，善于发现自己的长处，勇敢地接受自己的平凡与不完美，经常反省自己的行为，扬长避短，在挫折面前保持应有的冷静和理智。同时，学校还可以通过家庭教育教会家长如何帮助青少年形成积极的自我观。

指导青少年制定合理的目标，强化自律。学校应带领并协同家庭指导青少年按照自己的实际情况，制定合适的目标，树立崇高的理想和人生规划，让其对自己有全面、客观的认识，在反思的过程中做出合理的自我评价。同时，还可以引导青少年利用元认知策略，对自己的心理品质进行自我监控，增强自我激励和自我调控能力；学会有效地调节自己的情绪，对自己的情绪进行合理的宣泄和管理，及时给予自己肯定和鼓励，给予自己积极的心理暗示，增强自己面对挫折的能力。

引导青少年养成与人为善的人际处事习惯。和谐的人际关系能促进青少年的心理健康成长，增强他们的抗挫折能力。良好的人际关系既是青少年在遭遇不利处境时情绪宣泄的港口，也是社会支持的力量来源，同时，青少年还可以在人际交往中习得同伴应对挫折的经验。学校可以通过心理健康教育

课程及团体心理辅导、心理主题班会等其他心理健康教育活动加强青少年的人际交往技能训练，注重培养青少年的友善素质，创造和谐的群体气氛，使青少年能够顺利融入集体，建立健康的友情关系。对于人际交往困难的学生，教师可对其进行针对性的辅导，并鼓励其积极参与社会实践，合理运用网络新媒体，增强人际交往能力。

4. 拓宽社会教育视野，有效发挥协同促进效应

加强素质教育，提高挫折教育整体效果。学校应当积极响应党的号召，深入开展挫折教育，以此来提升青少年的综合素质，促进他们的全面发展。在此过程中，各教育部门应不断提高教育理论水平，积极探索更多的教育模式，以更好地满足社会发展的需求，并且努力让"核心素养"的教育理念得到更好的落实。学校教育是基础教育，关系到数千万学生的切身利益，素质教育应寓教于育人之中。"教育应把人作为社会主体来培养，而不是把人作为社会的被动客体来塑造。"[①] 教育就是通过培养学生的主体性以促进学生全面发展，其中培养青少年的"核心素养"是促进学生全面发展的重要内核。核心素养包括人文底蕴、科学精神、学会学习、健康生活、责任担当、实践创新等六大内容，其中健康生活包括健全人格的内容，健全的人格要求学生具备良好的抗挫折能力，因此，"核心素养"的培养与青少年开展挫折教育的宗旨不谋而合。在素质教育的进程中，"核心素养"的培养和发展应将抗挫折能力作为一项重要的基础，以满足青少年终身发展的需求。学校应将挫折教育作为"核心素养"的重要组成部分，以培养学生的核心素养，为他们的未来发展打下坚实的基础。

建立多层次合作、多部门参与的协作机制。提高全社会对青少年精神卫生的重视程度，建立青少年心理健康信息资源共享的联防联控机制，试点建立"监测发现—风险评估—危机干预—康复结案"的干预模式，促进青少年挫折教育的科学化和规范化发展。加强社会教育力量，加强青少年挫折教育。例如，在"全国中小学生安全教育日""全国中学生心理健康日""世界精神卫生日"等节日，开展一系列挫折教育主题活动，开展对青少年身心健康有益的文体艺术和心理素质拓展活动，提高青少年对挫折教育的参与度和实效性；开展医疗卫生机构进校园，开展心理健康筛查、心理测评干预等活动，

---

① 梅萍. 论道德教育的主体性与人的全面发展[J]. 武汉大学学报（社会科学版），2003, 56 (4)：510-515.

逐步形成多层次联动的精神卫生服务模式。通过对青少年进行心理健康科普宣传，提高他们的心理调节能力，培养他们在挫折面前自立自强的品格。

青少年挫折教育是一个长期的、艰巨的、系统性的教育工程，它需要面向全体青少年，与多方进行合作，形成合力，充分发挥学校的主导和主渠道作用、家庭的基础枢纽作用、全社会及各部门的协同作用、青少年的主体作用，努力建立起学校、家庭、社会"三位一体"的挫折教育体系，使青少年能够正确认识挫折，积极应对挫折，提高自我认识，增强自我调节能力，持续增强社会适应能力和抗挫力。

二、对有处境不利青少年进行专业帮助

除面对全体广泛开展挫折教育以促进处境不利青少年积极成长外，学校还可以通过其他多种类型的专业心理健康教育方式以促进青少年积极成长，这包括团体辅导、个别辅导、专题讲座、心理情景剧等。

（一）团体辅导

团体辅导是在团体领导者带领下，团体成员围绕一个或几个共同关心的主题，通过练习、分享、讨论、反馈等人际互动，使团体成员获得新的知识，认识自我、接纳自我、了解他人，改善与他人的关系，形成新的态度和行为方式，增进心理健康及提升生活适应能力的过程。[1]

团体辅导旨在通过建立良好的沟通渠道，提供有效的心理支持，以及有效的教育方法，来帮助青少年充分发挥出自身的潜能，更好应对当前情境与问题。团体辅导有益于青少年积极成长的作用机制在于：青少年在团体辅导过程中可以获得情感的支持，获得尝试互动和行动的积极体验，并拥有在团体中发展适应性行为、重建理性认知的机会。团体辅导具有许多优势，首先，它是一种多方面的交流方式，学生们可以通过观察他人与自身相似的经历来提升自我意识，并且能够彼此影响。其次，团体辅导的效率很高，可以帮助学生们集中精力解决一些共同的问题。最后，团体辅导还能为那些害羞、孤僻的学生提供一个良好的环境，从而起到特殊的帮助作用。在一个充满爱、宽容、尊重、信任的环境里，团体辅导可以让每个人都能够以真实、开放、包容的态度来沟通，分享他们对某些事物的看法，并且相互学习，以增强团

---

[1] 樊富珉，何瑾. 团体心理辅导［M］. 上海：华东师范大学出版社，2022：4.

队凝聚力,实现自我提升、相互支持、共同进步的目标。参加团体辅导,可以促使那些处境不利青少年更加了解自己的优势和潜能,并提升应对逆境的自信心。

(二)个别辅导

个别辅导又称"一对一"辅导,适于对被辅助者的个性化心理问题进行更深入的探讨,从而提供有针对性的心理支持和帮助。个别辅导常用的方式是个别谈话、电话咨询、信件咨询、在线咨询等。个别辅导在学生心理健康教育中具有十分重要的地位,是学校进行心理辅导和心理教育不可替代的辅导途径之一。个别辅导过程中,辅导教师可以根据学生的实际情况,采取匹配的辅导方法,如认知行为的方法、以人为中心的方法、焦点解决的方法等。其中叙事疗法对于修复负性经历带给青少年的伤害有着不错的效果。

叙事疗法是指心理辅导教师通过倾听来访青少年的故事,以叙事的方式协助青少年定义他们的问题,并在这个过程中寻找到青少年的"闪光事件",帮助其找到自己的内在动力,让其看到改变的可能性,从而重新构建自己的人生故事,促进青少年改变认知。[①] 换而言之,叙事疗法是通过改变青少年对负性情境及负性经历的消极认知,并改变在事件当中的自我负面认知,以帮助青少年获得更多面对未来不利处境的积极力量和应对方式。叙事疗法是广泛应用于家庭和校园的心理治疗方法,在20世纪90年代,叙事疗法逐渐被我国教育学家和心理作者运用。叙事治疗强调故事、次序、身份和质疑的影响力,并发展出建构对话、外化对话、回响对话等具有第三人称效应的对话策略。[②] 许多临床实务领域的应用证明,叙事疗法对个体的心理困扰、精神疾病、身体疾病等有一定的疗效。叙事疗法可以作为一种探究和干预手段,影响处境不利青少年的自信程度,从而影响其在逆境中的积极成长。

(三)专题讲座

专题讲座是指对心理健康教育某一领域的知识和技能进行专题讲授和研讨。当课时数量不足,无法保证心理健康教育开课实施时,通过专题讲座的方式,从学生的心理素质角度,对心理健康防护领域的知识进行讲解,对学

---

① 高丽,陈青萍,李珊.心理创伤者的叙事疗法治疗个案报告[J].中国心理卫生杂志,2011,25(12):930-932.
② 罗匡,张珊明,祝海波.叙事疗法在提升曾留守大学生自信中的应用[J].青少年研究与实践,2021,36(3):23-29.

生进行心理品质的培养,最终实现学生心理健康水平的全面提升。设计讲座时,应以学生的发展为基本出发点,在研究本校学生心理需求的基础上,设计符合本校学生特点的讲座,选择主要内容。专题讲座既可以直接围绕"如何战胜逆境或挫折"展开,也可以就当时所发生的、在青少年群体中具有影响力的事件展开。演讲者和演讲内容应最大限度地发挥学生的主动性和创造性。①

(四)心理情景剧

心理情景剧来源于心理剧,是一种将心理健康教育方法与音乐、舞蹈并列的表现形式。心理情景剧是团体成员在日常生活情境中扮演角色,通过表演释放平时压抑的情绪,同时学习人际交往的技巧和获得解决问题的能力。作为团体处理心理问题的一种形式,在心理情景剧中,可以是团体中某一学生个体特有的问题情境,其他人可以协助其表演,而心理健康教育老师则在一旁进行点评,并借此引导学生进行心理问题求助。通过心理情景剧的呈现,我们可以深入探究青少年学生日常生活中的压力、挫折、恐惧、自尊和焦虑等问题。由于心理情景剧极具有艺术性、感染力,是青少年学生最喜爱的心理活动之一。很多大学和中学将心理情景剧大赛作为心理健康教育的常态化活动进行展开,其主题涉及情绪、挫折、人际、学习等多个方面的困惑。在每年的"5·25"心理健康日和"10·10"精神卫生日,很多中学和大学均会通过层层选拔,向广大青少年呈现最有影响力和教育意义的主题剧目。

(五)心理训练

心理训练也是心理干预的方法之一。心理训练是运用一定的方法、手段、仪器等,改变青少年某种心理状态,并帮助青少年达到良好的心理状态和形成良好素质的过程。心理训练是随着现代运动的发展而发展起来的,并非通过语言的形式(讲道理)来教导青少年怎样改变自己,主要是通过实际的操作或经验、行为帮助青少年去改变自己。心理训练的内容包括自知力、意志力、情感能力、沟通能力、认知能力、解决能力、人格整合能力和良好的生活方式等。心理训练的方法有感知觉训练、意志训练、念动训练、生物反馈训练、自我暗示、放松训练、模拟训练等。心理训练既可以采取分班组织的形式,也可以采取分组、分个人的形式;既可以采取行为训练形式,又可以采取认知训练形式。心理训练不仅可以提升青少年在逆境中的自我控制和调节

---

① 姚本先,何元庆.论学校心理健康教育的途径:《中小学心理健康教育指导纲要》实施途径解读[J].基础教育参考,2013(5):19-22.

能力，还可以提升其对陌生环境的适应能力和对不利处境的心理承受能力等。

（六）角色扮演

角色扮演既是心理情景剧的基本呈现形式，也是心理辅导过程中常用的方法。角色扮演是指通过扮演不同的角色和体验不同的场景，促使青少年在心理辅导过程中更好地表达自己的性格、情感、人际关系和内心冲突，从而提高自我认知。这是一种有效的方法，可以帮助青少年减轻或消除心理问题，并促进心理素质的发展。通过角色扮演，青少年可以更好地理解问题、放松情绪、改变行为，并且拓展思维。这个过程包括准备、实施和结束三个阶段。扮演一个现在、过去或将来发生的角色，这个角色可以单独扮演，也可以和其他人一起扮演。经过系统的训练、精确的描绘、深入的思考以及丰富的想象，演员们可以更好地体会角色的情绪，更加深刻地理解自身的不利处境，并且可以有效地减轻或消除内心的矛盾与痛楚。较常用于心理健康教育的角色扮演方法有独白法、角色互换法、镜像法、空椅子法等。

第二节 建立全范围覆盖的青少年积极成长服务体系

青少年积极发展的各个维度之间是显著相关的，不仅如此，青少年积极发展的各个维度与其学校适应、社会适应等都有显著的相关关系。这均说明了青少年积极发展是青少年各方面正面发展的整合效应结果。目前，我国现行的教育体系更多地强调能力的培养，其培养对象以技术人才、知识人才为主。虽然能力的发展是积极青少年发展的一个重要方面，但是对青少年的全面发展来说，仅仅注重能力的培养是远远不够的，教育的目标更多的是为了提高学生的道德水平，培养他们的人格，从而促进他们的全面发展。[①] 因此，在课堂教学与生活实践中，应加强对青少年友爱、勤奋、诚实、坚忍等优秀品质的培养，促进其全面、健康发展。

青少年的自信水平、社会关系或社会联结在其健康成长及积极发展中具有重要意义。自我价值感与社会支持系统是影响个体认知、情感和行为的重要因素。对青少年来说，建立良好的自我价值感和良好的人际关系，可以帮

---

① 谢维和. 谈核心素养的"资格"[J]. 中国教育学刊，2016（5）：3.

助他们在成长过程中抵御危险和威胁,并在危急时刻得到他人的支持。所以,在教育过程中,应该更多地强调自我价值感和联结感的培养,通过培养自信心、提高交流互动能力来保护青少年积极成长。

为培养青少年积极发展的品质,促进其全面、可持续性积极成长,不仅需要充分发挥青少年自我教育的力量,调动学校教育的引领作用以及家庭教育的基础作用,还需要在全社会范围内营造积极健康氛围,整合多种有利资源,为全面推进青少年积极成长提供协同育人的环境和背景。

一、建立健全社会关爱组织,营造宽松的社会环境

青少年的心理健康与积极成长是一个社会问题,理应引起全社会的重视。对广大青少年进行心理健康教育并给予关心和爱护,是全社会共同面对的课题。一方面,社会应该更加关注那些处于艰苦境地的青少年儿童,如那些残疾的孩子、留守的孩子,当面临重大的挑战时,他们很可能无法自行解决与应对,而外部的支持和帮助可以让他们从黑夜里走出,获得希望和温暖。所以保障青少年儿童的心理健康,建立完善的社会关怀机制是非常必要的。例如,"青少年助困组织""青少年助学圆梦机构""青少年阳光心理机构",都是常见的助力青少年积极成长的社会机构或组织。机构的工作目标和任务可以根据实际情况制定,旨在针对那些遭受负性事件及不利处境的青少年群体,为他们提供家庭支持,帮助他们克服困难,重拾信心与希望。

另一方面,加大正面宣传力度,营造积极健康的社会环境对青少年积极发展有着重要的协同作用。可以通过各种传播途径,在全社会范围倡导积极、乐观、健康的生活方式和自我成长方式。在这个过程中,可以以社区教育为主要阵地,充分发挥大中小学之外的实践基地功能。博物馆、少年宫等场所向青少年免费开放,与社区共同建设青少年主题教育场所。邀请本地劳模和企业家举办讲座,把其人生经验和奋斗经历传授给年轻人,为青少年提供积极进取、勇于创新的奋斗精神典范。教育部门同新闻出版、网信办、公安、市场监管等多个部门共同开展对未成年人网课平台及网络环境的治理工作,为未成年人创造一个良好、健康、安全、向上的网络环境。运用"互联网+教育"资源,加强心理健康教育的网络资源建设,搭建心理健康教育平台,开设"青少年心理健康教育"专栏,运用"网络直播平台",精选视频资源,从情绪调节、人际关系、生涯规划等方面为青少年提供线上辅导,推动青少

年积极健康成长，持续提高其社会适应性。

二、政府参与青少年积极成长服务体系的建设

青少年积极成长服务是社会心理服务的分支体系，社会心理服务可以通过青少年积极成长服务来推动和落实青少年心理服务工作。不过，青少年积极成长服务体系建设与整体的社会心理服务体系建设有着不一样的地方，其在理论基础、工作团体、工作项目等方面都有着自身的特点。

（一）建立青少年积极成长服务体系的理论基础

建立青少年积极成长服务体系首先要回归到理论基础中，不仅要了解青少年积极成长观的起源及其积极心理学的基础理论背景，还需要明晰青少年积极成长的因素，如心理弹性、意向性自我调节及积极的认知调节策略、社会支持等。在此基础上，可以确定青少年积极成长服务体系的建设应该以积极心理学为指导，通过提升其心理弹性水平、增强其积极认知调节策略、发挥社会支持的资源与力量，以促进其积极成长。在具体工作时，以本地社区为依托，各类学校为平台，将该体系与"四个有"（有理论、有项目、有计划、有考核）工作结合起来。具体而言，理论指导方面，以积极心理学及青少年积极发展相关理论为指导，并以社区青少年服务需求为导向；在项目设计方面，要结合地区实际情况，设计具有针对性、实效性和可持续性的项目方案；在计划实施方面，需要将项目方案通过社区宣传、学校推广等方式落实到青少年服务中；在考核评估方面，需要对青少年积极成长服务体系的运行效果进行评估和考核。

（二）组建青少年积极成长服务工作团队

青少年积极成长服务工作的团队成员主要来自心理学、社会学、教育学等专业，他们在青少年积极成长服务体系的建设及具体工作实施中发挥着核心作用。一方面，团队成员可以通过实地调研、理论研究、项目实施等方式提高对青少年发展问题的认识，以增强他们在实践中运用积极心理学知识与方法的能力。另一方面，为提升青少年积极成长服务的工作效能，团队成员可以通过分析已有的工作成果、总结成败经验，形成一套对青少年问题有针对性、实效性和可持续性的解决方案。这些方案可以聚焦于一些与积极成长高相关的核心主题及方案，如聚焦于改善家庭关系、情绪管理、同伴人际关系、逆境应对策略、个体生涯规划等。

(三) 政府加大投入力度，提供政策保障

社会支持不仅是青少年积极成长的重要保护因素，也是青少年积极成长的促进因素。纳入社会各方支持，建立一套以政府为主导、以社会力量为支撑的青少年积极成长服务体系是较为理想的模式。政府是体系建设的主导力量，社会力量是体系建设的支撑力量。政府主要负责提供政策和经费保障，社会力量则主要发挥自身优势和作用。青少年积极成长服务体系是一个开放系统，它不仅需要政府的支持，也需要社会各界、学校和家庭的参与。

政府可以通过设立专项资金、购买服务、税收减免等方式对青少年积极成长服务体系建设进行支持。在专项资金方面，可以设立专门用于青少年积极成长服务体系建设的专项资金，如政府购买青少年积极成长服务体系的相关项目、鼓励社会力量参与青少年积极成长服务体系建设的资金支持等。在购买服务方面，政府可通过招标采购、定向委托、公开招标等方式选择专业机构或专业人士为青少年积极成长服务体系建设提供技术支持和专业指导。在税收减免方面，政府可出台税收优惠政策，对社会力量参与青少年积极成长服务体系建设提供税收优惠，例如，对符合条件的社会力量提供公益性青少年心理咨询和心理健康教育的机构给予相关税收减免政策，对从事青少年积极成长服务体系建设的企业给予一定的税收减免等。

三、发挥社会组织的作用，实施项目化运作

发挥各类社会组织的协同和助力作用，将青少年积极成长服务工作以项目的方式进行运作，青少年积极成长服务团队成员可以在最大程度上确保工作开展的实效性。

(一) 项目设计聚焦青少年的心理需要

团队成员需要深入了解社区青少年的服务需求，有针对性地设计和实施项目，开展青少年服务工作。如聚焦于改善家庭关系的家庭辅导服务——"幸福家庭计划"，旨在促进积极亲子关系、和谐夫妻关系、幸福家庭氛围的形成；聚焦于情绪管理的个体辅导服务——"情绪调节缓冲计划"，旨在帮助青少年学会调节自己的情绪，增强控制情绪的能力；聚焦于同伴人际关系的团体辅导服务——"相识你我他计划"，旨在帮助青少年获得良好的人际交往体验，提升人际交往策略和技巧；聚焦于个体生涯规划的教育规划咨询服务——"成就未来我计划"，旨在通过生涯规划小组讨论和生涯规划咨询，帮

助青少年明确自己的职业目标和发展方向。

（二）项目实施依托社区或学校展开

如前所述，青少年积极成长服务不仅需要政府的支持，也需要社会力量的参与；既需要学校提供相应的支持和帮助，也需要社区和社会组织发挥自身优势和作用。在项目实施过程中，团队成员紧密结合社区工作实际灵活开展服务工作。在项目实施以社区为依托的同时，还可以以学校为平台，充分调动学校相关的师资、场地开展工作，不仅可以提升工作的成效，还可以形成更为稳定、专业的青少年工作团队。

（三）项目评估系统、阶段进行

项目成员需要在实践中形成一套对社区青少年服务工作有针对性、实效性和可持续性的项目评估方案。项目评估内容主要包括：项目目标是否达成，活动开展情况是否符合预期，服务对象是否满意，社区青少年服务是否取得成效。此外，团队成员还需要对项目进行阶段性评估和终期评估；团队成员也通过实地调研、理论研究和项目实施等方式对项目的进展情况进行评估。

四、充分利用社会资源，开展多样化的青少年服务活动

（一）针对在校学生，开展学习辅导

为处于成长关键时期的在校青少年提供学业辅导，提高学习效率。学习是青少年学生面临的重要人生课题。在学校中遭受学业挫败在青少年群体中是普遍的现象。换言之，学业挫败是青少年在学校情境下"常伴"的逆境。青少年学生处于从被动学习向主动学习过渡的阶段，但仍需要教师的指导和帮助。因此，针对在校学生开展学习辅导是促进青少年积极成长服务项目的重要内容之一。服务的对象主要为中学生和大学生，服务内容包括课业辅导、学业规划、职业发展规划、心理辅导、学业提升等。如针对高中生，为他们提供学业辅导、生涯规划等方面的服务；针对大学生，为他们提供学业提升和职业发展方面的服务。青少年阶段是一个人形成正确价值观念的关键时期，他们对于事物的认识往往有一个由浅入深、由简单到复杂的过程。同时，青少年期又是一个充满好奇心和探索欲望的时期，具有很强的求知欲和探索欲。因此，服务内容还包括学科兴趣引导、学科学习方法指导等方面。处于成长关键时期的青少年对事物有着强烈的好奇心和探索欲望，同时又容易受到外界环境干扰。而针对处于成长关键时期的在校青少年开展学业提高服务可以

有效提升他们对于学习和探索知识的兴趣、热情与专注度。

心理辅导是对处于成长关键时期的在校青少年开展的辅导工作中最为重要的一项内容。由于处于成长关键时期的青少年在情绪、人格、思维等方面与成年人存在着很大差异，因此很难用同一标准来判断其心理状态是否正常。据此，青少年积极成长服务可以涵盖情绪疏导、人格完善等方面的内容。针对处于情绪不稳定、人格不完善等方面存在问题或问题较多的在校青少年，可以开展情绪疏导和人格完善服务，帮助他们排解不良情绪和压力；针对处于成长关键时期、认知偏差、行为偏差等方面存在问题或问题较多需要矫正与矫治服务的在校青少年，可以开展认知矫正和行为矫正服务，帮助他们纠正错误观念和行为习惯；针对家庭关系与人际关系紧张等方面存在问题或问题较多需要处理与解决的在校青少年，可以开展家庭关系和亲子关系服务，帮助他们处理与家人或同伴间人际关系问题；针对家庭教育缺失、社会支持贫乏需要支持与关爱服务的在校青少年，可以开展支持性服务。

（二）针对留守青少年，开展心理疏导

青少年群体中留守比例较高，在农村儿童中，留守儿童比例更高。留守或留守经历本身就是青少年所面对的家庭处境不利或负性成长经历。因此，针对留守儿童开展心理疏导是一项重要的服务内容。在地区服务阵地中，配备专业社会工作师，并建立了由学校教师、专业社工和志愿者组成的服务队伍。在具体的服务过程中，将通过对留守儿童进行个别咨询、小组辅导、团体辅导等形式，提供个性化服务。

例如，设立"青春之家"心理咨询室，配备专业社会工作师，并设置专门的志愿者队伍。通过面对面倾听、情感交流和观察等方法，深入了解留守儿童的问题及需求；通过个案辅导和小组活动等形式，帮助其解决学习生活中遇到的困难，建立健康心态。服务内容包括：对留守儿童进行日常生活照料、情绪疏导、心理减压、生命教育等；对家长进行亲子沟通、家庭教育指导等；对学校教师进行情感支持与辅导、心理知识普及与辅导等。

在服务过程中，社工和志愿者通过小组活动、社区活动等形式，帮助留守儿童解决学习生活中遇到的问题，建立健康心态。同时还通过小组活动等形式为留守儿童提供生命教育。

（三）针对外来务工青少年，开展就业指导

在很多城市外来务工人员中，有相当一部分是进城务工的"00后"青少年，他们在城市里工作、生活；此外，还有一部分外来务工家庭的青少年子女，他们在城市里学习、与忙碌的父母辈共同生活。由于成长环境和经历的不同，他们对社会、人生、就业等方面的认识存在很多误区和困惑，很容易受到外界不良因素的影响。因此，通过开展职业生涯规划，让这些"00后"外来务工青少年和外来务工家庭青少年子女了解到自己在就业方面存在的问题，能够科学理性地规划职业生涯。同时，通过职业培训，帮助他们树立正确的择业观，提升自我价值感。在就业过程中，及时发现他们遇到的问题和困难，给予必要的帮助和支持。同时通过举办各类就业咨询活动，提高他们在城市中寻找工作的能力，帮助他们更好地融入城市生活。

1. 职业生涯规划

针对外来务工青少年和外来务工家庭青少年子女自身特点，结合近年来的社会实践和所学知识，尝试开展"职业生涯规划"活动。活动主要可以通过"职业测评""企业参观""初步职业规划"等一系列实践体验活动，帮助外来务工青少年建立自我认识、提升就业能力、了解社会需求、增强社会责任感。活动的具体形式灵活多样，例如，可以通过社区讲座或户外咨询的方式开展"职业测评"活动，以小组工作或小组团体辅导的形式开展"初步职业规划"活动，以大型团体或小组工作的方式开展"企业参观"活动等。通过以上一系列实践体验活动，外来务工青少年逐步对自身就业现状、社会需求有了更加全面、准确的了解和认识，极大地提升了他们的就业意识和能力，为顺利实现就业提供了保障。

2. 就业培训

相关机构、组织可借助当地企业或单位资源，对有就业意愿的外来务工青少年开展职业技能培训，这是解决其就业问题的重要途径。培训内容主要有计算机技能、劳动关系协调、实用英语、家政服务等，课程由各服务阵地根据实际需求进行设置，由各服务阵地的专业教师授课，采取理论+实训的模式，让外来务工青少年群体在最短时间内掌握就业技能，顺利实现就业。

五、加强教育部门的沟通与协调，形成工作合力

如前所述，青少年积极成长服务体系建设要充分发挥教育部门的职能，加强教育部门与共青团、妇联等部门的沟通与协调。一方面，加强教育部门对青少年心理健康教育的支持。心理健康教育是青少年成长中的重要内容，而学校又是开展心理健康教育的主要场所。因此,共青团、妇联等部门要积极支持学校开展心理健康教育。另一方面,加强共青团与教育部门之间的沟通与协调。共青团是学校联系学生、家长和老师的桥梁和纽带,因此要积极配合教育部门做好学生心理健康工作,与教育部门共同形成工作合力。

为了更好地促进青少年积极成长服务体系建设,一是将青少年积极成长服务体系纳入本地区教育发展总体规划中,作为学校德育工作的重要内容之一;二是学校需要加大对学校心理健康教师的支持力度,在学校设立专门专职的心理辅导教师岗位,并大力加强学校心理健康教师师资的培训以提升其开展青少年积极发展促进工作的能力;三是建立青少年心理健康服务长效机制,制定相应政策并确保落实;四是加大对青少年心理健康、积极成长的宣传力度,使青少年从小就开始了解并接受积极心理学知识与方法。加强对青少年积极成长服务体系建设的宣传,增强广大青少年参与体系建设的意识和能力,使青少年积极成长服务体系真正成为青少年健康成长的良师益友。

六、加强宣传和引导,提高社会对青少年积极成长的认识

青少年积极成长服务体系是一个开放系统,它需要更多地宣传和引导,以提高全社会对青少年问题的认识。在团队的宣传和引导中,主要可以从以下五个方面展开。第一,将青少年积极成长服务体系纳入社区宣传中,通过社区宣传栏、楼宇电视、网络媒体等进行广泛宣传,并将该体系与青少年心理健康、心理成长相结合,进行深入的理论和实践研究。第二,将该体系与青少年思想政治教育相结合,通过学校教育、家庭教育、社会教育等多种途径,帮助青少年树立正确的价值观和积极的生活态度。第三,将该体系与《中华人民共和国未成年人保护法》(以下简称未成年人保护法)相结合,通过宣传和普及未成年人保护法来提升全社会对青少年保护工作的重视程度。第四,将该体系与大学生心理健康教育相结合,通过开展心理健康教育讲座、开设心理咨询室、开展心理健康辅导等多种形式提高青少年心理健康水平。第五,将该体系与社区精神文明建设相结合,通过开展"文明家庭"创建活动来引导社区居民树立积极的生活态度,以推动全社会形成文明健康的生活方式。

参考文献

[1] 洪兰. 爱与规矩：教养在生活的细节里 [M]. 杭州：浙江人民出版社, 2023.

[2] 吴艳茹. 正念：照进乌云的阳光 [M]. 北京：机械工业出版社, 2024.

[3] 徐凯文. 徐凯文的心理创伤课 [M]. 北京：中国人民大学出版社, 2021.

[4] 俞国良. 心理健康教育前沿问题研究 [M]. 北京：北京师范大学出版社, 2021.

[5] 俞国良. 心理健康教育基础应用研究 [M]. 北京：北京师范大学出版社, 2023.

[6] 阿德勒. 洞察人性 [M]. 欧阳瑾, 译. 北京：台海出版社, 2018.

[7] 芭芭拉·弗雷德里克森. 积极情绪的力量 [M]. 王珺, 阳志平, 译. 北京：中国人民大学出版社, 2010.

[8] 巴塞尔·范德考克. 身体从未忘记 [M]. 李智, 译. 北京：机械工业出版社, 2018.

[9] 贝弗莉·恩格尔. 这不是你的错：如何治愈童年创伤 [M]. 魏宁, 译. 北京：人民邮电出版社, 2021.

[10] 道格·斯特里查吉克, 彼得·克劳夫. 心理韧性 [M]. 周义斌, 蒋蕊菁, 陈霖婷, 译. 北京：北京理工大学出版社, 2017.

[11] 沙法丽·萨巴瑞. 父母的觉醒 [M]. 王臻, 译. 上海：上海社会科学院出版社, 2013.

[12] 海伦·肯纳利. 治愈童年创伤 [M]. 张鳅元, 译. 北京：生活书店出版有限公司, 2019.

[13] 莱文，弗雷德里克. 唤醒老虎：启动自我疗愈本能 [M]. 王俊兰，译. 北京：机械工业出版社，2016.

[14] 劳伦斯·海勒，艾琳·拉皮埃尔. 创伤疗愈：早期创伤是如何影响了我们 [M]. 王昊飞，钱丽菊 等译. 北京：机械工业出版社，2022.

[15] 罗娜·M. 菲尔. 习得安全感 [M]. 凌春秀，译. 北京：人民邮电出版社，2021.

[16] 马丁·塞利格曼，卡伦·莱维奇，莉萨·杰科克斯，简·吉勒姆.
[17] 教出乐观的孩子 [M]. 洪莉，译. 杭州：浙江人民出版社，2020.

[18] 马丁·塞利格曼. 认识自己，接纳自己 [M]. 任俊，译. 杭州：浙江教育出版社，2010.

[19] 马丁·塞利格曼. 真实的幸福 [M]. 洪兰，译. 沈阳：万卷出版公司，2010.

[20] 梅格·杰伊. 我们都曾受过伤，却有了更好的人生 [M]. 蒋宗强，译. 北京：中信出版集团，2019.

[21] 泰勒·本-沙哈尔. 幸福的方法 [M]. 汪冰，刘骏杰，译. 北京：当代中国出版社，2007.

[22] 约瑟夫·布尔戈. 超越羞耻感：培养心理弹性，重塑自信 [M]. 姜帆，译. 北京：机械工业出版社，2021.

[23] 朱迪思·赫尔曼. 创伤与复原 [M]. 施宏达，陈文琪，译. 北京：机械工业出版社，2015.

后 记

培养健康的孩子，促进孩子健康成长，既是家长的养育期望，也是教育者的育人理想。在当前社会背景下，青少年心理健康教育较之以往任何时候更为关键。从事青少年心理健康教育多年，咨询辅导、调查研究、教育教学等方面我均有较深入的涉及，探寻青少年心理教育的有益视角、有效模式早已经成为我工作的一个重要使命。

经过近三年的累积和准备，在遵守伦理规范的前提下，我进行了六个个案研究和八个问卷调查研究，用以探索处境不利中青少年的成长过程及相关因素，揭示积极成长的力量，寻找积极教育的对策。希望本书能够为家庭、学校等情境下的心理健康教育提供些许经验性的知识和方法。

获挚友和学生的支持，本书得以顺利完成。第二篇个案研究部分的撰写，得到了我的挚友罗匡的帮助，她给予了我讲述个案故事的方法和技巧，使得案例能够生动呈现。本书的撰写还得到了我的研究生刘嘉慧、龙江成、常天柔和罗中千的大力协助，有了他们在文献查阅和资料整理方面的准备，才能让理论部分和对策部分流畅呈现。

虽然有着完美的写作期待，但本书依然存在诸多不足。其一，尚未在综合考虑大多数可能性影响因素的前提下考察积极发展的因素；其二，因尚未开展纵向调查，许多因果关系的探索仅仅停留在统计推论阶段；其三，在理论层面进行了积极教育理念的倡导，没有形成操作性的实践模式。这些不足将是未来研究的方向。